HEYNE BIOGRAPHIEN

In der Reihe »Heyne Biographien«
sind bereits erschienen:

1 Friedrich Sieburg, Napoleon
2 Wilfried Blunt, Ludwig II., König von Bayern
3 Robert Gutman, Richard Wagner
4 Antonia Fraser, Maria — Königin der Schotten
5 Egon Caesar Conte Corti, Die Rothschilds
6 Robert Leckachman, John Maynard Keynes
7 Gavin de Beer, Hannibal
8 H. F. Peters, Lou Andreas-Salomé
9 Erich Eyck, Bismarck und das Deutsche Reich
10 Edward Crankshaw, Maria Theresia
11 Friedrich Sieburg, Robespierre
12 G. P. Gooch, Friedrich der Große
13 Zoé Oldenbourg, Katharina die Große
14 Theodor Heuss, Robert Bosch
15 Werner Maser, Adolf Hitler
16 André Castelot, Maria Antoinette
17 Kurt Pahlen, Johann Strauß
18 Peter Brown, Der heilige Augustinus
19 Salvador de Madariaga, Kolumbus
20 Marcel Brion, Die Medici
21 Alfred Noyes, Voltaire
22 H. E. Jacob, Mozart
23 David Shub, Lenin
24 Friedrich Sieburg, Chateaubriand
25 Benoist-Méchin, Kleopatra
26 Virginia Cowles, Wilhelm II.
27 Fritz Hug, Schubert
28 Neville Williams, Elisabeth I. von England
29 Paul Guth, Mazarin
30 Ronald W. Clark, Albert Einstein
31 Bernard Fay, Ludwig XVI.

Marcel Brion

DIE MEDICI

Eine Florentiner Familie

Wilhelm Heyne Verlag
München

2. Auflage

Titel der englischen Originalausgabe
THE MEDICI
Deutsche Übersetzung auf der Grundlage der überarbeiteten
englischen Ausgabe von Helmuth Eggert
Genehmigte, ungekürzte Taschenbuchausgabe

Literaturhinweise und Zeittafel wurden erarbeitet von
Dr. Hubert Fritz
Printed in Germany 1976
Umschlagfoto: Fratelli Alinari, Florenz
Bildnachweis: Photographie Giraudon, Paris (2), Fratelli Alinari (16),
Paul Elek, London (6)
Umschlaggestaltung: Atelier Heinrichs, München
Gesamtherstellung: Ebner, Ulm

ISBN 3-453-55023-4

INHALT

VORWORT

Die politische Macht, die die Familie Medici zuerst mehr im Verborgenen, später mit größerem Selbstbewußtsein und schließlich völlig willkürlich ausübte, scheint mit der leidenschaftlichen Liebe der Florentiner zu Gesetzlichkeit und Freiheit unvereinbar zu sein. Es ist tatsächlich paradox, daß diese reizbaren und argwöhnischen Menschen sich die Ansprüche gefallen ließen, die die Familie der späteren Großherzöge von Toskana erhob, lange bevor ihre Mitglieder zu Landesfürsten wurden. Dadurch gestanden die Florentiner den Medici eine Art *de facto*-Monarchie samt eben jenen autokratischen Nebenerscheinungen zu, die sie überlieferungsgemäß verabscheuten und gegen die sie jedesmal rebellierten, wenn irgendein Emporkömmling versuchte, sich die Herrschaft anzueignen. So ist die Geschichte der Medici, die Art, wie sie die Macht ergriffen, festhielten und wiedergewannen, ein Zeugnis der ebenso gerissenen wie maßvollen Diplomatie, mit der sie ihre Landsleute behandelten. Ihre Geschichte vom 14. bis zum 18. Jahrhundert ist in Wahrheit die Geschichte von Florenz; abwechselnd geduldet, vergöttert und gehaßt, blieben die Medici unlösbar mit dem Schicksal aller, die im Schatten der roten Lilie lebten, verbunden. Vor der Nachwelt waren ihre und die Geschicke der Stadt untrennbar miteinander verbunden, ihr Ruhm war der Ruhm von Florenz. Die Medici erwarben Unsterblichkeit durch jene Werke der Kunst, die ihrer Förderung das Dasein verdankten – Werken genialer Zeitgenossen, die sie mit ihrer umfassenden, verständnisvollen und freigebigen Freundschaft beschenkten.

Die Geschichte der Medici verdeutlicht beispielhaft den Unterschied zwischen dem Mäzen und dem Sammler: Die späteren Generationen, unfähig, neue Kunstströmungen zu entdecken oder anzuregen, zogen sich auf Wissenschaft und Gelehrsamkeit zurück und wurden damit zu Sammlern statt Förderern der Kunst. Ihre Beschäftigung mit Handel und Gewerbe, wobei die Naturwissenschaft dank ihrer praktischen Verwendbarkeit Interesse gewann, ließ den Großherzögen von Toskana im 16. Jahrhundert nur noch Raum für eine eher passive Ermunterung der Künste anstelle jenes kräftigen Mäzenatentums, wie es die großen Medici des 15. Jahrhunderts, Cosimo Pater Patriae und Lorenzo der Prächtige, übten. Natürlich kann man zu ihrer Entschuldigung sagen, daß es im 16. Jahrhundert keine Männer gab, die sich mit Alberti, Brunelleschi, Michelangelo oder

Leonardo da Vinci messen konnten; doch lag das vielleicht auch daran, daß die Atmosphäre von Florenz, die im 15. Jahrhundert das Wachstum und Fortkommen großer Künstler in so einzigartiger Weise gefördert hatte, verschwand, als man die republikanischen Freiheiten der Stadt im sechzehnten unterdrückte. Die ungeheure Schöpferkraft der italienischen Renaissance, deren eigentlicher Mittelpunkt Florenz gewesen war, wich allmählich einer Art geistiger und kultureller Stagnation.

In anderen Teilen Europas war das Mäzenatentum meist ein aristokratisches Vorrecht; es lag in den Händen von Angehörigen der Herrscherhäuser oder von Kirchenfürsten – Päpsten, Kardinälen und Bischöfen –, die ihrerseits oft genug dem Hochadel angehörten. Die italienischen Mäzene der Renaissance waren indessen nicht eigentlich Aristokraten, da die Herren der kleinen Fürstentümer – oft Männer von beträchtlichen geistigen Qualitäten – vom Lande stammten. Die *condottieri,* die das Kriegführen berufsmäßig betrieben und dadurch zu Macht, Reichtum und Ansehen gelangten, waren von Hause aus der harten Arbeit überdrüssige Bauern, Handwerker oder Kleinhändler; sie besaßen keine adligen Vorfahren und hatten sich ihren Rang mit der Kraft ihrer Fäuste erworben; da sie nichts ererbt hatten, mußten sie ihre Stellung täglich aufs neue sichern.

In Italien hatte man es fertig gebracht, sich fast völlig der Feudalherren des Mittelalters zu entledigen, und die *communes* – die kleinen Stadtstaaten – hatten, auch wenn sie nur sehr kurze Zeit bestanden, ihren Bürgern die Überlegenheit der demokratischen Regierungsform vor Augen geführt. Während des Mittelalters hatten die Quellen der Macht außer- oder oberhalb der Gesellschaft, beim Papst oder beim Heiligen Römischen Reich, gelegen; während der Renaissance kam die wirkliche, man könnte auch sagen die natürliche Macht von unten. Die Vorfahren der Sforza in Mailand waren lombardische Bauern, die der Medici Landleute im Arnotal; sie bestellten mit eigenen Händen den Boden, der ihnen Korn und Wein bescherte. Das Bankhaus der Medici, das Alaun-Monopol, die Zinserträge, die Spekulation in Wolle und Seide, das alles kam später. Auch als in der Mitte des 15. Jahrhunderts die Medici die anspruchsvollsten Bürger geworden waren, die Herren des politischen, geistigen und künstlerischen Lebens in Florenz, verrät die Vorliebe, die sie für ihre Landhäuser – es waren keine fürstlichen Schlösser, sondern eher große Gehöfte – zeigten, wie sehr sie dem Acker verbunden geblieben waren. Dergestalt ist die Geschichte der Medici eng verknüpft mit der von Florenz, der Toskana, ja von ganz Italien, und unmittelbarer Ausfluß ihres besonderen Charakters als Politiker und Geschäftsleute, nicht aber das Ergebnis einer ererbten oder verliehenen Stellung.

Nahezu 400 Jahre lang boten sie das höchst eindrucksvolle Vorbild für eine bestimmte Haltung den Künsten gegenüber, und ihr Name wurde mit der Vorstellung eines Kunstsammlers und Förderers ebenso eng verbunden wie in der Antike der des Maecenas. Ihr Beispiel war gerade deshalb so einflußreich, weil ihr Mäzenatentum den volkstümlichen Charakter der toskanischen Kultur und Kunst unterstrich. Anders als die offizielle Hofkunst, die sich an einen sehr begrenzten Kreis von Liebhabern wandte, war die toskanische Kultur in der gesamten Bevölkerung verwurzelt. In Versailles unter Ludwig XIV. und Ludwig XV., in Fontainebleau unter Franz I. oder an den deutschen Höfen des 18. Jahrhunderts blühte eine aristokratische Kunst; die florentinische Kunst der Renaissance bewegte sich dagegen in derselben anspruchslos bürgerlichen Atmosphäre wie die Medici selbst. Die Lage änderte sich, als sie den Thron der Großherzöge von Toskana bestiegen, den der Kaiser für sie geschaffen hatte und dessen Besitz er ihnen gewährleistete. Im selben Augenblick entstand im neuen Medici-Palast die offizielle Hofkunst, zu deren schönsten Werken die Fürstenporträts von Bronzino gehören. Die Zeit ihrer Eigenständigkeit war vorüber.

1.

DIE URSPRÜNGE DER DYNASTIE

Es gab eine volkstümliche Überlieferung, die die Medici als Beweis ihrer ehrwürdigen Abstammung am Leben erhielten, wonach in alten Zeiten ein äußerst grausamer Riese in der Toskana gehaust und das Mugello genannte Gebiet in der Nähe von Florenz verwüstet haben soll. Eines schönen Tages erschien ein fränkischer Ritter, der sich im Gefolge Karls des Großen auf dem Weg nach Rom befand, forderte den Unhold zum Kampf heraus, besiegte und tötete ihn. Der furchterregende Gegner des Ritters Averardo war mit sechs an Ketten befestigten Eisenkugeln bewaffnet, die er mit solcher Wildheit handhabte, daß sie sechs runde Eindrücke auf dem Schild des wakkeren Averardo hinterließen. Kaiser Karl verfügte, daß das Ereignis in Averardos Wappen mit sechs roten Kugeln auf goldenem Feld verewigt werden sollte. Dieser Held und Retter ließ sich später nahe dem Schauplatz seines Abenteuers nieder und erwarb ausgedehnten Grundbesitz, wo er und seine Nachkommen als Landedelleute gemächlich lebten.

Dies war der erste Medici, von dem die Geschichte – oder besser die Sage – erzählt. Es ist natürlich höchst unwahrscheinlich, daß die roten Kugeln der Medici ihren Ursprung kriegerischem Heldenmut verdanken, einem Zug, der sich bei späteren Mitgliedern der Familie kaum nachweisen läßt. Man kann die Geschichte als hübsches Märchen betrachten. Den Wappenschild der Medici sollte man richtiger als Firmenzeichen ansehen, denn sie waren nicht von adliger Herkunft. Da sie nachweislich nie etwas anderes als Geschäftsleute gewesen sind, deuten die *palle,* wie sie in Italien heißen, eher auf das Aushängeschild eines Pfandleihers; es sind sechs runde Münzen oder, heraldisch ausgedrückt, sechs Besants (Byzantiner). Besants müßten eigentlich golden auf rotem Feld stehen, doch nahm man es in Florenz niemals besonders genau mit heraldischen Spitzfindigkeiten; besonders nachdem die Aristokratie besiegt worden war und die Stadt ihre Unabhängigkeit gewonnen hatte, brachte man dem adligen Zubehör entweder völlige Gleichgültigkeit oder offene Feindschaft entgegen.

Manche Historiker haben versucht, den Namen Medici mit dem italienischen Wort für Ärzte, *medici,* in Verbindung zu bringen, und behaupten, die roten Kugeln stellten eher Pillen als Münzen dar. Auch das ist ganz unwahrscheinlich, denn, so weit man auch zurückblickt, man findet nirgends die Spur eines Medici, der Arzt oder Apotheker gewesen wäre und seinen Namen in die Liste der für beide Berufe gemeinsamen Zunft hätte eintragen lassen. Außerdem ist bis zum Anfang des 14. Jahrhunderts nichts genaues über das Ansehen des ärztlichen Berufs in Florenz bekannt – später wurde er gering geschätzt. Auf jeden Fall hatte das Gewerbe sicherlich keine besondere Anziehungskraft für Mitglieder einer Familie, deren Hauptbeschäftigung, soweit man das historisch nachweisen kann, der Handel gewesen war, das Kaufen und Verkaufen von Waren sowie natürlich Geldgeschäfte. Dazu kam, daß die Medici keine Berufspolitiker waren; ihr politisches Interesse richtete sich auch nicht einfach darauf, Macht zu gewinnen und sich Titel und Würden zuzulegen, wie es die italienischen Fürsten und *condottieri* taten. Es war, zunächst wenigstens, streng auf die Förderung des wirtschaftlichen Gedeihens beschränkt. Wie in jeder Demokratie hatte politischer Einfluß, wie ihn die Medici übten, keine historische Wurzel, ebenso fehlte ihm jede metaphysische Weihe, er mußte sich vielmehr auf die Zustimmung des Volkes stützen; das Volk jedoch gewährt solche Macht nur Leuten, die sich beliebt zu machen verstehen.

Um ihre Unterstützung zu gewinnen, kann man die Masse entweder durch unmittelbare Gewalt bewegen – wie es Michele di Lando während des Ciompi-Aufstands getan hat – oder mit eindringlichen Worten überreden – wie es später Savonarolas feurige Ansprachen taten –, doch hat das unter so unsicheren, zufälligen Umständen erworbene Ansehen keinen Bestand. In einer Gesellschaft, wo die öffentliche Meinung eine ausschlaggebende Rolle spielt, hat Geld die Macht, die Opposition als Ganzes oder doch einen so großen Teil von ihr zu kaufen, daß der vorteilhafte Ausgang der Wahlen und ein günstiger Verlauf der Versammlungen gewährleistet sind. Ein reicher Mann ist deshalb besser als irgend jemand anders imstande, sich die Unterstützung von Freunden und Parteigängern zu sichern. So war es schon im alten Rom, wo die Klienten eines einflußreichen Mannes jeden Morgen sich in seinem Vorzimmer drängten, um Unterstützungen zu empfangen und Bitten vorzubringen. In beiden Fällen verbürgte diese Klientel bei Wahlen und in öffentlichen Debatten eine beträchtliche Anzahl sicherer Stimmen und konnte zuverlässig dazu verwendet werden, das Volk auf den Straßen zu lenken und zu überwachen. Eine andere Art von Klientel waren die mehr oder weniger friedfertigen Truppen im Sold eines *condottiere.* Die so gewonnene politische Macht mußte freilich mit meisterhaftem Geschick gehandhabt werden, wollte man es vermeiden, eingebürgerte Empfindlichkeiten herauszufordern.

Florenz hatte den Gedanken, sich von einer Aristokratie – und sei es auch eine Aristokratie des Verdienstes, der Begabung und Weisheit – regieren zu lassen, von sich gewiesen. Andererseits hatten Aufstände und Straßenaufläufe den Florentinern einen Vorgeschmack von unsteter Pöbelherrschaft gegeben, die, ohne politisches Bewußtsein, nur die Bedürfnisse einer Klasse kennt und deshalb unfähig ist, den Erfordernissen eines großen Industrie- und Handelszentrums zu genügen. In den Augen des Volkes besaßen die Medici wichtige Vorzüge: Sie waren nicht von Adel, sie übten ein Gewerbe aus – daß es das bei weitem gewinnbringendste war, störte die Leute nicht, da sie selbst den Nutzen davon hatten –, sie traten stets einfach und bescheiden auf, gaben sich wohlwollend, aber nicht herablassend, und vertrugen sich mit Menschen aller Stände, ja sie schienen sich nicht von kleinen Ladenbesitzern und Handwerkern zu unterscheiden.

Der Lärm der Bürgerkriege zwischen Guelfen und Ghibellinen, die Familienfehden und Haßausbrüche zwischen »Weißen« und »Schwarzen« waren längst zur Ruhe gekommen, ehe die ersten Medici aus dem Dunkel tauchten und in zeitgenössischen Chroniken eine Rolle zu spielen begannen. Es kam ihnen zustatten, daß sie ihre Gesinnung und ihre Anhänglichkeit an die Sache des Volks im 14. und 15. Jahrhundert und selbst später offenbar niemals wechselten, gleichgültig welche Wendung das Schicksal Italiens zu nehmen schien. Als überzeugte Demokraten – im florentinischen Sinne des Worts – traten sie stets für die Sache des Volks ein, und nichts konnte sie davon abbringen. Dino Compagni behauptet, sie hätten am Ende des 13. Jahrhunderts auf der Seite der »Schwarzen« gestanden, doch scheint ein solches Parteigängertum nicht besonders ausgeprägt gewesen zu sein. Ihre wahren Interessen, für die sie das Leben einzusetzen bereit waren, lagen bei der Volkspartei. Compagni beschreibt sie am Beginn ihres Aufstiegs im 13. Jahrhundert als *potenti popolani,* und Machiavelli gebraucht einen gewundenen, widersprüchlichen Ausdruck, wenn er sie auf der Höhe ihrer Macht *una nobilissima famiglia popolana* nennt. Diese Sippe »aus dem Volk« wurde am Ende wirklich »höchst edel«, sie stieg über wichtige weltliche und kirchliche Ämter durch kaiserliche Verordnung zur großherzoglichen Würde von Toskana auf, schenkte der Kirche zwei Päpste und Frankreich zwei Königinnen.

Die ersten in mittelalterlichen Florentiner Chroniken erwähnten

Medici zeichnen sich höchstens durch ihre Bedeutungslosigkeit aus. Es mußte geraume Zeit vergehen, bis aus ihrem Geschäfts-»Haus« ein Königs-»Haus« geworden war. Ein Ugo de' Medici wird anläßlich seiner Verbannung erwähnt, die er sich 1280 wegen Bruchs des vom Papst erlassenen Landfriedens zuzog; man wollte damals die Zahl der durch die Kämpfe zwischen Guelfen und Ghibellinen verursachten Todesfälle herabmindern. Zwei Jahre später begegnet ein anderer Medici, Ardingo di Buonagiunta, der zum Zunftobern, »Prior«, gewählt worden war. Einen gewissen Francesco kennt man nur, weil er bei einer Fehde zwischen den Ricci und den Albizzi aufgegriffen worden war; die zweite dieser Familien war adlig – oder galt jedenfalls dafür – und deshalb den Medici feindlich gesinnt. Giovanni di Bernardino, der die kriegerischen Tugenden der Medici verkörperte, drang 1304 in das Wollweberviertel der Stadt und das Gebiet der Adinari ein. Er führte eine Rotte mit Armbrüsten bewaffneter Männer und nahm an einem Aufruhr teil, der, wenn er auch weniger lange dauerte, fast ebenso große Zerstörungen hervorrief wie später der berüchtigte Aufstand der Ciompi; Dino Compagni berichtet die Zerstörung und Plünderung von 1900 Gebäuden. Dieser Giovanni di Bernardino nahm auch an einer Verschwörung zur Vertreibung des Herzogs von Athen, Gautier de Brienne, teil, der von der florentiner Signoria zum Gouverneur bestellt worden war, und wurde dafür geköpft. Sein Tod tief eine heftige Gegenbewegung hervor, die so großen Zulauf erhielt, daß der Herzog von Athen zwei Jahre später seine Sachen packen mußte.

Derartige Auseinandersetzungen waren niemals das Ergebnis gegensätzlicher Machtauffassungen oder politischer Ideologien – weil alle Parteien in Florenz einmütig für Demokratie und Freiheit eintraten –, spielten sich vielmehr zwischen mächtigen, einander bekämpfenden Gruppen von Geschäftsleuten ab. Die Strozzi, Albizzi, Bardi, Donati waren keine Berufspolitiker, sondern Geschäfts- und Finanzleute, deren Auskommen und Wohlstand großenteils von ihrem politischen Prestige abhing. Die Besonderheiten des öffentlichen Lebens in Florenz, das absurde Steuersystem, die leicht beeinflußbaren Körperschaften, die Anwendung der Verbannung und selbst der Todesstrafe, um gefallene Größen loszuwerden, das alles trug dazu bei, Popularität zum Schlüssel des Erfolgs zu machen. Machiavelli beschreibt diesen Zustand, indem er die Vorwürfe gegen seine Vaterstadt einem florentiner Notabeln in den Mund legt, der die Heimat zwar streng, aber doch mit Zuneigung beurteilt: »Es gibt nichts Herzzerreißenderes als zu sehen, wie die Parteihäupter vorgeben, daß sie die Freiheit weit über ihre Partei-Interessen stellen, und wie, während ihre Handlungen sie als die geschworenen Feinde der Freiheit erweisen, ihre Herrschaft, sei sie volkstümlich oder oligarchisch, unter dem Vorwand, die Freiheit erhalten zu wollen, immer mehr zur Unterdrückung wird. Der Lohn, den sie durch den Sieg über ihre Feinde zu erringen hoffen, ist nicht der Ruhm, den Staat von seinen Gegnern befreit zu haben, sondern eher das Vergnügen über gelungene Rache und womöglich die Knechtung des eigenen Landes. Kaum haben sie sich Rang und Würden erschlichen, schon schwelgen sie in Rechtsbrüchen aller Art, Grausamkeit und Gewalttätigkeit. Die Folge sind Gesetze und Vorschriften, deren einziger Zweck, ohne Rücksicht auf das Gemeinwohl, das Einbringen persönlichen Gewinns ist. Daraus entstehen Kriege, Verträge und Bündnisse, die allein den Interessen weniger habgieriger Männer dienen, ihren Staaten aber sicherlich nicht zu größerem Ruhm verhelfen. Wenn ihr nun sagt, daß solche Unzuträglichkeiten auch anderswo herrschen, so möchte ich erwidern, daß eure Republik mißgestalteter ist als irgendeine andere, denn ihre Gesetze und Vorschriften sind nicht von der Art, wie sie in einem freien Land sein sollten, sondern nach der Laune jener entworfen, denen es gelungen ist, ihre Gegner zu vertreiben.«

Der Tod des Giovanni di Bernardino im Jahre 1341 und die Niederlage seiner Klientel gaben den Strozzi neues Ansehen und erhöhten Geschäftsgewinn. Der Chef des »Hauses«, Andrea, glaubte, die auf die Vertreibung des Herzogs von Athen (1343) folgenden Wirren böten eine gute Gelegenheit, sich der Herrschaft zu bemächtigen. Zunächst verteilte er unentgeltlich Korn an die Bedürftigen. Dann sicherte er sich mit Gold und Versprechungen eine Gefolgschaft. Angeblich soll er 4000 Mann gesammelt haben. Schließlich setzte er sich zu Pferde und brach auf, um sich des Palastes der Signoria zu bemächtigen. Der Versuch schlug fehl, doch nachdem er sich zusätzliche Hilfe durch Truppen des Herzogs von Mailand verschafft hatte, erneuerte er den Angriff. Die Signoria trat ihm mit in Siena geworbenen Söldnern entgegen. Florenz stand einmal wieder am Rande des Bürgerkriegs. Schließlich wurde die Lage durch die Bildung einer standfesten Koalition weniger, einflußreicher Notabeln gerettet, ausgesprochenen Gegnern der »Tyrannei«. Ein Medici, Salvestro, stand an der Spitze des Bundes. Drei Stunden lang dauerte der Straßenkampf zwischen *popolani* und *ottimati,* und am Ende trug das »Volk« den Sieg davon. Wie so oft unter derartigen Umständen rächte sich die Menge für die ausgestandene Angst vor der drohenden Unterdrückung, indem sie gegen Besitz und Familienangehörige der Unterlegenen vorging. So endete der unzeitige Putschversuch der Strozzi in einem jener immer wiederkehrenden Ausbrüche von Brutalität, Grausamkeit, Mord und Plünderung, die in Florenz und anderswo den Revolutionen zu folgen pflegten.

Die Rolle, die Salvestro de' Medici (1331–1388) bei der Wiederherstellung von Recht und Ordnung gespielt hatte, machte diesen klugen Geschäftsmann zum Herrn der Lage. Da es Salvestros erste Aufgabe war, der Allgemeinheit klarzumachen, daß er tatsächlich an der Spitze der Regierung stand, schlug er eine Änderung der Verfassung vor und setzte sie durch. Die acht *signori* der Stadt sollten aus den drei Schichten der Bevölkerung nach einem neuen Modus gewählt werden: Drei sollten dem »Mittelstand«, drei den »unteren Klassen« und nur zwei den großen Familien angehören. Auf diese Weise konnte das republikanische System zufriedenstellend arbeiten, und die Mehrheit wurde auf jeden Fall von den Handwerkern und kleinen Krämern gestellt. Diese Masse des Volks war wankelmütig, ebenso schnell von Begeisterung wie von Enttäuschung ergriffen, eine leichte Beute für den, der sie zu behandeln verstand, schwach trotz der ihr zugefallenen Macht und immer bereit, einem attraktiven Verführer zu folgen. Selbst Andrea hatte sie zu Taten anzufeuern verstanden, indem er ihr Reichtum für alle versprach.

Die Verbannung der Strozzi im Jahre 1343 war ein Schlag für die Anti-Medici-Partei, die freilich unter Führung der Albizzi weiterbestand und keineswegs die Waffen streckte. Im Jahre 1354 brachte sie eine Verordnung durch, die den Streit zwischen Guelfen und Ghibellinen neu belebte. Es wurde bestimmt, daß jeder, der ghibellinischer Gesinnung verdächtig war – ein Beweis dafür wurde nicht verlangt –, die gebührende Strafe erhalten sollte. Damit hatte wieder einmal willkürliche Parteilichkeit gesiegt: Jeder, der die *ottimati* unterstützte, war ein Guelfe, jeder Anhänger der Medici natürlich ein Ghibelline. Im Laufe der Jahre brachte es Salvestro indessen fertig, sein Ansehen und das allgemeine Vertrauen wiederzugewinnen, und wurde schließlich im April 1378 zum Gonfaloniere gewählt; damit bekam er die Polizei in die Hand und war für die Aufrechterhaltung von Recht und Ordnung verantwortlich. Um diesen Erfolg unter Dach zu bringen, mußte Salvestro die *ottimati* einschüchtern und hatte deshalb den Straßenpöbel bewaffnet, der, einmal in Aufruhr, schwer wieder zu beruhigen war. Man hatte auch die Gefängnisse geöffnet und die Gesetzesbrecher herausgelassen, was der Rebellion erst das richtige Feuer verlieh.

Sobald der Pöbel sich als Herr der Straße sah, fand er, es sei Zeit, dem ewigen Hin und Her zwischen Medici und Albizzi ein Ende zu machen. Im Jahre 1378 setzten die Wollkrempler, die Ciompi, die auf einer der untersten Sprossen der sozialen Leiter lebten, eine Bewegung zur Aufrichtung der Diktatur des Proletariats in Gang. Machiavelli hatte ganz recht, wenn er das Sprichwort »Wer Wind säht, wird Sturm ernten« dahin erweiterte, daß jemand, der einen Aufruhr anzettelt, nicht sicher sein kann, ihn nach seinem Willen zu lenken.

Der Gonfaloniere, die acht *signori* und die Hüter der Ordnung suchten Schutz im Palazzo Vecchio und überließen die Stadt ihrem Schicksal. Salvestro kam ungeschoren davon, da er als Vorkämpfer der Volkspartei bekannt war; sein Haus blieb heil, während die, die den »Feinden des Volkes« gehörten, in Flammen aufgingen. Das Volk, trunken im neuen Gefühl der Macht, verlieh seinen Anführern fast königliche Gewalt und Würde. Sie sprachen völlig willkürlich Recht und gingen so weit, gewisse proletarische Gewerbezweige, die niemals politisches Ansehen oder eine Vertretung in den Körperschaften besessen hatten, zum Rang der großen Zünfte zu erheben. Ein Wollkrempler, Michele di Lando, der die Menge mit seinem Redeschwall, seiner Dynamik und seinem revolutionären Fanatismus in Raserei versetzte, wurde durch Zuruf zum Gonfaloniere ernannt. Michele di Lando besaß die allen »Tribunen« – diesen Lieblingen der Masse – eigenen Tugenden und Laster, war aber außerdem rechtschaffen, vernünftig und maßvoll, und als er fühlte, wie er den Boden unter den Füßen verlor, wandte er sich an Salvestro de' Medici um Rat. Salvestro benutzte die Gelegenheit, um auf die anarchistischen Ausschreitungen mäßigend einzuwirken; das mißfiel nun freilich den Ciompi, die entschlossen waren, an ihrer neuen Freiheit ebenso wie an der Anarchie und den damit verbundenen Vergnügungen und Vorteilen festzuhalten.

Das Volk empörte sich schon bald darüber, daß der eigene Anführer auf den Rat eines Bankiers hörte, eines Vertreters von Ordnung, Besonnenheit, Weitsicht und Mäßigung. Man wandte sich gegen Michele, der gezwungen war, mit seinen früheren Waffenkameraden hart ins Gericht zu gehen, wenn er den Frieden aufrechterhalten und die Stadt vor vollkommener Zerstörung retten wollte. Die Ciompi hatten es inzwischen fertig gebracht, sich jene Leute aus den unteren Volksschichten zu entfremden, die revolutionäre Maßnahmen, soweit sie zu sinnlosem Vandalismus führten und sie zwangen, ihre Werkstätten und Läden zu schließen, mißbilligten. Handel und

Wandel lagen am Boden. Das war schließlich Grund genug, den sozialen Frieden wiederherzustellen. Michele di Lando, der nunmehr das Gesetz und die übergeordneten Interessen der Stadt vertrat, entschloß sich mit Billigung Salvestros, dem Aufruhr und dem ganzen pseudodemokratischen Spuk, der ihm zur Macht verholfen hatte, ein Ende zu machen. Er setzte sich an die Spitze der Bürgerwehr und trat an der Seite des Fahnenträgers, der das Banner der Freiheit entfaltete, den Ciompi entgegen. Diese hatten ebenfalls die Absicht, der Sache eine Wendung zu geben, und wollten den Palazzo Vecchio besetzen, waren aber noch nicht weit gekommen, als sie dem Heerbann der Gesetzestreuen begegneten. Schläge wurden nicht ausgeteilt, trotzdem fand das Unternehmen ein Ende höchst bedauerlicher, ja grotesker Art.

Die Revolution hatte die kleineren und größeren *bourgeois* in Angst und Schrecken versetzt. Nun, da alles vorüber war, vereinten sie ihre Kräfte, die Herrschaft wiederzugewinnen, und fielen über die armen Ciompi her, die sie all ihrer neugewonnenen Privilegien beraubten. Michele di Lando, der sich bemüht hatte, in all dem Chaos wenigstens einen Rest von Gesetz und Ordnung aufrechtzuerhalten, wurde weniger hart behandelt. Man verbannte ihn und ebenso, weil er mit dem revolutionären Regime zusammengearbeitet hatte, auch Salvestro. Dieser lebte bis zu seinem Tode 1388 fünf Jahre in Modena.

Damals hielten sich mehrere hundert Florentiner, darunter Leute aus den besten Familien, als Verbannte in Genua, Venedig und sogar weit entfernt im Heiligen Lande auf. Diese verbannten *ottimati* kehrten jetzt nach Florenz zurück, wo ihre Anhänger die Niederlage der Volkspartei benutzten, die Macht wieder an sich zu reißen, und die Bürgerrechte fast auf ein bloßes Nichts reduzierten. Die alten Namen tauchten von neuem in der Liste der zeitweiligen Anführer auf: die Albizzi und die Capponi, die abwechselnd Freunde und Gegner der Medici gewesen waren, und später Niccolò da Uzzano (1359–1431), einer der bemerkenswertesten Männer seiner Zeit mit einer feinfühligen, zugleich scharfsinnigen und kraftvollen politischen Intelligenz.

Als Donatello die Büste dieses großen Florentiners schuf, scheint er sich in der Zeit der römischen Republik nach einem Vorbild umgesehen zu haben. Er gab Uzzanos Zügen die Energie, Strenge, Würde, Entschiedenheit, Urteilsfähigkeit und geistige Spannkraft des Cicero. Im Jahre 1417 bildete Niccolò da Uzzano zusammen mit einem Albizzi und einem Capponi eine Art Triumvirat, ohne daß dieser Name verwendet worden wäre. Nach Salvestros Tode hielten sich die Medici vom politischen Strudel fern. Salvestros Sohn Veri hätte Gelegenheit gehabt, als Führer der Volkspartei eine aktive Rolle zu spielen. Doch kam er damit nicht zum Erfolg und hatte Angst, er könne bei einem mißglückten Abenteuer sein Leben aufs Spiel setzen oder die Geschäftsinteressen des Hauses gefährden. Indem er von der politischen Bühne abtrat, schuf er für sich die Möglichkeit, in Florenz zu bleiben, während sein Bruder Allamanno den ausgetretenen Weg in die Verbannung einschlug. Veris Tätigkeit als Geschäftsmann ließ ihn ein sicheres Leben in bescheidenem Wohlstand dem vom politischen Ehrgeiz bestimmten Dasein seiner Vor- und Nachfahren vorziehen. Verbannung aus Florenz hieß, den finanziellen Ruin heraufzubeschwören, und deshalb blieb er. Er hat womöglich auf eine günstige Stunde zur Rückkehr ins öffentliche Leben gewartet, doch kam sie nie. Als man in Florenz schließlich die Zeit für reif hielt und wieder einen Medici berief, um dem Durcheinander und den Intrigen ein Ende zu machen, die die Stadt so lange Zeit zerfleischten, da wandte man sich an Giovanni di Bicci (1360–1429), der kein unmittelbarer Nachfahre Salvestro de' Medicis war.

Giovanni di Bicci war der Sohn eines gewissen Averardo, der den Spitznamen »Bicci« führte. Dieser Name ging auf seine Kinder über, die nun nach italienischer Art »di Bicci« – Söhne des Bicci – hießen. Unausweichliche Umstände hatten Salvestro ins Gewühl politischer Kämpfe gezogen und zwangsweise ins Scheinwerferlicht der Öffentlichkeit gebracht, während Averardo es verstanden hatte, in den Kulissen zu bleiben, wo er mit Geschick seine geschäftlichen Interessen förderte. Er ergriff niemals Partei, und sein vorsätzlich unauffälliges Benehmen erleichterte es ihm, ein Vermögen zu erwerben, das zur Zeit, als sein Sohn Giovanni es erbte, recht beträchtlich war. Dieser Zweig der Familie war unter dem Namen der Medici »da Caffagiolo« bekannt, weil sie in Caffagiolo wohnten; auf diese Weise unterschied man sie von der florentinischen Hauptlinie, den »großen Medici«. Die Medici von Caffagiolo hatten sich eine gewisse rustikale Haltung bewahrt, die Bronzino zum Ausdruck brachte, als er Giovanni die Biccis Bildnis nach alten Überlieferungen malte: Die Nase war kräftig, ein der ganzen Familie gemeinsamer Zug; die fest geschlossenen Lippen scheinen ein Geheimnis zu bewahren, vielleicht auch ein Versprechen oder den Plan zu einer gewagten Finanzoperation; die Augen liegen tief unter gebogenen, buschigen Brauen. Der Ausdruck ist unerschrocken und frei, aber auch feinfühlig, gesund und nicht ohne einen schwermütigen Zug. Dieser kluge und vorsichtige Geschäftsmann betrat den politischen Vordergrund erst 1421, als er im Alter von 61 Jahren zum Gonfaloniere gewählt wurde. Erst dann kamen seine wertvollen Eigenschaften zum Vorschein: Anspruchslosigkeit, Großmut, Nächstenliebe, Mangel an Habsucht und weltlichen Ambitionen. Nach seinem Tode wurde er überschwenglich gepriesen und – was im Hinblick auf die Tatsachen einigermaßen erstaunlich ist – eine »mehr göttliche als menschliche Natur« genannt.

Seine großzügigen Aufwendungen im Interesse der Stadt wurden niemals als leerer Pomp angesehen. Als er, zusammen mit sieben anderen Familien, Brunelleschi (1377–1446) mit dem Neubau von San Lorenzo, wo die Medici dann ihre Familienkapelle einrichteten, beauftragte, da trieb ihn nicht etwa nur der Wunsch, die Aufmerksamkeit auf sich zu lenken oder mit anderen Bankiersfamilien, wie den Pazzi, Rucellai, Capponi und Sassetti, in Wettbewerb zu treten; all diese Familien waren von einer wahren Bauwut besessen und suchten sich als Bauherren ebenso wie auf dem Geld-, dem Woll- und Seidenmarkt – den wichtigsten Quellen des Reichtums beim *popolo grasso,* den großen Florentiner Familien – den Rang abzulaufen. Er führte Reformen ein, die dem *popolo minuto,* d. h. den ärmeren Schichten, unmittelbar zugute kamen, wie etwa die Ermäßigung der Salzsteuer, die gerade das Proletariat besonders schwer belastet hatte und höchst unbeliebt war. Während seiner drei Amtsperioden als »Prior« – 1402, 1408 und 1411 – hatte er stets andere dazu veranlaßt oder selbst dafür gestimmt, gewisse Maßnahmen zu unterstützen, die zunächst demagogisch erscheinen mochten, in Wirklichkeit aber notwendig waren, weil nach dem Mißerfolg der Ciompi den Handwerkern und kleinen Leuten mehr weggenommen worden war, als ihr kurzer Sieg ihnen eingebracht hatte. 1414 war er wider Willen zu einem der zehn Kriegsräte ernannt worden. Die Stellung hatte man ihm zweifellos aufgezwungen, denn er war als friedliebend und vorsichtig bekannt. Die Berechtigung dieses Rufs wurde 1424 offenbar, als Florenz, in einen gefährlichen Krieg verstrickt, sich dadurch herauszuwinden vermochte, daß es dem Rat dieses »Pazifisten« folgte.

Auseinandersetzungen mit Mailand und Venedig beruhten gewöhnlich auf Resten der alten Feindseligkeiten zwischen den beiden mittelalterlichen Parteien Italiens, den Guelfen und Ghibellinen. Die Ghibellinen waren die Parteigänger des Kaisers gewesen, der ihnen Titel, Güter und Ämter verliehen und sie damit in den Adelsstand erhoben hatte. Obwohl sie anderer Abstammung waren als der französische oder deutsche Adel und nicht zu den alten feudalen Familien gehörten, bewegten sie sich doch auf der gleichen Ebene wie sie. Diese neu geschaffene Aristokratie schwor dem Kaiser, dem sie verpflichtet war, Gehorsam. Obgleich ihre aktive Tätigkeit als Handelsleute für Adelige in andern Ländern undenkbar gewesen wäre, hielten sie sich für die unbestrittene Elite auf der höchsten Spitze der gesellschaftlichen Pyramide. Dieser Adelsstolz hatte zum guten Teil den Streit der Guelfen und Ghibellinen überlebt und übte noch immer beträchtlichen Einfluß auf die Gedanken und Gefühle dieser »Aristokraten« der Finanz sowie des Woll- und Seidenmarktes, die die Masse der *ottimati* bildeten. Eine solche Haltung erklärt in gewisser Weise, warum die *ottimati* und Medicigegner stets nach Vorwänden suchten, die Stadt in Kriege zu stürzen: Krieg war ein *adliges* Geschäft und brachte den Anführern manche Vorteile. Die »demokratische» Opposition war der Ansicht, daß derartige Abenteuer alberne und unzeitgemäße mittelalterliche Torheiten seien, dem Geschäftsleben unsäglichen Schaden zufügten und die Interessen der geringeren Bürger beeinträchtigten. Sie sahen darin nur wieder einen Vorwand für überhöhte Steuern, um Söldner und deren Anführer zu mieten. Die Kriegstreiber hatten dieselben Interessen wie die Wortführer der Aristokratie und waren meist die gleichen Leute: Albizzi, Uzzano, Capponi. Auf der Gegenseite standen die Vertreter von Mäßigung, Vernunft, Einigkeit und einer mehr demokratischen Einstellung: die Medici.

Florenz hatte kein unmittelbares Interesse an dem Krieg, in den Mailand es zu verstricken suchte. Der Herzog von Mailand, Filippo Maria Visconti, betrieb eine traditionell lombardische Politik, indem er sich bemühte, die Ausdehnung Venedigs im Zaum zu halten. Er wollte die Florentiner überreden, daß es ebenfalls in ihrem Interesse sei, das Wachstum des venezianischen Handels mit jenen Ländern zu hemmen, die die toskanischen Werkstätten mit Rohmaterial versorgten. Die stets wachsende Anzahl venezianischer Banken und die entsprechende Zunahme der ihnen von ostmediterranen Ländern gewährten Handelsprivilegien werde bald dahin führen, daß Venedig die Wege des Seidenhandels kontrollierte und womöglich ganz für sich beanspruchte. Filippo Maria Visconti blendete die Signoria in Florenz mit Schilderungen der unerhörten Gewinne, die sich durch die Unterdrückung ihres beiderseitigen Rivalen erzielen ließen. Florenz zögerte eine Weile, bevor es der militärischen Zusammenarbeit zustimmte. Die Condottieri, denen es freistand, den Feldzug nach ihrem Belieben zu führen, gingen mit der ihnen gewohnten Trägheit vor und ließen sich von völlig schrullenhaften oder eigennützigen Beweggründen leiten. Die Unzuverlässigkeit der Bundesgenossen, plötzliche Meinungsumschwünge und die sorgfältig getarnten Treubrüche, die sich in der Folge ergaben, überzeugten Florenz schließlich vom Mailänder Doppelspiel. Mailand hatte Florenz nur deshalb in einen kostspieligen Krieg gelockt, um es zu schwächen, finanziell zu ruinieren und so zur leichten Beute der wahren Ziele Viscontis zu machen.

Da diese Entwicklung der Dinge die Stellung Giovanni di Biccis ebenso festigte wie sie seine friedfertigen Überzeugungen stärkte, machte er sich daran, die »Kriegstreiber« zu entlarven. Sie gehörten zu den reichsten Leuten im Lande, und der beste Weg, sie zur Vernunft zu bringen, war die unbedingt notwendige Steuerreform, die einige Löcher in ihre Geldbeutel bohren würde. Eine solche Reform hatte den doppelten Vorteil, die Finanzen seiner Gegner zu schädigen und dem Volk die erfreuliche Genugtuung zu geben, daß zum ersten Mal das Geld bei denen geholt wurde, die es besaßen. Das Steuersystem war derart willkürlich, parteiisch und ungerecht, daß es in Wirklichkeit eine Waffe in den Händen der herrschenden Schicht gegen die »Opposition« darstellte. Giovanni di Biccis menschenfreundliche Gesinnung hatte, wie wir wissen, seine segensreiche Tätigkeit nicht auf die Handarbeiter und Armen beschränkt; er war stets bereit gewesen, auch den Bitten großer Geschäftsleute und Bankiers um finanzielle Hilfe nachzukommen. Er hatte dadurch ein Mittel in der Hand, sich ihre Freundschaft zu sichern, übte aber auch als ihr Gläubiger Einfluß auf sie aus; außerdem waren viele wichtige Männer in den großen Zünften ihm stark verschuldet. Unter diesen Umständen gelang es ihm, sich die zum Durchsetzen der als *catasto* bekannten Steuerreform nötige politische Unterstützung und Rückendeckung zu sichern.

Das Ansehen, das Giovanni di Bicci als Widersacher des Mailänder Kriegs und der Kriegspolitik der *ottimati* gewonnen hatte, ermöglichte es ihm noch kurz vor seinem Tode, einen von deren Anhängern, Rinaldo degli Albizzi, im Jahre 1427 zur Durchführung der Reform zu zwingen. Die Hauptschwäche des früheren, *estimo* genannten Systems war gewesen, daß die Steuerlast ungleich verteilt und die großen Grundbesitzer auf Kosten der kleinen begünstigt worden waren. In gleicher Weise waren alle direkten und indirekten Steuern von der herrschenden Partei nach ihrem Vorteil festgesetzt und eingetrieben worden. Giovanni di Bicci, nunmehr von beträchtlichem Einfluß, verzichtete großherzig darauf, mit solchen Methoden seine Widersacher an die Wand zu drücken, oder tat es jedenfalls in unauffälliger Weise. Seine Gesetzestreue und seine Liebe zum Volk bewogen ihn, das eigene Interesse in Steuerangelegenheiten ganz offen zurückzustellen, worin es keiner seiner Rivalen ihm gleichzutun wagte. Die Befürwortung des *catasto* bedeutete für ihn, daß er bereit war, die Quellen und das Wachstum seines Reichtums zu offenbaren; indem er die Karten aufdeckte, zwang er die Mitspieler, dasselbe zu tun. Was dabei zutage kam, war natürlich nicht nur das Vermögen der Medici, sondern auch ihre Stärke und die Schwäche ihrer Rivalen. Von jetzt an war jeder Florentiner berechtigt, die offiziellen Steuererklärungen einzusehen und die aufgeführten Beträge zu prüfen. Auf diese Weise erhielt das System eine zusätzliche Verstärkung der staatlichen Abgabenkontrolle; eine neue, volkstümliche Inquisition entstand, doppelt wirksam durch den besonderen Ansporn, den Eifersucht, Neid und Mißgunst erzeugten.

Der *catasto* war zwar neu und originell, offenbar aber nicht fehlerfrei, denn sowohl Cosimo de' Medici wie Lorenzo der Prächtige haben ihn später abgewandelt und verbessert. Die Reform war indessen umwälzend genug, um hitzige öffentliche Auseinandersetzungen hervorzurufen und die Bevölkerung auf allen Stufen der sozialen und wirtschaftlichen Rangordnung in Anhänger und Gegner des neuen Systems zu spalten. Das Wort *catasto* ist von Zusammenzählen oder »Aufstapeln« von Guthaben abgeleitet. Es war eine Steuer auf das Vermögen, nicht auf das Einkommen, das man leichter geheimhalten konnte. Sobald die Höhe der Steuer festgesetzt war, bestand die Möglichkeit, weitere Abgaben aus den Erträgen des Kapitals zu erheben. Es entstand eine Behörde von Prüfern und Inspektoren, um wahrheitsgemäße Vermögenserklärungen oder doch solche zu gewinnen, die eine gewisse Beziehung zu den wirklichen Verhältnissen hatten. Die Inspektoren besaßen jegliche Untersuchungsvollmacht. Sie arbeiteten Hand ind Hand mit einer Rotte freiwilliger Spitzel, deren Eifer mit einem fetten Anteil belohnt wurde. Wer falsche Erklärungen abgegeben hatte und dabei erwischt worden war, mußte die Hälfte der verschwiegenen Summe dem Staat und ein Viertel dem Angeber zahlen.

Giovanni di Bicci wußte wohl, daß Handhabung und Rechtmäßigkeit der neuen Besteuerung nicht über jeden Zweifel erhaben waren, doch hatte das System den Vorteil, die fiskalischen Abgaben dem wirklichen Vermögen eines jeden entsprechend aufzuteilen. Die wichtigste Folge war, daß Grundbesitz wirksamer besteuert wurde als Reichtum überhaupt, und die Steuer wurde zum Mittel, unnötigen Aufwand zu bestrafen; auf jeden Fall machte sie der willkürlichen und tyrannischen Art der Steuereintreibung ein Ende, die mit dem *estimo* verbunden gewesen war. Giovanni di Bicci gab in seiner Bescheidenheit zu, daß der *catasto* nicht so vollkommen war, wie er vielleicht hätte sein können. Doch ein Mann so abgemessenen Temperaments wie er gibt sich auch einmal mit halben Maßnahmen zufrieden. Er pflegte zu sagen, es sei unendlich viel vorteilhafter, eine Sache halbwegs durchzuführen, als unter allen möglichen Gefahren aufs Ganze zu gehen, zumal die Folge extremer Maßnahmen häufig der völlige Ruin sei. Er wandte diese Lehre ebenso bei Geschäften wie in der Politik an; sie ergab sich aus der Überlieferung von Berechnung und maßvoller Vorsicht, die die Medici reich gemacht hatte. Bürgerliche Besonnenheit, bürgerlicher Tatsachen- und Nützlichkeitssinn, diese Tugenden vertrat er gegen die wilden Unternehmen und Pläne, wie sie die Strozzi und Albizzi, die sich nicht immer von der nüchternen Vernunft ihres klugen und erfahrenen Parteigenossen Niccolò da Uzzano in Schach halten ließen, für Florenz befürworteten.

Es scheint fast, als ob dieser umsichtige Kaufmann seinen Prinzipien untreu geworden wäre, als er sich aus eigenem Antrieb auf ein tatsächlich gewagtes Unternehmen einließ: die Parteinahme für den »Papst« Johannes XXIII. auf dem Konstanzer Konzil (1414–1418). Es bleibt rätselhaft, was ihn veranlaßt haben kann, einen Pontifex von so zweifelhaften Rechtsansprüchen, der dicht vor dem Verlust seiner Tiara stand, zu verteidigen und finanziell zu unterstützen. Was mag ihn bewogen haben, sich so weit ab vom gewohnten Weg auf ein Unternehmen einzulassen, das ihm unweigerlich Verluste bringen und die beträchtlichen Reserven der Medici-Bank im selben Maße beanspruchen mußte, wie die verderblichen Rosenkriege die Reserven anderer Florentiner Häuser beansprucht hatten? Die Anleihen der Medici für Johannes XXIII. waren vermutlich deshalb so umfangreich, weil Giovanni di Bicci der alten Spielregel folgte, nicht auf halbem Wege stehen zu bleiben, sondern die Hoffnung hegte, daß am Ende des Spiels ein Glücksumschwung den ganzen Einsatz wieder einbringen werde. Natürlich kann es sein, daß dieser nüchterne, hartgesottene Geschäftsmann den Papst in Not aus ganz selbstlosen Gründen gern retten wollte. Oder vielleicht hat sein Sohn Cosimo ihn zu diesem persönlichen Einsatz überredet. Giovanni di Bicci hatte Cosimo als Beobachter zum Konzil nach Konstanz geschickt, und die ungestüme Großherzigkeit wie die heftigen Bitten des jungen Mannes mögen den Vater beeinflußt haben.

Die Medici waren auf dem Konstanzer Konzil nicht etwa deshalb vertreten, weil sie sich für die theologischen Streitfragen oder für den kanonischen Gerichtshof interessierten, der über die Ansprüche der drei Päpste urteilte und Johannes XXIII. sowie Benedikt XIII. schließlich absetzte, sondern weil sich bei einem solchen Konzil die weltlichen und geistlichen Würdenträger in Massen versammelten. Sie hatten bei einem Konzil dieselbe Aussicht, Geschäfte zu machen, wie moderne Geschäftsleute bei einer Messeveranstaltung. Der Unterschied war allerdings der, daß bei einer modernen Messe sich ausschließlich die Fachleute treffen, während die Konzile von Edelleuten, Künstlern, Schriftstellern, Finanzleuten und Bankiers aus Venedig, Genua, Paris, Brügge, Antwerpen oder Augsburg, durchsetzt mit den einander widerstreitenden Scharen der Kleriker, bevölkert waren. Ein Medici aus Florenz konnte dort einen Fugger aus Augsburg treffen und mit ihm sehr ersprießliche Geschäfte machen.

Sobald der Kardinal Colonna vom Konstanzer Konzil schließlich als der wahre Papst unter dem Namen Martin V. anerkannt war, wurden seine Mitbewerber schmählich hinausgeworfen und als Schwindler und Hochstapler angeklagt. Johannes XXIII. legte die Tiara nieder und floh aus Konstanz, wurde aber von Kaiser Sigismunds Leuten aufgegriffen und ins Gefängnis geworfen. Sigismund als Schutzherr des Konzils setzte das Lösegeld des Expapstes auf 35 000 Gulden fest. Cosimo de' Medici, dem es gelungen war, den Verfolgern des »Papstes« zu entkommen, verließ den Gefangenen, um weiter für ihn wirken zu können. Eindringlich suchte er seinen Vater zur Zahlung des Lösegeldes zu bewegen. Alle Florentiner Historiker, vor allem Capponi, betonen, wie wirksam das Eingreifen des jungen Mannes gewesen sei. Die Summe war so ungeheuer, daß wenige auch nur davon träumen konnten, sie vorzustrecken oder zurückzuzahlen. Johannes XXIII. hatte seinem Freund Cosimo zu verstehen gegeben, daß er ihn zu seinem Erben machen werde, doch konnte niemand sagen, wie wertvoll diese Erbschaft war. Tatsächlich stellte sie sich bei seinem Tode als recht bescheiden heraus, und das Unternehmen schloß mit einem finanziellen Verlust für die Medici. Trotz alledem bezahlte Giovanni di Bicci das Lösegeld und lud Johannes XXIII. ein, in Florenz zu leben, wo er mit allen Ehren entsprechend seinem Rang und persönlichen Verdienst aufgenommen werden würde; denn trotz dem Spruch des Konzils betrachtete er ihn weiterhin als den wahren Papst. In der Folge ernteten die

Medici als Gastgeber eines souveränen Papstes, selbst wenn ihm dieser Titel bestritten wurde, gewaltiges Ansehen. Nicht nur ihre Popularität nahm zu, sondern auch der gute Name der Bank, die offenbar so potent war, daß sie 35 000 Gulden in eine verlorene Sache stecken konnte.

Das Bild, das zeitgenössische Chronisten und Machiavelli von diesem ersten großen Medici entworfen haben, zeigt ihn als einen Bürger, der das Allgemeinwohl förderte, seinen Feinden gegenüber barmherzig und selbst in seiner Rache nachsichtig war – etwas ganz Außergewöhnliches in einer Zeit, da man den Besiegten in Folterkammern und auf dem Schafott üblicherweise mit bestialischer Grausamkeit und methodischer Gemeinheit behandelte. Giovanni ging mit Gesetzesbrechern milde um, weil er in ihnen eher unglückliche als schuldige Menschen sah. Er forderte die Dankbarkeit des Volks heraus, indem er sich bei den Wahlen nicht um öffentliche Ämter bewarb; je mehr er sich zurückhielt, um so lieber gaben sie ihm ihre Stimme. Ob ihm diese Zurückhaltung nun angeboren oder das Ergebnis schlauer Berechnung war, auf jeden Fall kam sie ihm sehr zustatten. Das Testament, das er seinen Kindern hinterließ, als er am 28. Februar 1429 starb, ist ein rührendes Zeugnis väterlicher Weisheit, Güte und Vernunft. Er schärfte seinen Söhnen ein, lieber ihre Tugenden zu entwickeln und anzuwenden als sich durch äußerlichen Pomp und die Schaustellung ihres Ranges hervorzutun; sie würden dann sowohl im Himmel geistliche Schätze erwerben wie auf der Erde jene Erfolge haben, die dem wahren Verdienst gerechterweise zufallen.

2.

COSIMO PATER PATRIAE

Cosimo (1389–1464), der Sohn Giovanni di Biccis, führte die väterliche Überlieferung fort. Wie seine Vorfahren war er ein maßvoller, vernünftiger Mann, der das Vermögen ebenso wie das politische Ansehen der Familie mehrte. Er war maßvoll, gewiß, doch ging er auch Risiken ein, überschaubare Risiken. Cosimo hielt sich stets von politischen Abenteuern zurück, die in allgemeingefährliche Heldentaten auszuarten drohten. Die von den Alten so hoch gepriesene Goldene Mitte schloß gefahrvolle Unternehmen nicht aus, beschränkte sie aber auf die einigermaßen sicheren Wagnisse. Cosimo hätte sich nichts daraus gemacht, hätte man seine Vorsicht vulgär genannt, ja er hätte es als Kompliment für seinen Scharfsinn genommen. »Ihr mögt nach dem Unendlichen streben«, sagte er, »ich begnüge mich mit dem Handgreiflichen. Ihr setzt eure Leiter gegen den gewölbten Himmel, die meine steht fest auf der Erde.«

Er war überzeugt, ein Vergleich sei vorteilhafter als ein Prozeß – ein zweifelhafter Friede besser als ein siegreicher Krieg, und daß alle Probleme durch geschicktes Verhandeln gelöst werden könnten. Als Sacchetti schrieb, ein guter Geschäftsmann könne nicht Soldat sein, da meinte er den florentinischen Staatsmann. Cosimo behauptete, alles ließe sich möglich machen, wenn man nur Vernunft und guten Willen hätte, vorausgesetzt daß man den richtigen Augenblick abwarten und den Preis bezahlen könnte. Cosimo war ein hervorragender Menschenkenner. Seine Einfälle kamen aus dem Instinkt, nicht aus dem Intellekt. Wenige Minuten der Unterhaltung genügten ihm, um zu wissen, was er von jemandem erwarten konnte und wie weit er ihm trauen durfte. Vespasiano spricht darüber in seinen *Vite.* Er sagt von ihm, daß er die Vorsicht selbst gewesen sei und Menschen beurteilen konnte, wenn er ihnen nur ins Gesicht sah.

Cosimo war 1389 geboren und fast 40 Jahre, als sein Vater starb, gerade das richtige Alter, um ein ruhmvolles Erbe anzutreten. Ungeheurer Reichtum und politischer Einfluß fielen ihm zu, und niemand außer den Adligen neidete es ihm. Das Volk war inzwischen daran gewöhnt, einen Medici auf den andern folgen zu sehen. Was der Bank nützte, war auch für die Signoria und die beratenden Körperschaften von Vorteil. Cosimo erbte und behielt Giovanni di Biccis Vermögen wie seine Popularität und sah zu, wie sie sich bis zu seinem Tode im Jahre 1464 fast ununterbrochen vervielfachten. Der

Florentiner Geschichtsschreiber Guicciardini schrieb: »Er genoß diese Wohltaten völlig unangefochten für 30 Jahre.« – In Wirklichkeit waren es 35. – Dieses von einem Chronisten, der mehr dem Ruhm der Medici als den historischen Tatsachen verpflichtet war, geschaffene Bild könnte zu der Annahme verleiten, Cosimo habe gemächlich das Wachstum seiner politischen und finanziellen Möglichkeiten mitangesehen, unangefochten von Feindseligkeiten, Ambitionen oder sonstigen Gefährdungen. So war es jedoch nicht. Diese 35 Jahre öffentlicher Wirksamkeit waren unruhig genug, bedroht von Intrigen, Prozessen, Anschlägen der *ottimati* und der stets möglichen Abkehr der Volksgunst – 35 Jahre, die er von der Gnade der wetterwendischen, eifersüchtigen, launenhaften Menge abhängig war.

20 Jahre, bevor er das Haupt der Medici wurde, war Cosimo von seinem Vater, dessen Vorbild er nacheiferte, in die Welt der Geschäfte eingeführt worden. Er hätte nicht besser beraten sein können, denn sein Vater hatte sich als ein Geschäftsmann bewährt, der die Liebe zu Geld und Macht mit Großzügigkeit und Zurückhaltung im privaten wie im öffentlichen Leben vereinigte und damit den Ruf eines wahren Demokraten, der er im Sinne des italienischen 15. Jahrhunderts auch war, erworben hatte. Seine Haltung ließ sich auf die Formel bringen: »Alles zu seiner Zeit!« und »Nichts im Übermaß!« Von Cosimo heißt es, er habe das Allgemeinwohl gefördert, indem er überall seinen Vorteil wahrte. Das stimmte jedoch nur zum Teil. Seine Vaterlandsliebe – d. h. seine Liebe zu Florenz, denn niemand, außer vielleicht Machiavelli, betrachtete damals Italien als Einheit – sowie sein stark entwickelter Gemeinschaftssinn, wie ihn alle Florentiner, auch die selbstsüchtigsten, besaßen, haben Cosimo zu vielen seiner erfolgreichen Unternehmungen bewogen. Es ging nicht immer nur darum, Volkstümlichkeit und politisches Ansehen zu gewinnen.

Die demokratische Grundhaltung, die alle vernünftigen, geistig regen und erfahrenen Männer in den plutokratisch organisierten italienischen Republiken einnahmen, rechnete mit der Teilnahme des Volks an den Staatsgeschäften, doch traf das eher für die Theorie als für die Praxis zu. Die Notabeln, die die Zügel in Händen hielten, mißtrauten, möglicherweise mit Recht, der Fähigkeit des *popolo minuto,* der unteren Schichten der Handwerker und Lohnarbeiter, über das Schicksal des ganzen Gemeinwesens zu entscheiden. Die Verfassung verlangte freilich, daß sie um Rat gefragt wurden. Guicciardini sagt dazu: »Das Volk ist ganz kopflos, ein Knäuel von Mißverständnissen und Irrtümern, und die Einbildungen der Leute sind so weit von der Wahrheit entfernt wie auf der Weltkarte des Ptolemaeus Spanien von Indien.« Der Apotheker Matteo Palmieri stellte in seinem Laden an der »Schwalbenecke« ähnliche Betrachtungen an: »Es ist Wahnsinn, daß uns ein Flickschuster sagt, wie die bürgerlichen Gesetze gehandhabt, die Republik verwaltet und Kriege geführt werden sollen.« Schließlich äußerte sich auch Machiavelli, der meinte, man solle zum Wohl des Volkes wirken, es aber auf keinen Fall um Rat fragen: »Das einzige, was man dem Volk schuldet, sind Erfolge.«

Tatsächlich war das Regierungssystem in Florenz ganz unübersichtlich und wurde ständig verändert, entweder zum Nutzen der jeweiligen Machthaber, oder um frühere Änderungen wieder aufzuheben. Das System beruhte auf einer Anzahl Körperschaften und Beamten, die in einer Weise gewählt wurden, daß ein repräsentativer Querschnitt der Bevölkerung Gelegenheit bekam, sich öffentlich zu betätigen. Natürlich gab es viele Wege, die Anhänger der mächtigsten Gruppen durchzubringen, und es war das Geschick, mit dem man diese Einrichtungen zu handhaben verstand, das Familien wie den Medici ihren politischen Vorrang sicherte. Am Beginn des 15. Jahrhunderts bestand die eigentliche gesetzgebende Körperschaft in Florenz, die *Signoria,* aus neun Mitgliedern; es waren dies der *Gonfaloniere di Giustizia* oder oberste Verwaltungsbeamte, der *Capitano del Popolo,* der die Interessen der großen Zünfte vertrat, und sieben *Priori.* Sie hatten die Aufgabe, die Gesetzgebung vorzubereiten und die Politik zu leiten. Unabhängig von der Signoria bestand das Amt des Podestà, das einem Auswärtigen jeweils für ein Jahr übertragen wurde. Der Podestà war der oberste Richter der Stadt und der Anführer des Heeres im Krieg. Zur Zeit, als Cosimo im Jahre 1434 aus Venedig zurückkam, war der Podestà den *Otto di Guardia* (acht Wächtern) unterstellt, die eine Art politischer Polizeitruppe kommandierten und das Recht hatten, politische Gegner und die vom Podestà bezeichneten Verbrecher festzunehmen. In Kriegszeiten war eine besondere Behörde, genannt die *Dieci di Balia* (zehn Gerichtsherren), damit beauftragt, sämtliche mit dem Krieg zusammenhängende Dinge, einschließlich der Finanzen, zu behandeln.

Diesen Behörden und Körperschaften waren Ausschüsse von Fachleuten, die *Pratiche,* zugeteilt, die der Verwaltung in besonderen Fällen mit ihrem Rat zur Seite standen. Der Signoria waren außerdem noch zwölf *Buonuomini* (gute Männer) und sechzehn Vertreter der geringeren Zünfte beigegeben. Die Zahl der zusätzlichen beratenden Ausschüsse wechselte von Zeit zu Zeit; der Zweck scheint gewesen zu sein, die Verantwortung auf so viele Leute wie möglich zu verteilen, wenn auch in Zeiten der Gefahr die Inhaber der höchsten Ämter offenbar besondere Machtvollkommenheit erhielten. Um die demokratische Kontrolle sicherzustellen, gab es auch Körperschaften, die das Volk als Ganzes repräsentierten, wie den *Consiglio del Popolo,* der aus Wahlen hervorging, und den *Parlamento,* eine Versammlung sämtlicher Bürger, die von der Vacca, der großen Glocke des Palazzo della Signoria (Palazzo Vecchio), zusammengerufen wurde. Die Ämter wurden ursprünglich verlost; die Namen der wählbaren Bewerber, die man aus einer Liste der 2000 angesehensten Bürger nahm, wurden in einen Beutel getan und die benötigte Anzahl herausgezogen. Während des 15. Jahrhunderts bekam die Entscheidung über die Wählbarkeit wachsende Bedeutung, und man hielt die Beeinflussung der Auswahllisten durch die herrschende Partei für gegeben. Die die Wahlen leitenden Beamten, die *accopiatori,* bekamen es allmählich in die Hand, welche Namen ausgewählt und in den Beutel getan wurden, und diese Accopiatori wiederum wurden zu Helfershelfern der nach Macht strebenden Gruppen; reich und mächtig, wie die Medici waren, vermochten sie offenbar entscheidenden Einfluß auf die die Auswahl treffenden Beamten zu üben. Nach dem Zusammenbruch der Pazzi-Verschwörung im Jahre 1478 wurden die Wahlen zehn Jahre lang ausgesetzt und damit den Anhängern Lorenzos des Prächtigen Gelegenheit gegeben, seine Stellung in der Stadt zu festigen. Ein plötzlicher Umschwung, wie ihn Lorenzos Sohn, Pietro lo Sfortunato, 1494 erlebte, konnte indessen niemals ganz ausgeschlossen werden.

Im ganzen ließ das System die Stimmen der ärmeren Klassen wohl vernehmbar werden, erlaubte jedoch den herrschenden Gruppen, einander in Amt und Würden und wieder hinaus zu manövrieren. Die Medici gaben sich stets als die Freunde des Volkes und unterstützten anscheinend die verfassungsmäßige Ordnung, obwohl sie, wenn sie es ungestraft tun konnten, durchaus bereit waren, sie zu ihrem Nutzen zu ändern. Am Ende war die Fähigkeit, mit Hilfe des aufständischen Pöbels die Regierung zu stürzen, entscheidend – eine Gefahr, mit der alle florentinischen Politiker, natürlich auch die Medici, rechnen mußten. Die lange Dauer ihrer Macht rührte daher, daß sie imstande waren, mit den Launen der Straße fertig zu werden und die äußerst biegsamen Verfassungsbestimmungen geschickt zu handhaben.

Zu Lebzeiten seines Vaters reiste Cosimo mehrere Jahre lang durch Europa, traf mit einflußreichen Leuten zusammen und gründete Zweigunternehmen in Brügge, Venedig, London, Genf und Avignon. Reiche und angesehene Männer ernannte er zu Repräsentanten des Hauses. Nach England schickte er Giovanni Tornabuoni, einen geachteten Bürger – noch heute trägt eine der Hauptstraßen von Florenz seinen Familiennamen –, der immerhin reich genug war, Ghirlandaio den Auftrag zu einem Fresko im Chor von Santa Maria Novella zu geben. Dargestellt ist das Leben Mariens, und die Gestalten tragen die Züge der Medici, ihrer Diener und humanistischen Freunde und natürlich auch die der Tornabuoni, die mit den Medici verwandt waren. Als Lorenzo, der Sohn Tornabuonis, 1486 die schöne Giovanna degli Albizzi heiratete, bat er Botticelli, die Wände seines Landhauses in Pian di Mugnone bei Florenz mit symbolischen Szenen vom Glück des jungen Paares zu schmücken. – Diese Fresken wurden von den Wänden der Villa Lemmi, wie sie später hieß, abgelöst und befinden sich jetzt im Louvre.

Cosimos bereits erwähnte Beziehungen zum Gegenpapst Johannes XXIII. waren nicht nur ein Beweis für seine Freundestreue, er hatte offenbar auch erkannt, daß seine Unterstützung des Prälaten, selbst nach dem Verlust der päpstlichen Würde auf dem Konstanzer Konzil, ihm in den Augen der Welt zu großem Ansehen verhelfen würde. Cosimo behandelte ihn nach seinem Tode so ehrenvoll wie bei Lebzeiten und gab ein großartiges Grabmal im Baptisterium bei dem jungen Donatello in Auftrag. Die Schulden des unglücklichen Gegenpapstes bei Cosimo hatten die Summe von 100000 Gulden erreicht, nicht gerechnet das Lösegeld von 35000 Gulden. Außerdem hatte Cosimo unvorsichtigerweise dem König von England, der finanzielle Sorgen hatte, mit 120000 Gulden unter die Arme gegriffen. Immerhin konnte er es sich erlauben, sein Geld weitblickend aufs Spiel zu setzen, einen Luxus, der nur den ganz Reichen gestattet ist. Das war nicht Torheit, sondern Großzügigkeit. Es stärkte seinen Kredit und sein Ansehen als reichster Mann von Florenz. Er wollte freilich nicht bloß der reichste, sondern der einzige reiche Mann in der Stadt sein. So machte er sich daran, und es gelang ihm, die rivalisierenden Banken eine nach der anderen zu übernehmen; dabei half ihm sein politisches Übergewicht, das sein wohlberechnetes, stetiges Fortschreiten zur alleinigen Vorherrschaft ganz von selbst begünstigte.

In Cosimos Vorstellung arbeiteten Ruhm und Profit Hand in Hand und halfen einander auf dem Weg zum Erfolg. Als der Papst 1439 beschloß, ein Konzil nach Ferrara zu berufen, ruhte Cosimo nicht, bis er die Väter des Konzils überredet hatte, statt dessen in Florenz zusammenzukommen. Nicht nur würde der Handel in der Stadt großen Nutzen davon haben, die Masse der Fremden, die ihr Geld in den Läden ausgaben, würden der Bevölkerung von Florenz ein glänzendes Schauspiel bieten. Man würde die Fremdartigkeit und das unaufhörliche Hin und Her der Kleriker und Laien in den Straßen genießen. Die beliebtesten Szenen waren tatsächlich jene, die auf der Straße stattfanden: Ankünfte von Fürsten, religiöse Prozessionen, bürgerliche Gedenkfeiern, Karnevalsumzüge, Vorführungen exotischer Tiere. Die internationale Atmosphäre des Konzils von 1439 trug zweifellos dazu bei, es volkstümlich zu machen, denn es brachte einen Schwarm osteuropäischer Prälaten und byzantinischer Fürstlichkeiten nach Italien, die in ihrem Gefolge Mohren und Mongolen und alle Arten merkwürdiger Tiere mit sich führten.

Gewinn und wachsendes Ansehen waren auch mit der Heirat von Cosimo und Contessina de' Bardi verbunden; sie war die Erbin einer der berühmtesten Florentiner Familien, die ihm den Palast der Bardi und die Leitung ihrer Bank mit in die Ehe brachte. Cosimo zog aus dem Haus, in dem er geboren war, nun in den schönen Palazzo Bardi. Dann aber nötigte ihn sein stets wachsendes Vermögen zum Bau eines noch größeren, noch schöneren Hauses. 1444 ließ er sich an der Via Larga, der Breiten Straße, einen eigenen Palast von Michelozzo errichten, ein hohes, luftiges, vornehmes Gebäude. Es gab jedoch eine Schwierigkeit. Brunelleschi, der eigentliche Architekt der Familie, der San Lorenzo, die zukünftige »Palastkapelle« des Hauses, entworfen hatte und bei der Ausführung der Kuppel des Doms von Santa Maria del Fiore eine höchst gewagte Konstruktion anwandte, schlug einen Palast von solcher Pracht und Größe vor, daß Cosimo Bedenken hatte, ob derartiges Schaugepränge ratsam sei. Wenn die Residenz der Medici übermäßig reich, groß, prächtig oder kunstvoll ausfiel, konnte der Zweck, den er damit erreichen wollte – größere Volkstümlichkeit –, in sein Gegenteil umschlagen. Er konnte sich unbeliebt machen, und für jeden, der die Volksgunst verloren hatte, genügte ein unschuldiges Ausrutschen, eine kleine Ungeschicklichkeit, und er hatte Geld und Ansehen, oft aber auch die Freiheit und selbst sein Leben verwirkt. Michelozzo war bescheidener, zurückhaltender und deshalb in diesem Fall geeigneter als Brunelleschi. Trotzdem fanden sich ein paar scharfe Zungen zu der Bemerkung veranlaßt: »Die Medici leben jetzt wie die Fürsten.«

Es konnte äußerst gefährlich sein, wenn man zur Zielscheibe der allgemeinen Mißgunst wurde. Cosimo scheute wie seine Vorfahren keine Mühe, um sich beim Volk beliebt zu machen, das er wieder als Schutz gegen den Adel brauchte. Die zu diesem Zweck angewendete Demagogie war raffiniert und beruhte auf der Erkenntnis, daß, wenn man das Volk nicht bewußt und unerbittlich von der Regierung ausschließen konnte, sein politisches Bewußtsein durch andere Zerstreuungen abgelenkt oder ganz ausgeschaltet werden mußte. Heutzutage bestehen solche Ablenkungen im materiellen Wohlstand, Sport, Freizeitgestaltung. In Cosimos Zeiten genügte es, durch häufige Festlichkeiten die Menge zu unterhalten, um sie die entscheidenden Fragen vergessen zu lassen. Die Masse dadurch gefügig zu machen, daß man sie als unmündig behandelte, war ein höchst wirksames Mittel im Herrschaftssystem der Medici.

Dies System, das sehr verschiedene Anwendungsmöglichkeiten besaß, verdankte seinen Ursprung einem Zufall: dem Krieg gegen Lucca vom Jahre 1429. Es war ein schmutziger, so gut wie sinnloser Krieg. Florenz wollte die winzige Republik seine Macht fühlen lassen. Lucca war, was Wohlstand und Sicherheit anging, nicht unbedingt abhängig von Florenz, lebte aber im Schatten des großen Nachbarn, der jetzt zeigen wollte, daß er sich keinen Strahl des Rampenlichts stehlen ließ. Brunelleschi, dessen Plan für das Haus in der Via Larga zurückgewiesen war, gehörte wie alle großen Künstler der Zeit zu den universellen Menschen und hatte gleich Leon Battista Alberti, Michelangelo und Leonardo da Vinci Interesse an militärischen Dingen. Er entwarf also einen sinnreichen Plan, um Luccas Niederlage zu beschleunigen. Der Flußlauf des Serchio sollte umgeleitet und die Stadt dadurch überschwemmt werden; der Anschlag mißglückte indessen, und es waren die Florentiner Soldaten, die beinahe ertrunken wären. Der Krieg zog sich vier Jahre lang hin, und die Stellung Cosimos fing an, Schaden zu leiden, da die nötigen Ausgaben und der in die Ferne gerückte Sieg Mißstimmung erregten. Cosimo war eigentlich nicht für den Krieg gewesen, sondern hineingezwungen worden, weil die Florentiner unvernünftigerweise die Nationalehre bedroht sahen. Wie sie den Feldzug ausdrücklich gefordert hatten, so protestierten sie jetzt laut gegen Steuererhöhungen und Steigerung der Lebenshaltungskosten, die der Krieg hervorrief. Dieser kostete den Staatsschatz 30 Millionen Gulden.

Cosimo verstand es, das allgemeine Vertrauen mit dem Hinweis wiederzugewinnen, daß er dem Unternehmen von vornherein widersprochen habe. Der von ihm befürwortete Unterhandlungsfrieden, demütigend und kostspielig wie er war, ging denn auch völlig

Ausschnitt aus dem Wandgemälde der »Anbetung der Könige« von Benozzo Gozzoli. Dargestellt sind Piero il Gottoso und Cosimo Pater Patriae (Palazzo Medici)

Posthumes Bildnis Lorenzos des Prächtigen von Vasari. (Uffizien)

Porträt der Fioretta Govini, Giuliano de' Medicis Frau, von Botticelli. (Palazzo Pitti)

Blick auf den Dom Santa Maria del Fiore. Der Bau der Kirche wurde 1294 begonnen und erst 1436 vollendet.

auf seine Kappe. Nach einem gewaltigen Umschwung der öffentlichen Meinung trat Cosimo mächtiger als jemals hervor. Er häufte die gesamte Verantwortung für das Unternehmen auf die Schultern seiner politischen Gegner, der Adligen. Die Adligen wiederum stellten fest, daß es um sie geschehen wäre, wenn es Cosimo gelang, seine Machtstellung mit öffentlicher Zustimmung über das bisherige Maß zu verbreitern. Die unentwegten Anhänger der Antimedicipartei, deren Streitsucht der während des Krieges verstorbene Niccolò da Uzzano nicht länger zu mäßigen vermochte, suchten Cosimo durch gesetz- und verfassungsmäßige Mittel zu Fall zu bringen. Rinaldo, der Feuerkopf unter den Albizzi, die sich immerhin als Erbfeinde der Medici fühlten, brachte den Stein ins Rollen, indem er schwere Strafen für jenen Mann forderte, der versuchte, »sich über seine Nachbarn zu erheben und sie zu Sklaven zu machen«.

Was immer der Staat Cosimo und den Medici verdankte, Wohlstand und blühenden Handel, großartige Feste, prachtvolle Denkmäler, die Versorgung armer Mädchen, die Unterstützung der Bedürftigen, die von den Medici unterhaltenen Hospitäler – alles sollte vergessen sein. Der Wohltäter wurde plötzlich zum Staatsfeind. Rinaldo war weitsichtig genug, seinen Freund Bernardo Guadagni, dessen Schulden er bezahlt hatte, zum Gonfaloniere ernennen zu lassen. Kraft seines Amtes hatte Guadagni die Polizei unter sich und Einfluß auf die Körperschaften. Statt die Tore seines Palastes zu verrammeln, der wie alle andern in Florenz eine Belagerung aushalten konnte, oder seine Freunde und Klienten um bewaffnete Hilfe zu bitten, leistete Cosimo keinen Widerstand und war bereit, vor der Signoria zu erscheinen. Daraufhin warf man ihn 1433 sogleich ins Gefängnis und beschloß, einen Ausschuß einzusetzen, der ihn aburteilen sollte.

Die Zelle, in die man den großen Bankier einschloß, war ein winziger Raum ganz oben auf dem Turm des Palazzo Vecchio und wurde *alberghetto* – kleine Herberge – genannt. Er war politischen Gefangenen vorbehalten. Cosimo fügte sich in die Unbequemlichkeit. Er wußte, daß seine Feinde vor nichts haltmachen würden, um ihn loszuwerden, und daß Gift das bevorzugte Mittel war, unangenehme Probleme zu lösen; so fastete er also vier Tage lang. Er unterhielt sich inzwischen ausführlich mit dem Gefängniswärter Federigo Malavolti, der schließlich bereit war, die Verbindung zur Außenwelt herzustellen und dem Gonfaloniere Guadagni 1100 Gulden zu bringen. Dies großzügige Geschenk hatte einen plötzlichen Gesinnungswandel bei dem Anhänger der Albizzi zur Folge; der Gonfaloniere erklärte dem Medici seine Ergebenheit und sorgte dafür, daß Cosimo bis zu den Grenzen der Republik sicheres Geleit erhielt, damit er nicht unterwegs irgendeiner Verräterei zum Opfer fiele.

Seine Abwesenheit, halb Verbannung, halb freiwilliges Exil, gab seinen Anhängern Gelegenheit, die Verhältnisse wieder einmal vollständig umzudrehen. Cosimo, hieß es, sei nach Venedig gegangen, um dort die Zentrale seiner Bank neu zu errichten, und werde neben seinen eigenen auch alle Geschäftsunternehmen, an denen er in Florenz beteiligt war, mit sich nehmen. Florenz werde die Quelle ungeheurer Einkünfte, die der ganzen Bevölkerung zugute gekommen seien, verlieren. Die Medici hätten wohl in Florenz ihr Vermögen, aber auch Florenz vermögend gemacht. Ihre Abwanderung war unter diesem Gesichtspunkt ein nationales Unglück. Kaum ein Jahr war vergangen, seit er aus dem *alberghetto* entkommen war, da verlangte dieselbe Körperschaft, die Cosimo verbannt hatte, der es aber nicht gelungen war, ihn zum Tode zu verurteilen oder heimlich beiseite zu schaffen, heftig nach seiner Rückkehr. Als er ging, war er ein Staatsfeind, ein ausgesprochener Tyrann; als er 1434 wiederkehrte, begrüßte man ihn an den Toren mit Girlanden und Fahnen.

Alle Chroniken und historischen Darstellungen aus dem 15. Jahrhundert feiern Cosimo. Folgt man ihnen, so hatte er den Titel Pater Patriae, Vater des Vaterlands, den ihm die Humanisten seiner Umgebung, anstatt weniger angemessener Namen wie »Triumphator« oder »Imperator«, nach seinem Tode verliehen, bereits bei seiner siegreichen Rückkehr uneingeschränkt verdient. Gemälde und Reliefs überboten einander, jene Einfachheit des Auftretens zu betonen, die Cosimo bevorzugte. Sie zeigen ihn in der Stille des Abends im Lehnstuhl ausruhend nach der Mühe eines arbeitsreichen Tages. Da sitzt er freundlich, leicht zurückgelehnt, den Kopf zur Seite geneigt und die Hände demütig, jedoch nicht zum Gebet gefaltet. Diese Haltung erinnert eher an den Kaufmann, der, wenn er seine Bücher geführt hat, sich die verkrampften Finger reibt, um das Blut wieder in Umlauf zu bringen. Es gibt noch ein weiteres, weniger konventionelles Bildnis des Cosimo, das Pontormo nach seinem Tode gemalt hat und das sich von den übrigen, zu denen er vermutlich gesessen hat, deutlich unterscheidet. Der Künstler hat sich auf zuverlässige Vorlagen – Gemälde, Zeichnungen, Plastiken, Kupferstiche – gestützt und ihnen die Züge des Landesvaters entnommen. Aber so wie größere Unabhängigkeit dem Geschichtsschreiber eine Freiheit gibt, die der Chronist nicht kennt, so ist Pontormos Bildnis freier als die von Cosimos Zeitgenossen ausgeführten; es ist imstande, die

Geschichte des Mannes, seine wirtschaftliche und politische Bedeutung, abzubilden. Pontormo deutet Cosimos Züge als Summe seines Lebens, das erst die Nachwelt als vollendetes Ganzes zu beurteilen vermochte.

Die lange, gebogene Nase, die dicken Ohren und derben Lippen lassen keine besonders aristokratische Natur erkennen. Es ist das kräftige, einfache Allerweltsgesicht eines Bauern oder Handwerkers mit all seinen Tugenden und Lastern, und hat doch den nicht dazu passenden Blick eines vom Schicksal Gezeichneten, des Erben eines großen Vermögens, das ihm zu vermehren bestimmt war. Man kann wohl auch die politische Persönlichkeit erkennen, die die ererbten Privilegien zu ihrem Vorteil nützt und sicherzustellen weiß, daß niemand ihr mit Haß oder Neid entgegentritt, der nicht auf gleichem Fuß im politischen oder geschäftlichen Bereich ihr Wettbewerber ist. Er ist sich als Demokrat seines Publikums bewußt, ein Freund des Volkes; das demokratische Spiel, das er nach überlieferten Regeln spielt, wird jedoch stets, heimlich oder offen, von der Macht des Geldes gelenkt, an der das Volk zuweilen Anstoß nimmt, die es jedoch häufiger duldet oder sogar anstrebt.

Vernunft und Resignation waren kennzeichnend für Cosimo Pater Patriae, für die Medici-Dynastie überhaupt und auch für die Florentiner Notabeln als Ganzes, deren stolzer, vornehmer Fatalismus der klassischen Philosophie entstammte. Gegen Ende seines Lebens pflegte Cosimo mit geschlossenen Augen herumzugehen, und als seine Frau ihn nach dem Grund fragte, antwortete er, er wolle sich daran gewöhnen, die Dinge, die er liebte, nicht mehr zu sehen. Als Lorenzo der Prächtige im Sterben lag, drehte er das Gesicht zur Wand, um den atemlosen Anfeindungen Savonarolas zu entgehen, der ihn mit seiner Wut selbst auf dem Totenbett noch verfolgte. Die Florentiner Politik verlangte, daß das Großbürgertum sowohl prunkhaft wie einfach, bescheiden und großartig auftrat. Übertriebener Aufwand oder die leiseste Spur von Geiz konnte jedoch alle Volkstümlichkeit zerstören, die jeden Tag erneuert, wiederhergestellt und verdient werden mußte. Papst Pius II. Piccolomini, ein hochgebildeter und einsichtsvoller Mann, schrieb einmal an Cosimo: »Ihr seid ein König in jeder Beziehung, außer dem Namen nach.« Auf diesen Namen kam es aber gerade an, denn die Herrschaft der Medici in Florenz hing von der Zustimmung des Volkes ab und hatte mit dem Gottesgnadentum der Kaiser ebensowenig zu tun wie mit dem der Könige von Frankreich oder Neapel.

Wenn die *vox populi* in Florenz mehr als anderswo auch *vox dei* war, so deshalb, weil ein Thron, der sich auf die schwankende Zustimmung der Menge stürzt, gebrechlich und unsicher ist. Aristokratische Politiker, die das allgemeine Stimmrecht abschaffen wollten und vergebliche Versuche machten, ihre Herrschaft auf Gewalt zu gründen, waren in Italien meist unbeliebt. Der Feudalismus war eine fremde Einrichtung; man war im allgemeinen mehr für das angestammte System der *communes.* In der Praxis mußten jene, die nach der Macht strebten oder sie nötig hatten, geschmeidig und schlau genug sein, das Volk davon zu überzeugen, das es grundsätzlich frei sei, und gleichzeitig seine Entschlüsse so beeinflussen, daß sie den Bedürfnissen des Herrschers entsprachen. Propaganda und Öffentlichkeitsarbeit sind unter demokratischen Völkern die üblichen Mittel, zu überreden, ohne zu befehlen. Cosimos Geschicklichkeit, die öffentliche Meinung zu handhaben und sich zunutze zu machen, gehörte unveräußerlich zu seiner Stellung und seinem Reichtum, zeugte von seiner geistigen Überlegenheit sowie der Beharrlichkeit und Vorsicht, die die Grundlagen seines Charakters bildeten.

Cosimo war während seiner ganzen Laufbahn bestrebt, sich niemals »über seine Nachbarn zu erheben«, erlaubte aber auch den Nachbarn nicht, seine finanzielle Stellung und die dadurch bedingte tatsächliche Überlegenheit zu vergessen. Die Florentiner waren Adelstiteln gewiß abgeneigt, dennoch aber dem starken Einfluß bürgerlichen »Prestiges« unterworfen; der Grundsatz der Gleichheit, von dem sie überzeugt waren, befähigte die Armen, den mehr Bevorzugten ihren Reichtum zu vergeben, denn sie glaubten, daß sie mit Geschicklichkeit und ein wenig Glück ebenso reich werden könnten. Der Unterschied zwischen *popolo grasso* und *popolo minuto,* zwischen Bankier und einfachem Handwerker, war nur graduell, während ein Abgrund den Aristokraten vom Bürger trennte. Dieser moralische Abgrund, zugleich gesellschaftliche Schranke, war der ausschlaggebende Punkt. Wie alle wahren Demokraten zogen die Florentiner eine reiche *bourgeoisie* einem armen Adel vor. Ihr »König« brauchte weder von Gottes Gnaden noch mit heiligem Öl gesalbt oder auserwählt zu sein, konnte es vielmehr nur mit ihrer Zustimmung werden, während sie, so lange er seinem Namen und Prestige entsprechend lebte, großzügig hinwegsahen; Prestige setzten sie sowieso voraus, denn sie waren es selbst, die es ihm verliehen.

Cosimo ging niemals von der Überlieferung der Medici ab, sich gegen seinesgleichen auf das Volk zu stützen; sie waren *popolani* im Gegensatz zu den *ottimati* und blieben es. Machiavelli bemerkt ganz richtig im *Discorso sopra il riformare lo stato di Firenze,* daß »die Medici von ihren Mitbürgern aufgezogen und genährt worden waren und sie ihrerseits auf so familiäre Art beherrschten, daß jene sich geehrt fühlten«. Jedes Wort dieser scharfen Beobachtung klingt wahr. Die Florentiner, die so eifersüchtig über die Unverletzlichkeit ihrer Freiheit wachten, eine Vorstellung, die ihnen wichtiger war als die tatsächliche Anwendung dieser Freiheit, wurden von den Medici ebenso in Schranken gehalten, wie sie es auch unter einer anderen Regierung gewesen wären, dennoch waren sie den Medici dankbar, daß sie die Unterschiede zwischen Fleischern, Bäckern, dem Proletariat auf der einen, Finanz- und Handelsmagnaten auf der anderen Seite nicht mehr betonten, sowie für ihren einzigartigen Mangel an Hochmut. War nun die freundliche Gemütsart, die aus Cosimos Bildnissen spricht, von Herzen kommend und wahr, oder nur Verstellung? Seine offenkundige Liebe zum Landleben, seine bäuerlichen Liebhabereien, seine gärtnerische Tätigkeit in Caffagiolo und Careggi – war das echt oder nur der übliche Vorwand, sich von Florenz zu entfernen, wenn die Dinge dort ungünstig standen?

Bei der Rückkehr aus der Verbannung hatte er angekündigt, er werde niemanden strafen und sich nicht an seinen Feinden rächen, sondern sich bemühen, die Eintracht in der Stadt wiederherzustellen. Damit hatte er freilich zuviel versprochen. Großmut dieser Art wäre unklug gewesen. 20 Jahre öffentlicher Arbeit an der Seite des Vaters, seine eigenen an der Spitze der Bank und als Politiker gesammelten Erfahrungen hatten ihn die Gepflogenheiten der Florentiner kennen gelehrt, ihren sprunghaften, nachtragenden Charakter. Er war deshalb nicht bereit, sich auf seine neu gewonnene Popularität zu verlassen, die leicht wieder ins Gegenteil umschlagen konnte. Bald nach seiner Rückkehr traf er Maßnahmen gegen den Adel; seine Politik enthüllte einen entschlossenen Willen zur Macht und hinter der äußeren Liebenswürdigkeit, die auf seinen Bildnissen erscheint und viel bewundert wurde, unerbittliche Strenge. Er behauptete, es habe eine Verschwörung gegen sein Leben gegeben, und zog die vornehmsten Namen in Florenz vor Gericht: die Albizzi, Peruzzi und Strozzi. Es folgte eine handfeste Proskription, ähnlich der des Sulla in Rom, außer daß, wie Machiavelli betont, wenigstens offiziell, kein Blut vergossen wurde. Landesverweisung und freiwillige Verbannung genügten dem Zorn der Medici, die sich stets an die alte Regel hielten, daß die Feinde von heute die Freunde von morgen sein können und endgültige Maßnahmen unklug sind.

Cosimo hat deshalb womöglich niemals etwas von dem gewaltsamen und bösartigen Vorgehen gegen seine Opfer erfahren, obwohl er es, falls er davon wußte, vielleicht als angemessene Vergeltung gebilligt hätte. Machiavelli hat später gesagt, der Fürst solle das Tierische so gut wie das Menschliche zu nützen verstehen, denn »das hätten die Alten mit der Sage von Achilleus, der vom Kentauren Chiron erzogen wird, gemeint«. Guicciardini, ebenfalls ein Mann von großer Bildung und Erfahrung, kommt nach der Lektüre Florentiner Chroniken zu einer ähnlichen Rechtfertigung: »Alle Staaten sind gewalttätig; alle Herrschaft ist ungesetzlich; der Kaiser, der seine Autorität von der römischen herleitet, ist der größte Räuber von allen; der Rechtsbruch der Fürsten ist zweifach, da sie uns mit weltlichen und geistlichen Waffen ihrem Willen unterwerfen.« Wenige Epochen gebrauchten die Gewalt mit so unbedingter Brutalität wie die Renaissance, die sich andererseits der erlesensten Formen auf den Gebieten der Kunst und feinen Lebensart rühmen konnte. Diese Menschen mit ihrem gewaltig überschäumenden Temperament, ihren ungebändigten Leidenschaften, trieben Liebe, Begierde und Haß stets bis zu den äußersten Grenzen. Der Schrekken, den Cosimos Anhänger nach seiner Rückkehr verbreiteten, spiegelt nur die Tatsache wider, daß Rache damals zu den Lieblingsbeschäftigungen italienischer Tyrannen und Staatsmänner gehörte. Je anfechtbarer ihre Macht moralisch war, um so abhängiger war sie von der Gewalt und um so nötiger mußte diese Gewalt abschrekkende und weithin sichtbare Beispiele bieten. Die Bestrafung des Ramiro dell' Orco etwa sollte ein Beispiel geben, wie verräterische Statthalter oder solche, die des Verrats verdächtig waren, zu behandeln seien; Cesare Borgia ließ ihn in zwei Stücke zerhacken. Der Herzog von Mailand, Gian Galeazzo Sforza, ließ Petrino da Castello die Hände abhauen, weil er seine Geliebte mit ihm hatte plaudern sehen; er ließ Pietro del Drago lebendig begraben, weil er ihm – zu Recht oder Unrecht – mißtraute. Sforza selber wurde in der Kirche San Ambrogio in Mailand von einer Mörderbande unter Giacomo Girolamo Oligiati und Gianandrea Lampugnani abgeschlachtet.

Tyrannen, die an Altersschwäche in ihren Betten starben, kamen selten und nur in großen Abständen vor. Papst Alexander VI. wurde vergiftet; sein Sohn Cesare Borgia konnte sich auf die Dauer nicht durchsetzen, wurde zum Glücksritter und gelegentlich bei einem Gefecht in Spanien erschlagen. Den Herrn von Faenza, Galeotti Manfredi, erdolchte seine Frau, den Herrn von Fermo, Giovanni Frangiani, sein Neffe; Verschwörer ermordeten Girolamo Riario, Herrn von Forli; Sigismondo Malatesta, den einer seiner Diener vergiftete, soll seine Tochter ebenso wie seinen Schwiegersohn vergewaltigt haben. Ferdinand von Aragon, König von Neapel, war laut dem Historiker Commines, der ihn gut kannte, ein Ausbund an Grausamkeit, Verderbtheit und Habgier. Er ließ die abgeschlagenen Köpfe seiner Feinde einpökeln; er ließ die Leichen jener, die er ermordet hatte, einbalsamieren, zog ihnen Kleider an und stellte sie aufgepfählt an die Wand einer Galerie, in der er gern umherging; er besuchte seine Gefangenen, die er in Käfigen eingesperrt hielt, und verhöhnte sie unter wildem Gelächter. Als er mit der Signoria von Venedig einen Prozeß führte, ließ er eines Tages das Weihwasser in sämtlichen venezianischen Kirchen vergiften. Wenn sich die Tore seines Palastes hinter den zur Tafel Geladenen schlossen, wußte keiner, ob er lebendig wieder herauskommen werde. Jakob Burckhardt hatte guten Grund, als er schrieb, in den italienischen Staaten des 15. Jahrhunderts fände sich eine merkwürdige Mischung von Gut und Böse; die Fürsten seien in ihrem Charakter so ungewöhnlich, so großartig, so ganz den Umständen und der Rolle, die sie zu spielen hatten, angepaßt gewesen, daß moralische Urteile bedeutungslos schienen.

Cosimo war nicht moralischer oder unmoralischer als seine Zeitgenossen. Zu loben bleibt, daß er sich weniger von Leidenschaften blenden ließ als die Visconti oder Borgia, Malatesta oder Sforza und daß er lieber der Vernunft als Augenblickseinfällen folgte. Bei allen Revolten, bei jedem öffentlichen Rachegeschrei, beim Begleichen alter Rechnungen oder bei politischen Morden kamen die Privatinteressen untergeordneter Organe ins Spiel. Cosimos Rückkehr war von sehr wenigen Morden begleitet, die vermutlich ohne sein Wissen geschahen. Die Führer der gegnerischen Partei wurden außer Landes geschickt; es spricht jedoch für Cosimo, daß sie Rom, Venedig und Genua sicher erreichten. Die Verbannungstermine waren freilich ungewöhnlich lang, und keinem wurde etwas geschenkt. Verglichen mit anderen Tyrannen zeichnete Cosimo sich durch Anspruchslosigkeit und Mäßigung aus. Commines hebt lobend hervor, er habe »eine sanfte, angenehme Autorität, wie sie einer freien Stadt ansteht«, ausgeübt. Statt seine Mitbürger mit Waffengewalt zu unterdrücken, überwältigte er sie mit seinem Reichtum, ein weniger schmerzliches und verderbliches, aber ebenso wirksames Mittel, ihre Freiheit zu überwachen.

Sobald er in seine Rechte wieder eingesetzt war, leitete Cosimo eine Reihe von wirtschaftlichen und politischen Reformen ein, um seine Popularität zu fördern. Er unternahm es, den unter Mitwirkung seines Vaters eingeführten *catasto* zu verbessern. Er wollte die Steuer progressiv machen, d. h. sie sollte auf eine soziale Basis gestellt werden und nach einer gleitenden Skala zwischen 4% und 50% des einwandfrei festgestellten oder, wo das nicht anging, willkürlich geschätzten Einkommens betragen. – Auch hier blieb noch eine Möglichkeit, seine Freunde unter dem Schein der Unparteilichkeit zu begünstigen. – Diese Finanzreform war insofern gerecht, als die reichsten Bürger die höchsten Steuern bezahlen mußten; dennoch gab es in der Praxis viele Wege, die Steuerinspektoren zu täuschen.

Cosimo glaubte an das Gleichgewicht politischer Kräfte. Er glich das Einsickern des Proletariats in die Regierung dadurch aus, daß er einige wenige, vergleichsweise harmlose Adlige in die Verwaltung aufnahm. Das war ein geradezu revolutionäres Unterfangen, denn die Aristokratie war seit eineinhalb Jahrhunderten von den öffentlichen Ämtern ausgeschlossen gewesen. Cosimo hat sich womöglich mit der Behauptung gerechtfertigt, der Adel habe seine Lektion gelernt und brauche als Feind der »Freiheit« nicht länger gefürchtet zu werden. Außerdem benutzte er diese Vertreter der Oberschicht, um sich gegen plötzlichen Druck oder möglichen Ungehorsam des Proletariats – wie etwa beim Aufstand der Ciompi – den Rücken zu dekken.

Seine Fähigkeit, zwischen den Parteien einen Ausgleich zu finden und sich Unterstützung bei allen Klassen zu sichern, zeugt von einem hohen Maß politischer Begabung. Am Ende war Cosimo in Wahrheit ein Diktator, aber einer, gegen den niemand den Vorwurf des Machtmißbrauchs erhoben hat; er benutzte seinen Einfluß vielmehr, um sich für alle möglichen Verbesserungen einzusetzen. So führte er etwa die Heiratsversicherung ein, die später in ganz Italien allgemein üblich wurde. Sie stellte den Bräuten die Mitgift sicher; die Eltern zahlten bei der Geburt des Kindes eine bestimmte Summe ein, die, vermehrt um die angesammelten Zinsen, bei der Hochzeit der Tochter zurückgezahlt wurde. Da die Kindersterblichkeit damals hoch war, erhielten die jungen Mädchen oft den fünffachen Betrag dessen, was die Eltern eingezahlt hatten. Cosimo unterstellte diese Versicherungsgesellschaft einer staatlichen Behörde, dem *Monte delle Doti,* den er großzügig aus der eigenen Tasche unterstützte.

Trotz seiner gewohnten Zurückhaltung, seiner unauffälligen Kleidung, seinem freundlichen Umgang mit jedermann, verstand es Cosimo, gelegentlich auch großartig aufzutreten, etwa wenn er vornehme Fremde empfing und dabei sein Volk in Erstaunen und Entzücken versetzte. Einfache Gerichte beherrschten selbst bei offiziellen Banketten die toskanische Tafel, doch die anspruchslose Kochkunst wurde vom Prunk der Tischdekoration mehr als wettgemacht. Silbernes Geschirr, kristallene und vergoldete Aufsätze und geschnittene Steine bildeten den üppigen, aber stets höchst geschmackvollen Schmuck der Tafeln. Bei Volksfesten war es das gleiche. Sie sollten zwar die Masse unterhalten; die aber hatte die erfreuliche Eigenschaft, sich am Anblick reicherer Bürger zu ergötzen, vorausgesetzt, daß das Schauspiel sich lohnte. Alle solche Feierlichkeiten fanden in Italien auf der Straße statt. Sogar Hinrichtungen waren von einem makabren, brutalen Beiwerk begleitet und darauf angelegt, die Zuschauer in Atem zu halten. Ebenso atemberaubend waren Prozessionen mit büßenden und sich geißelnden Mönchen im selben Zuge mit purpurbedeckten Kardinälen und Bischöfen, die die Mitra trugen. Die von den Humanisten – Petrarcas Buch *»I Trionfi«* folgend – zusammengestellten Triumphe der Liebe, der Zeit, des Todes oder der Keuschheit riefen beim Publikum oft eine wahre Panik hervor. Im »Triumph ds Todes« erschien der Tod gewöhnlich als grauhaariges, ausgemergeltes altes Weib oder als sensenschwingendes Gerippe, das jedesmal wieder die Zuschauer in Schrecken versetzte.

Solche Schreckensszenen, dazu bestimmt, Furcht vor Tod und Verdammnis zu verbreiten und die Anwesenden zu Reue und Buße zu veranlassen, wechselten mit einer ganz andern Art von Umzügen, wenn Päpste und fremde Fürsten königlich empfangen wurden; ihr exotisches Gefolge, in dem sich auch seltsame Tiere befanden, ähnelte der Ankunft eines Zirkus. Die gesamte Bevölkerung der Stadt profitierte von solchen Besuchen; sie brachten Massen von zahlungskräftigen Kunden, die ihr Geld gern für Seide, Goldwaren, Edelsteine und Kunstwerke ausgaben. Doch genügten schon die Schauspiele allein, abgesehen von allem geschäftlichen Nutzen, die Popularität des Mannes, dem man sie verdankte, zu fördern. Nach dem Bericht, den Giovanni Villani in seiner *Cronaca* von den Frühjahrsfestlichkeiten des Jahres 1283 gibt, hat es den Anschein, als wären sie ein ganz normales Ereignis gewesen: Tausende von weißgekleideten jungen Männern und Frauen feierten im Gefolge einer die »Liebe« personifizierenden Gestalt zwei Monate lang, indem sie Tänze, Turniere und Bankette auf den Straßen veranstalteten. Im Jahre 1459 stattete Papst Pius II., der Humanist Aeneas Sylvius Piccolomini, ein hochbegabter Dichter und freigebiger Kunstförderer – er hatte eine ganze Stadt, Pienza, zu Ruhm und Ehre für sich und seine Familie von Rosselino errichten lassen –, Cosimo einen Besuch ab und wurde mit außergewöhnlichem Pomp empfangen. Giovanni Cambi erzählt in seinen *Storie* von dem prachtvollen, für Pius II. unter der Kolonnade des Mercato Vecchio veranstalteten Ball; der ganze Platz war von einem mit Tuch ausgeschlagenen Brettergerüst umgeben, die Bänke mit Teppichen bedeckt. »Sechzig junge Florentiner, besonders gewandte Tänzer aus den besten Familien, tanzten, mit Perlen und Edelsteinen geschmückt, den ganzen Tag, ebenso wie die jungen Damen und Mädchen, die man gleichfalls ihrer Geschicklichkeit wegen ausgewählt hatte. Die Tänzer wechselten die Kleidung mehrmals am Tag, und alle Gesandten und viele Kardinäle nahmen daran teil.« Bei dieser Gelegenheit wurden auch die antiken Tierhetzen wieder zum Leben erweckt, die die Römer einst von den Etruskern übernommen hatten. An einem einzigen Tage fanden Kämpfe zwischen zehn Löwen, drei Wölfen, vier Stieren, zwei Büffeln, einer Kuh, einem wilden Eber, einem Kalb und einer Giraffe statt. Die fremden Tiere stammten aus dem Privatzoo der Medici, die Giraffe war ein Geschenk des Sultans Bajazet.

Cosimo unterhielt gute Beziehungen mit dem Orient, woher er die Seide einführte, die in den Werkstätten von Florenz zu Geweben verarbeitet wurde. Freilich traf er auch Vorkehrungen, sich wenigstens teilweise von der durch die Seideneinfuhr bedingten Abhängigkeit zu befreien, indem er zur Zucht von Seidenraupen in der ganzen Toskana ermunterte. Jeder Bauer im Gebiet von Florenz sollte der Größe seines Grundbesitzes entsprechend eine bestimmte Anzahl Maulbeerbäume pflanzen. Eines der erstaunlichsten Einfuhrgüter aus Asien und Afrika waren Sklaven. Die Sklaverei war im Italien des 15. Jahrhunderts, das die Blüte humanistischer Gesittung erlebte, so allgemein verbreitet, daß kein Humanist jemals einen Tadel gegen diese Einrichtung aussprach oder ein Zeichen von Schreck oder Überraschung gab; wieder zeigt es sich, welche Vielfalt von Gegensätzen in der Renaissance-Gesellschaft zu blühen vermochte. Die Sklaven stammten aus Afrika, Kleinasien und auch aus Rußland. Nach Zirkassierinnen war wegen ihrer weit gepriesenen Schönheit besondere Nachfrage.

Mit einer solchen zirkassischen Sklavin hatte Cosimo einen Sohn, der später eine wichtige Stellung in der Stadt Prato einnahm; seine Gesichtszüge hat Filippo Lippi einer der Gestalten gegeben, die dem Tanz der Salome beiwohnen, sowie einem der Zuschauer beim Martyrium des heiligen Stephan auf den Kanzelfresken im Dom von Prato. Carlo ist der einzige uneheliche Sohn, den wir kennen, doch hatte Cosimo zwei Söhne von seiner Frau Contessina de' Bardi. Der jüngere, Giovanni, war hochbegabt; Cosimo hatte ihn sich als Erben gewünscht, doch starb er schon 1463, zu früh, um die Nachfolge antreten zu können. Mino da Fiesoles schöne Büste des jungen Mannes steht im Museo Nazionale in Florenz. Der andere Sohn, der kränkliche Piero mit dem Beinamen *il Gottoso,* der Gichtige, wurde der Vater Lorenzos des Prächtigen. Daß ein frommer Mann von so würdevoller Haltung wie Cosimo eine Geliebte hatte, machte den Florentinern nichts aus. Italien ist der Schwachheit des Fleisches gegenüber immer nachsichtig gewesen. Das beste Beispiel dieser Nachsicht war Cosimos unveränderte Freundschaft für Fra Filippo Lippi (ca. 1406–1469) auch nach dem von diesem hervorgerufenen Skandal. Florenz war mehr amüsiert als empört. Es heißt, Lippi sei für die Reize schöner Frauen sehr empfänglich gewesen. Man mußte ihn in seinem klösterlichen Atelier hinter Schloß und Riegel halten, sonst wäre er ihnen den ganzen Tag über nachgelaufen. Als ein Nonnenkloster ihn um ein Bild der heiligen Jungfrau bat, verlangte er die jüngste und hübscheste Nonne als Modell. Er war so hingerissen von ihr, daß er sie verführte und einen Sohn mit ihr zeugte, der ebenfalls Maler wurde: Filippino Lippi (ca. 1459–1504). Er heiratete sie schließlich, nachdem Cosimo zu seinen Gunsten eingegriffen und den Papst bewogen hatte, sie von ihren Gelübden zu entbinden.

Diese weltliche Weitherzigkeit stand der strengen Beobachtung kirchlicher Gebräuche und Glaubenssätze in keiner Weise im Wege. Cosimo ließ die Badia in Fiesole sowie das Kloster von San Marco in Florenz, wo er eine eigene Zelle hatte, in die er sich gelegentlich zurückzog, um nachzudenken oder sich von seinen weltlichen Geschäften zu erholen, auf eigene Kosten erweitern. Für seine geistigen Interessen zeugt die freigebige Unterstützung jener Gruppe von Männern, die sich die Platonische Akademie zu nennen liebten und sich entweder in den Gärten von Careggi oder Caffagiolo oder im Palast in der Via Larga versammelten. Die Gastfreundschaft, mit der er Humanisten, Gelehrte und Künstler empfing, machte ihn zum Vorbild dessen, was man im 18. Jahrhundert einen »aufgeklärten Monarchen« nannte. Seine Freigebigkeit war so groß, daß er in weniger als 30 Jahren einige 600000 Gulden für Werke der Kunst und Barmherzigkeit ausgab. Daß diese Summe doppelt so hoch war wie der jährliche Staatshaushalt von Florenz, gibt einen Hinweis auf den Umfang seiner Gebefreudigkeit. Daneben sparte er weder Zeit, Mühe noch Geld, um Agenten in jeden Winkel Europas zu senden, die dort klassische Werke antiker Autoren für seine Bibliothek aufspüren mußten. Man führt oft ein seltsames Beispiel der damaligen Verehrung für alte Manuskripte an: Politische Schwierigkeiten mit Neapel wurden beigelegt und ein regelrechter Krieg dadurch abgewendet, daß Cosimo schließlich bereit war, sich von einem seiner Manuskripte zu trennen, einer kostbaren Abschrift des Livius, um die König Ferdinand sich seit einiger Zeit bemühte.

Cosimos Klugheit, seine vorsichtige Politik, seine diplomatische Begabung, sein Geschick, das Regiment auf freundliche Art, aber mit fester Hand zu führen – all das sind Eigenschaften eines wahren Landesvaters. Er wird manchmal der »erste Apostel der Renaissance« genannt. Er war ein großer Staatsmann, kein Freund des Krieges, aber bereit, den besten Condottiere, der zu haben war, zu mieten, um seine Feinde einzuschüchtern und, wenn Einschüchterung nicht genügte, Krieg zu führen und seine Gegner niederzuwerfen.

Spitznamen haben wie Grabreden ihre eigene Beredsamkeit. Die öffentliche Meinung bestätigte allgemein den Titel »Pater Patriae«, den die Humanisten Cosimo verliehen. Im Gegensatz dazu bezeugten die Florentiner den Mangel an Zuneigung und Sympathie, den sie Cosimos Erben entgegenbrachten, dadurch, daß sie seine körperlichen Mängel und seine schlechte Gesundheit immer wieder betonten. Piero de' Medici ist untrennbar mit dem Namen verbunden, der seinen Eintritt in die Geschichte begleitet: der Gichtige, *il Gottoso.* Seine Bildnisse betonen die schweren, stumpfen Züge, den dikken Hals, der auf ein Schilddrüsenleiden schließen läßt, und die halbgeschlossenen Lider, die den Eindruck von Benommenheit und Schläfrigkeit erwecken. Nur seine Mängel wurden hervorgekehrt, die positiven Eigenschaften unbeachtet gelassen. Am meisten warf man ihm vor, daß er den Platz seines liebenswerteren Bruders Giovanni eingenommen hatte, den Cosimo als Erben vorgezogen hätte. Cosimo war sich wohl bewußt, wie schwierig die Erbschaft war, die er Piero hinterließ. Indessen war Piero trotz seinem unschönen Äußeren weder dumm noch unbegabt. Er war ein gereifter Mann von 48 Jahren mit ausgedehnten Geschäftserfahrungen und beträchtlicher Bildung, die er vielleicht seinem häufigen Umgang mit den Humanisten verdankte. Seine scharfe, empfindliche Beobachtungsgabe wird besonders deutlich in seinem Bericht über den Tod des Vaters: »Er fing an, uns über sein Leben zu erzählen, und begann mit den ersten geschäftlichen Erfahrungen; er erklärte, warum er unter bestimmten Umständen so und nicht anders gehandelt hatte, legte den Stand seiner häuslichen Umstände dar und ermahnte mich zur Vorsicht. Er bedauerte, wie er sagte, zwei Dinge: daß er nicht alles, was er hätte tun können, getan hatte und daß er mir bei meiner schlechten Gesundheit eine so schwere Bürde hinterließ.« Nachdem er die Einzelheiten der Leichenfeier, die bescheiden und ruhig, mit wenigen Kerzen und Geistlichen begangen werden sollte, angeordnet hatte, starb Cosimo. Sein Sohn fand Trost in seinen Worten – die Fabrioni getreu wiedergibt –, und die Rührung übermannte ihn: »Dies lenkte meine Hoffnung auf Gott, und trotz meiner tiefen Sorge war ich freudig bewegt, als ich erkannte, wie groß meines Vaters Seele und wie freundlich er um mich besorgt war.«

Unglücklicherweise hatte Piero nicht des Vaters gesundes Urteil geerbt; ob ein Ratgeber vertrauenswürdig war oder nicht, konnte er nicht unterscheiden. Er war so unbesonnen, sich auf Diotisalvi Neroni zu verlassen, einen klugen Mann und mit allen Wassern gewaschenen Intriganten. Neroni war, wie man an der Büste, die Mino da Fiesole von ihm gemacht hat, sehen kann, einer von jenen spitznäsigen Toskanern mit ironisch gekräuselten Lippen und Augen, aus denen die Bosheit funkelte. Er war hochgebildet, ein glänzender Geschäftsmann, und brannte darauf, politisch jene Rolle zu spielen, die Cosimo ihm vorenthalten hatte. Neroni schwankte zwischen den beiden Parteien, die um die Macht stritten, den Ober- und den Unterstädtern, hin und her. Die Unterstädter waren die Parteigänger der Medici und hatten ihren Namen daher, daß der Medici-Palast in der Via Larga im unteren Viertel von Florenz lag. Einer ihrer Rivalen, Luca Pitti, baute sein prächtiges Haus am Berghang mit dem Blick über die Stadt; seine Freunde schlossen sich ihm an und nannten sich *Poggio,* was Berg, Hügel, Erhebung bedeutet. Das Bankhaus der Pitti fürchtete die Konkurrenz der Medici, und die Pitti scheuten auch zweifelhafte Mittel nicht, wenn es galt, ihr Ansehen und ihre Macht zu stärken. Zu Cosimos Lebzeiten betrieben sie ihre Geschäfte vorsichtig und im Verborgenen. Ihrer Partei, dem Poggio, gehörten ausgezeichnete und achtbare Männer an wie etwa Niccolò Soderini und Agnolo Acciaiuoli, an deren Patriotismus kein Makel haftete und deren Feindschaft gegen Piero auf der Furcht beruhte, er sei zur Herrschaft weniger geeignet als sein Vater. Die Pitti brachten es fertig, ebenfalls eine Übereinkunft mit Neroni zu schließen, obwohl, wie Machiavelli berichtet, Cosimo auf seinem Sterbebett ihn beschworen hatte, sich um Piero zu kümmern und ihn zu leiten.

Der erste große Mißgriff, den Neroni im Einverständnis mit Pitti und Soderini – dieser war im Jahre 1465 einen Monat lang Gonfaloniere – beging, bestand darin, daß er Piero zur Vergrößerung seines

Grundbesitzes überredete. Land, sagte er, sei eine sicherere und stabilere Anlage als Geld. Die Bank solle alle Kredite kündigen und für die einkommenden Beträge Häuser und Grundstücke kaufen. Dieses plumpe Manöver brachte alle Schuldner der Medici in Wut, denn sie hatten mit einer so unvermittelten Rückzahlung nicht gerechnet. Manchen der großen Schuldner drohte der Bankrott, wenn sie ihr Geld so kurzfristig flüssig machen sollten. Selbst Familien, deren Ansehen und Kredit über jeden Zweifel erhaben waren, kamen an den Rand der Katastrophe. Während Neroni das Bankhaus der Medici hinterlistig ins Verderben steuerte, versuchte die Partei des Poggio, ihre Leute in Schlüsselstellungen zu bringen. Soderini schlug eine neue Form der Wahlprüfung vor und verlangte Neuwahlen für die von den Anhängern der Medici beherrschten Körperschaften. Eine Zeitlang schien es, als fänden er und Luca Pitti erhebliche Unterstützung, und die Medici, von der Verwaltung ausgeschlossen und der Hilfe ihrer Klienten beraubt, die überall das Gerücht verbreiteten, die Bank sei dem Zusammenbruch nahe, sahen sich allen Gefahren gegenüber, die einflußreiche Männer in der florentinischen Demokratie bedrohten: Verlust der Popularität, Vermögenskonfiskation, Verbannung und Tod.

Piero il Gottoso wendete die Katastrophe im letzten Augenblick ab. Er machte die Kündigung der Kredite rückgängig und sammelte mit Hilfe seines Sohnes Lorenzo Verbündete bei solchen Familien, die sich noch für keine Seite entschieden hatten. Die Pitti und ihr Anhang wieder versuchten, die Medici mit anderen Staaten in Streit zu verwickeln. Die florentinische Republik war stets in die Probleme und Machenschaften von Venedig, Genua, Siena und Neapel verstrickt. Mit Mailand hatten die Medici gute Beziehungen aufrechterhalten und dem Herzog, Francesco Sforza, ein beträchtliches Jahresgehalt dafür bezahlt, daß er Truppen zur Verfügung der Stadt Florenz bereithielt. Francesco war jedoch vor kurzem gestorben. Sollte man den Vertrag mit seinem Sohn Galeazzo erneuern? Die Medici waren dafür, die Pitti dagegen. Da es gleichzeitig so aussah, als wollte Venedig die Gelegenheit zu einem Angriff auf Florenz ergreifen, schien der Rat des Poggio der Allgemeinheit abwegig zu sein. Als sie merkten, daß ihr Vorgehen zu keinem Erfolg führte, entschlossen sich die Pitti und ihre Freunde, die Angelegenheit gewaltsam zu regeln. Sie unterhielten bewaffnete Banden in der Stadt und versuchten, als Piero gerade von einem Besuch aus Careggi zurückkam, ihn zu ermorden. In diesem Augenblick, als die Stadt am Rande des Bürgerkriegs stand, entwickelte Piero plötzlich Energiereserven und politische Tatkraft, von denen niemand zuvor eine Ahnung gehabt hatte. Mittels zahlreicher Geschenke, Versprechen, Drohungen und Überredungsversuche bewog er einen beträchtlichen Teil der Gegenpartei, zu ihm überzugehen, außerdem stellten sich die großen Handelshäuser hinter ihn. Eine Feier zur Erinnerung an den Vater des Vaterlandes rief den Florentinern ins Gedächtnis, was sie den Medici alles verdankten. Zufällig war Roberto Leoni, ein ehrenhafter und unabhängiger Mann, damals gerade zum Gonfaloniere gewählt worden. Als Leoni merkte, daß die Pitti und ihre Banden die Herrschaft über die Stadt gewaltsam an sich reißen wollten, traf er Vorsichtsmaßnahmen. Er besetzte den Palazzo della Signoria mit Soldaten und ließ die große Glocke läuten, um das Volk auf den Platz zusammenzurufen. Auf diese Weise erhielt er die Erlaubnis zu Notstandsmaßnahmen von einer tumultuarischen Versammlung, die er zunächst in Angst versetzt und dann auf seine Seite gezogen hatte. Es wurde beschlossen, zehn Jahre lang keine Wahlen mehr abzuhalten und die Aufwiegler zu bestrafen. Obwohl manche der Gegner schon geflohen waren, ließ Piero il Gottoso die Stadttore schließen, um den Verdächtigen den Weg zu verlegen und betrügerische Mitverschworene am Eintritt zu hindern. Die Schlüssel der Stadttore wurden ihm überliefert, und er legte sie auf seinen Tisch. An einem einzigen Tag hatte das Volk ihm alle Zuneigung wiedergeschenkt, die es den Medici stets entgegengebracht und die Piero selbst aus Angst um das Geld seiner Bank sich abspenstig gemacht hatte. Als die Bevölkerung erfuhr, daß Cosimos Sohn beinahe das Opfer eines Mordanschlags geworden wäre, forderte sie die Hinrichtung der Verschwörer.

Piero hegte derartige Wünsche nicht. Die Erfahrungen seiner Vorfahren hatten ihn gelehrt, daß sich erbarmungslose Grausamkeit niemals auszahlt. Wenn man die Parteigänger des Poggio verbannte, konnten sie wohl weiter Pläne schmieden, waren aber ohne Verbindung mit dem Volk und deshalb unfähig, es für sich zu gewinnen. Diotisalvi Neroni wurde nach Sizilien, Niccolò Soderini in die Provençe und Agnolo Acciaiuoli nach Apulien verbannt, jeder für 20 Jahre. Die Verschwörung war ihnen teuer zu stehen gekommen. Pitti, der die ganze Sache in die Wege geleitet hatte, leistete Schadensersatz und zeigte sich reuig; er erhielt Verzeihung, wofür er dem neuen Herrn der Stadt Treue schwor.

Piero il Gottoso starb am 4. November 1469 und hinterließ zwei Söhne, Lorenzo, der damals zwanzig war und später den Beinamen »der Prächtige« erhielt, und Giuliano. Fünf Monate vor seinem Tod hatte Piero vorsorglich den älteren Sohn trotz seiner Jugend mit einer römischen Prinzessin, Clarissa Orsini, verheiratet. Die Florentiner sahen »fremde Heiraten« niemals gern. Darüber hinaus rief die Verbindung mit einer Adelsfamilie wie der alten römischen Dynastie der Orsini die Vorstellung, die der toskanischen Gleichmacherei unerträglich war, wach, daß »man sich über die Nachbarn erheben« wollte. Sie nahmen es Piero jedoch nicht allzu übel, weil seine Regierung milde gewesen war. Er hatte Italien den Frieden nach einem Jahr des Krieges wiedergegeben, da alle Feinde der Republik sich verbunden hatten, sie auf die Knie zu zwingen. Ursache waren die Machenschaften der Florentiner Verbannten, die nach dem Fehlschlag der Pitti-Verschwörung darauf brannten, heimzukehren und in der Stadt, die sie vertrieben hatte, die Herrschaft zu übernehmen. Venedig, der wirtschaftliche und politische Rivale, dazu Pesaro, Forli, Ferrara und Faenza vereinigten ihre Truppen unter dem berühmten Condottiere Colleoni, zu dessen Ehren die Republik Venedig von dem Florentiner Verocchio später ein Denkmal errichten ließ, eine der schönsten Reiterstatuen alter und neuer Zeit. Zeitgenossen erzählten, niemals hätten so zahlreiche Truppen unter dem Befehl eines so kühnen Anführers gestanden.

Florenz trat diesem großen Kriegsbündnis mit der Hilfe von Mailand und Neapel entgegen, die Piero sich geschickt zu sichern verstanden hatte. Es war ein qualvoller Krieg, der schließlich auf dem Schlachtfeld von Montefeltro am 23. Juli 1467 sein Ende fand, obgleich auch dieses letzte Treffen keine Entscheidung brachte; beide Heere legten sich auf dem Schlachtfeld zum Schlafen nieder. Die Chronisten berichten, Colleoni habe ein neues, leichtes Geschütz, die sogenannte *spingarda,* eingeführt, worüber sich die altgedienten Condottieri empörten, da sie Feuerwaffen für unritterlich und ehrenrührig hielten. Die neue Waffe scheint indessen nicht unbedingt tödlich gewesen zu sein, da ihr, nach Machiavelli, kein einziger Mann zum Opfer fiel. Und wenn das Schlachtgeschrei »Massaker, Massaker!« lautete, so waren das schließlich bloß Worte und ein überkommener Brauch, dem in keiner Weise ein tatsächlicher Wunsch, den Gegner auszulöschen, entsprach. Das zeigt sich auch in den merkwürdigen Besuchen, die die Feldhauptleute, sobald die Schlacht vorüber war, einander in ihrem Lager abstatteten, sowie darin, daß beide Seiten sich unverzüglich mischten und verbrüderten, kaum daß die Hitze des Kampfes etwas abgekühlt war.

Die eigentlichen Verlierer des Krieges waren die Verschwörer; ihre Verbannung wurde um je zehn Jahre verlängert, ihr Vermögen eingezogen, und sie durften auch nach ihrer Rückkehr kein öffentliches Amt mehr bekleiden. Nachdem er der Stadt den Frieden zurückgegeben, den Wohlstand gesichert, die Dynastie durch die Heirat des »Kronprinzen« fest gegründet hatte, konnte Piero sich rühmen, daß er trotz seines schlechten Gesundheitszustands tatsächlich das öffentliche Wohl gefördert hatte und dem Vater des Vaterlandes ein würdiger Sohn gewesen war. Er konnte also in Frieden sterben und seinem über sein Alter gereiften Sohn das gewaltige Besitztum der Familie und das großartige, aber ungemein schwierige politische Erbe hinterlassen, das seit Cosimo die Bürde der Medici gewesen war.

3.

DER FLORENTINER HUMANISMUS IM 15. JAHRHUNDERT

Die Renaissance war eine Zeit, in der hochbegabte und geniale Menschen oder einfach Menschen von Geschmack und Geist das Leben ungeheuer genossen. Ulrich von Huttens »Es ist eine Lust zu leben« fand bei dem Chor der italienischen Humanisten, Künstler und Dichter lauten Widerhall. Das *taedium vitae* des klassischen Altertums und der *mal de vivre,* der die Romantiker quälte, waren dem Menschen des 15. Jahrhunderts unbegreiflich. Das übermütige, glückliche Kind des italienischen Quattrocento schäumte über von Neugier und waghalsigen Plänen; es sehnte sich, neue Gebiete im Bereich der Wissenschaft, Kunst, Philosophie und Geistesbildung zu entdecken. Matteo Palmieri (1406–1475), ein Florentiner Apotheker, erklärte, daß »jeder heute lebende Mann von Verstand Gott danken sollte, in dieser Zeit geboren zu sein, die eine solche Blüte glänzender Geister, wie sie seit tausend Jahren nicht erschienen ist, hervorgebracht hat«. Palmieris gesellschaftliche Stellung war bezeichnend für die Veränderungen, die zur Zeit der Medici in Florenz vor sich gegangen waren. Er war von Beruf ein *speziale,* das ist, wörtlich genommen, ein Gewürzkrämer, doch handelte der *speziale* auch mit allen Arten von Apothekerwaren, was ihn mit Ärzten, Botanikern, Chemikern und selbst Alchimisten in Verbindung brachte. In seinem Laden am Canto delle Rondine, der »Schwalbenecke«, wo zwei belebte Verkehrsstraßen zusammenstießen, konnte man stets Gelehrte aller Art und auch Künstler treffen, die von ihm ihre Malutensilien kauften. Matteo Palmieri stand dank seiner glücklichen, aufgeschlossenen Wesensart mit allen Gebildeten auf gutem Fuß und war ein gern gesehener Gast in den herrschenden Kreisen der Stadt. Die Pforten der Via Larga standen allen Gebildeten offen, auch einem Ladenbesitzer wie Palmieri. Jeder, der Latein verstand und über literarische Themen mitreden konnte, war an der Tafel der Medici ebenso willkommen wie die jungen Künstler, die von den großen Herren in Voraussicht ihres zukünftigen Ruhms beherbergt wurden.

Der hochberühmte Filelfo (1398–1481), um den sich die Fürsten von Neapel bis Mailand stritten, pries Florenz als die Hauptstadt der Künste. In seinen lateinischen Briefen beschreibt er die Freigebigkeit und gelehrte Bildung der Florentiner in glühenden Farben: »Florenz hat für mich unendliche Reize. Es ist eine Stadt, der es an nichts fehlt, denn ihre Gebäude sind großartig, ihre Bürger berühmt und reich. Ich werde geliebt und geehrt und von jedermann in den Himmel gehoben. Mein Name ist auf allen Lippen. Wenn ich mich auf der Straße zeige, treten nicht bloß die angesehensten Bürger, sondern auch die vornehmsten Damen vor mir zur Seite. Man zeigt mir solche Ehrerbietung, daß es mich ganz verlegen macht. Ich habe wohl hundert Zuhörer am Tag, manchmal sogar noch mehr, die meisten davon Männer mit Vermögen und Einfluß.« Filelfo hatte sich im Parteienstreit jedoch gegen die Medici gestellt und verließ die Stadt, als Cosimo siegreich zurückkehrte. Eingebildet und herausfordernd, wie er war, zog er von Hof zu Hof und schmeichelte sich bei den Signori von Mailand ein. »Cosimo«, pflegte er zu sagen, »braucht Dolch und Gift, um sich vor meinem Geist und meiner Feder zu retten.« Cosimo indessen ließ sich von Filelfos Schmähungen nicht erschüttern, nahm sie nicht einmal besonders übel. Es gab in Italien, geschweige denn in Europa, keine Stadt, die ihren Intellektuellen so bereitwillig das Recht zugestand, alles, was ihnen in den Sinn kam, auszusprechen. An den führenden Familien herumzumäkeln, galt nicht als Hochverrat; Cosimo und sein Enkel Lorenzo waren mit Satirikern, die sich über sie lustig machten, ebenso großzügig wie nachsichtig. Spott war eine kümmerliche Waffe gegen das Bollwerk von Macht und Schönheit, wie es das Florenz der Renaissance darstellte.

Jene Humanisten, die ihr Leben damit verbrachten, alte Bücher zu wälzen, griechische und lateinische Texte zu prüfen und auszulegen, waren reine Intellektuelle; ihr Hauptbestreben ging dahin, einen reichen Gönner zu finden, der sie mit Unterkunft, Geld und den Hilfsmitteln, die sie für ihre Arbeiten brauchten, versorgte. Um andere Dinge kümmerten sie sich wenig. Auch Filelfo vertrat diesen Standpunkt, als er an Palla Strozzi schrieb: »Ich habe mich völlig der Schriftstellerei ergeben und glaube, es ist mir bestimmt, nicht nur in meiner Zeit, sondern auch in kommenden Epochen zu leben.« Diese Humanisten gingen, so gut sie konnten, allen öffentlichen Zänkereien, zwischenstaatlichen Streitigkeiten und politischen Spannungen aus dem Wege. »All unser Eifer ist den Musen, den Künsten und der Förderung jener Bestrebungen gewidmet, die, weit vom Lärm des Krieges entfernt, ein schönes und glückliches Leben herbeiführen sollen.«

Die Gefahr dabei war jedoch, daß diese Humanisten sich von allem weltlichen Treiben, allen Vergnügungen, Sorgen, Schwierigkeiten und Erfolgen ausschlossen; der Humanist enthumanisierte sich möglicherweise. Er wurde womöglich den Empfindungen und Gefühlen geringerer Sterblicher gegenüber gleichgültig und fühlte sich über jede Leidenschaft erhaben, unberührt von Ansprüchen und Belastungen, die Gemüt und Herz anrühren konnten. Dagegen war im Mittelalter das Leben der Intellektuellen nicht ausschließlich in den gelehrten Vergnügungen des Lesens und Schreibens aufgegangen, wofür besonders Dante ein Beispiel ist. Mittelalterliche Denker waren durchaus bereit, gefährlich zu leben. Der Humanist der Renaissance war eher verwöhnt durch Gönner wie die Medici, die für seinen Lebensunterhalt Sorge trugen und dafür nur verlangten, daß er die Kenner belehrte oder erheiterte. Viele mögen der Schilderung sehr nahe gekommen sein, die Vergerio (1370–1444) in »De Ingenuis Moribus« von ihnen gab: »Wer sein Leben völlig den literarischen Freuden widmet, mag von sich selbst eine hohe Meinung haben, doch wird er, ob Fürst oder Bürger, für den Staat nur von geringem Wert sein.« Er tadelt den Literaten besonders deshalb, weil »er vom häuslichen Wirtschaften nichts versteht. Er lebt mit dem Kopf in den Wolken, unbekümmert um väterliche Würde und Verantwortung den Kindern gegenüber. Er hat keine Ahnung, welche Regierung die beste ist, ob ein Mann oder mehrere an die Spitze gehören, wenige oder viele. Öffentlichen Aufgaben geht er aus dem Wege und entschuldigt sich, daß, wer der Allgemeinheit dient, niemandem dient; er erhebt sich nicht im Rat zur Verteidigung der Republik noch greift er zu den Waffen, um für sie zu kämpfen.«

Die übertriebene Schwarzmalerei verzerrt womöglich das Bild, aber doch nur zum Teil. Natürlich hielten sich nicht alle Humanisten den öffentlichen Geschäften fern, dennoch lebten viele in Elfenbeintürmen. Zu diesen Elfenbeintürmen gehörten in Florenz der Palast in der Via Larga und die toskanischen Villen der Medici in Poggio a Caiano und Careggi. Man kann nicht umhin, die Geste dieser Leute zu bewundern, mit der sie in die Gelehrsamkeit wie in einen religiösen Orden eintraten. Sobald der Humanist sich bequem und sicher jenseits aller materiellen Wünsche eingerichtet hatte, konnte er sich die Ablehnung gemeinen Ehrgeizes leisten. Ein echter Adel des Geistes entstand neben dem des Geldes, der die reichen Florentiner Familien umfaßte, die großen Gutsbesitzer, Bankiers, Geschäftsleute und Industriellen als rechtmäßige Nachfolger jener Aristokratie des Blutes, die in Italien von den republikanischen und demokratischen oder gar von solchen Staaten verdrängt worden war, in denen Glücksritter, Condottieri und Abenteurer als Tyrannnen herrschten.

Alle Humanisten vom kleinsten Schulmeister bis zu den überlegensten Geistern wie etwa Ficino (1433–1499) und Pico della Mirandola (1463–1494) dankten Gott, daß er sie zu »Renaissance-Menschen« gemacht hatte. Das Wort »Renaissance« – *rinascimento* – wurde freilich erst im 16. Jahrhundert allgemein gebräuchlich, um damit die Würde und Ungewöhnlichkeit der eigenen und der unmittelbar vorangegangenen Epoche zu bezeichnen. Einstimmig feierte man das Florentiner Quattrocento, das goldene Zeitalter der Medici, und es war im Kreise Cosimos und später Lorenzos, daß solche Lobgesänge zuerst angestimmt wurden. »Dies Jahrhundert ist ein goldnes Zeitalter, das seinen Glanz über die so lange verdunkelten freien Künste ausstrahlt – über Grammatik, Dichtkunst und Beredsamkeit, Malerei, Baukunst und Bildhauerei, Musik und den Gesang zur alten orphischen Lyra, die alle in Florenz in Blüte stehen.« So schrieb das Urbild der Humanisten, der Philosoph Marsilio Ficino. Giovanni Rucellai (1475–1525), ein reicher und gebildeter Florentiner Kaufmann, stieß in dasselbe Horn wie Ficino und der Gewürzkrämer Palmieri und dankte Gott, daß er ihn »in einer Zeit habe leben lassen, die alle verständigen Menschen für die größte halten, die unsere Stadt je gesehen hat«. So kam es, daß ein Handelszentrum zur Hauptstadt des Geistes wurde, während eine Zeit voll glänzender Hoffnungen über einer altehrwürdigen Kultur, einer großen Zahl bemerkenswerter Männer auf jedem Felde künstlerischer und geistiger Betätigung und einer Familie mit ungewöhnlich begabten Persönlichkeiten aufging.

Die Medici hätten, wie so viele andere Herrscher, sich darauf beschränken können , ihrer Herrschaft durch Förderung von Kunst und Wissenschaft Glanz zu verleihen, waren jedoch nicht damit zufrieden, Architekten, Philosophen und Maler bloß finanziell zu unterstützen. Sie wollten, so weit das dem unterrichteten Dilettanten möglich ist, mit ihren Schützlingen von gleich zu gleich verkehren, ungeachtet der Kluft, die den Künstler von dem Betrachter trennt, der sein Werk bewundernd genießt. Besonders Cosimo und Lorenzo gaben sich die größte Mühe, es den führenden Geistern an Kenntnissen und Sachverstand gleichzutun. Dies galt jedenfalls für ihr Verhältnis zu Dichtern, Philosophen und Gelehrten, weniger für das zu den bildenden Künstlern, Musikern, Bildhauern und Malern, die sich auf einer anderen Ebene bewegten. Sie waren als Humanisten genügend sachkundig, um in der gelehrten Unterhaltung an der freigebig gedeckten Tafel in der Via Larga ihren Standpunkt vertreten zu können. Dort und im kühlen Schatten von Platanen, Kiefern und Zypressen in Careggi sammelten sich einige der gediegensten, lebhaftesten Geister der Zeit und versuchten, jenen »Humanismus« zu entwickeln, der während des 15. Jahrhunderts zum vornehmsten Besitz des gebildeten Europas wurde.

Das eigentliche Ziel geistig-seelischer Bestrebungen, das im Mittelalter Gott gewesen war, wurde nun der Mensch und alles, was zu ihm gehörte. Seine physische und moralische Persönlichkeit, die Welt, die ihn umgab, die Probleme seines Seins und Werdens, alles wurde vor die Schranken seines Geistes gebracht. Man begriff den Menschen als Individuum. Das, worauf es ankam, waren die besonderen Eigenschaften, die ihn zu etwas Einzigartigem machten, aber nicht austauschbar und im wörtlichen Sinne »ohnegleichen«. Während das Mittelalter sein Ideal in der kollektiven Gleichförmigkeit der christlichen Gemeinde fand, war es das eigentliche Ziel des Humanismus, wie man ihn besonders im Florenz der Medici begriff, die individuelle Entwicklung so weit wie möglich zu treiben, das Individuum zum Kunstwerk zu formen, seine Einmaligkeit hervorzuheben und zu verstärken und es von allen anderen Individuen abzusetzen.

Diese Lebensanschauung wurde von einem Künstler fast vollkommen verwirklicht, einem Künstler freilich, der auch Philosoph, Schriftsteller und durchgebildeter Athlet war. Leon Battista Alberti (1404–1492), ein hervorragender Architekt, Verehrer des Altertums, ein Mann von erstaunlichem körperlichen und geistigen Wagemut, gab den Maßstab, nach dem der Künstler der Zeit beurteilt wurde: »Wer seine persönlichen Gaben pflegt, tut seine vaterländische Pflicht.« Mit anderen Worten, der Humanist, der den Humanismus zu vollenden bemüht ist, leistet der Menschheit den bestmöglichen Dienst; niemand kann mehr von ihm verlangen. Der große Neuplatoniker Marsilio Ficino, einer der geistreichsten Florentiner und enger Freund der Medici, entwirft in seiner »Theologica Platonica« – der Titel allein sagt schon genug – in Umrissen das Bild des Humanisten. Sein vollkommener oder wesentlicher Mensch »umspannt den Himmel und die Erde; er lotet die Tiefen des Tartarus aus. Weder ist ihm der Himmel zu hoch noch die Mitte der Erde zu tief. Er hat das Himmelsgewölbe vermessen und kennt die Kräfte, die es bewegen, ihre Bestimmung und ihre Wirkung, und hat ihren Umfang berechnet. Wer wollte also leugnen, daß sein Genius dem Schöpfer der Himmelskörper fast gleichkommt und daß er, auf seine Weise, möglicherweise imstande ist, sie nachzuschaffen! Der Mann will keinen über sich und keinen neben sich. Er wird das Dasein einer Oberherrschaft, die ihn ausschließt, nicht dulden. Vielmehr sucht er überall die Dinge zu beherrschen und verlangt für seine Arbeit Dank. Seine Überlegenheit auf allen Gebieten ist wie die Gottes. Und wie Gott, so beansprucht auch er Unsterblichkeit.« Mit diesem Anspruch des Menschen auf Gleichheit mit Gott oder besser noch, diesem Zeugnis vom göttlichen Wesen des Menschen ist weder Gotteslästerung noch Religionsfrevel beabsichtigt. Die Humanisten mögen gute Christen gewesen sein, doch lag ihnen offenbar der Glaube nicht fern, es müsse theoretisch und logisch möglich sein, sich auf dieselbe Ebene mit Gott zu stellen.

Mit der Heraufkunft der Renaissance verschwanden die altehrwürdigen Tugenden, um die die Menschen des Mittelalters sich bemüht hatten. Die Humanisten erhöhten die Tugend des Geistes, *la virtù dell' animo,* wie Landino (1424–1498) sagte, über alle andern. Sie war für die persönlichen Gaben des einzelnen das Mittel, um zur Vollkommenheit zu gelangen. Die Lateiner verfehlten nicht, die Analogie dieser Renaissance-*virtù* mit der römischen *virtus* hervorzuheben. Dies Wort mit »Tugend« im christlichen Sinne zu übersetzen, wäre ein Fehler. Die *virtù* des Quattrocento beruht auf der völligen und äußersten Selbstdarstellung des Individuums über alle meßbaren Grenzen hinaus sowie auf seiner Fähigkeit, sein Leben als Kunstwerk zu formen. In diesem Sinne bewährt der Condottiere, der Stratege, der Naturwissenschaftler auf seinem Gebiet ebensoviel, wenn nicht dieselbe *virtù* wie der Buchgelehrte, der Philosoph und Künstler auf dem seinen.

Die Vertreter des Humanismus standen geistig und seelisch über allen anderen Menschen, wenn man mit Ficino annahm, daß der Humanismus den Menschen auf eine göttliche Stufe hob. Auf dem praktischen Gebiet gesellschaftlichen und beruflichen Vorwärtskommens bot der Humanismus seinen Vertretern die Möglichkeit, in jene höchste Elite aufgenommen zu werden, die im Dienst des Geistes wirkte und den eigenen Genius als Gottheit verehrte. Sie waren Ehrengäste an der Tafel der Medici – und an der von anderen italienischen Fürsten und Vornehmen der Zeit – und empfingen Beihilfen, Jahrgelder, Unterstützung jeglicher Art. Hatten sie sich einmal mit ihrem Gönner überworfen, konnten sie sicher sein, Unterkunft und Verpflegung am Hof eines andern Fürsten zu finden. Wenn es in der Renaissance eine internationale Gesellschaft gegeben hat, so waren es diese »internationalen Humanisten«, zu denen die geistreichsten Männer aus Italien, Deutschland, Frankreich, England, Spanien und den Niederlanden gehörten. Ihre Bildung machte sie allen anderen überlegen, außerdem unterschieden sie sich von ihren Mitmenschen dadurch, daß sie im Verkehr miteinander die sogenannten toten Sprachen verwendeten: Latein und Griechisch.

Die Latein-Besessenheit der Zeit war so heftig und weit verbreitet, daß man Übersetzungen mittelalterlicher italienischer Bücher in die Sprache von Vergil und Horaz herstellte. Ältere Schriftsteller wie Dante, Boccaccio und Petraca hatten in der *volgare,* d. h. italienisch geschrieben. Manche Gelehrte wie Bruni (1374–1444) und Vespasiano (1421–1498) meinten geringschätzig, daß sich gewisse philosophische Gedankengänge in der *volgare idioma* gar nicht ausdrükken ließen; die Humanisten übersahen geflissentlich, daß die höchst verwickelte Metaphysik und die nuancenreiche Poesie der *Divina Commedia* im Italienischen einen mehr als angemessenen Ausdruck gefunden hatte. Der französische Geschichtsschreiber Monnier hat diesen Typ des Florentiner Humanisten – was aber auch allgemein für gleichgesinnte Schriftsteller in Italien und ganz Europa gilt – aufs Korn genommen, wenn er sagt: »Der Humanismus war nicht einfach die Hinneigung zum Altertum, sondern ein Kult, der mit dem Altertum getrieben wurde und von bloßer Verehrung bis zu Versuchen der Wiederbelebung reichte. Der Humanist studierte nicht einfach die Klassiker und ließ sich von ihnen anregen, er war von ihrer Bedeutung so durchdrungen, daß er sie nachahmte und wiederholte, ihre Vorbilder und Gewohnheiten, ihre Gleichnisse und ihre Götter, ihre Denkweise und ihre Sprache übernahm.« Die Sprache war, wie man weiß, das Lateinische und, sogar in noch höherem Maße, das Griechische.

Die ungewöhnliche Wertschätzung, die das Griechische im Florenz des 15. Jahrhunderts genoß, beruhte auf zwei damals eingetretenen Umständen. Zunächst war da das von humanistischen und prähumanistischen Kreisen noch vor Beginn des Quattrocento wiederbelebte Interesse an Platon. Der Platonismus, oder Neoplatonismus, wie ihn die Philosophen predigten, beeinflußte die geistige Haltung der Epoche während der ganzen Renaissance.

Ficino war der Sohn eines Arztes; Cosimo de' Medici hatte ihn bewogen, sich, statt seine medizinische Ausbildung in Bologna abzuschließen, dem Studium der Philosophie in Florenz zu widmen, und er fühlte sich ganz der Aufgabe verpflichtet, das Heidentum, insbesondere das platonische Gedankengut, mit dem Christentum auszusöhnen. Ein unscheinbarer buckliger Mann, schwach und lahm, wie er war, besaß er doch einen feingeschliffenen, feurigen Geist und ging völlig in seiner Arbeit auf. Sein christlich-heidnischer Synkretismus fand Anklang bei einigen der klügsten Köpfe des Jahrhunderts, die bemüht waren, ihre Verehrung der Antike zu begründen und mit ihrem Wunsch, gute Christen zu bleiben, unter einen Hut zu bringen. Es ging ihnen um den Nachweis, daß platonische und christliche Lehren einander ergänzten und daß man durch das Herausarbeiten dieser Harmonie zu einer Art platonischem Christentum oder christlichem Platonismus gelangen werde. Marsilio Ficinos Arbeit war darauf gerichtet, hierfür den unumstößlichen Beweis zu erbringen – eine Aufgabe, die sich auch ein anderer großer platonischer Denker und allgemein anerkannter Gelehrter der Zeit, Pico della Mirandola, widmete, der ebenfalls in Florenz tätig war.

Auch die Künstler konnten sich diesem Gedanken nicht entziehen. Der Plan eines religiösen Kunstwerks, wie es Michelangelos Fresken in der Sixtinischen Kapelle sind, ging auf philosophische Vorstellung zurück, in denen sich christliche und platonische Gedanken mischten, und enthielt christliche wie platonische Symbole.

Das zweite Ereignis, das die Verbreitung des Griechischen in Italien förderte, war die Eroberung Konstantinopels (1453). Viele gelehrte und gebildete Männer, die aus dem Osten geflohen waren, fanden Aufnahme an italienischen Höfen; sie brachten ihre Bücher und ihre Kenntnisse mit und wirkten als Lehrer. Ihre Ankunft war vorbereitet in dem Konzil von 1439, auf dem man versucht hatte, die beiden Kirchen zu vereinigen, und das Cosimo Pater Patriae in weiser Voraussicht sich nach Florenz zu bringen bemüht hatte.

Kennzeichen der Humanisten war die Güte des von ihnen verwendeten Lateins und die Verehrung des Griechischen. Die Schwärmerei für das Griechische wurde in dem Maße Mode, daß man den kleinen Kindern, selbst Mädchen, Unterricht darin gab. Wer sich auf Griechisch unterhalten konnte, galt als der Held des Tages, auch wenn er kein Gelehrter vom Fach war. Aldo Manuzio, der berühmte venezianische Drucker, war dieser Manie so ergeben, daß jeder, der an seiner Tafel eine andere Sprache verwendet, eine Strafe zahlen mußte. Die Vorliebe für aristotelische und platonische Gedankengänge diente auch dazu, den Ruf der byzantinischen Flüchtlinge als der letzten Apostel der griechischen Philosophie zu erhöhen. Gemistos Plethon (1355–1450) und Giovanni Argyropoulos (1410–1490) waren die bekanntesten Gräzisten unter den vielen Gelehrten, die entweder beim Konzil von 1439 im Gefolge des Kaisers Johannes Palaiologos oder nach der Eroberung Konstantinopels oder als Flüchtlinge vor islamischer Verfolgung nach Italien gekommen waren. Manuel Chrysoloras, ein weiterer Grieche, hatte bereits 1396 in Florenz Aufnahme gefunden. Ugolino Verrino zufolge, der dieses Einströmen beobachtete, wurden alle schiffbrüchigen griechischen Gelehrten nach Florenz verschlagen und fanden dort inmitten der stürmischen See einen sicheren Hafen. Poliziano, ein sympathischer, von Lorenzo de' Medici hochgeschätzter Dichter, tat den vielleicht etwas übertriebenen Ausspruch, man werde nicht glauben, daß Athen zerstört und von den Barbaren besetzt sei, sondern eher annehmen, es sei mit seinem ganzen Hab und Gut ausgewandert und habe sich in Florenz niedergelassen.

Die Platonische Akademie war eine lose Gemeinschaft von Männern, die die gleiche kulturelle Begeisterung, der gleiche unstillbare Hunger nach Kenntnissen erfaßt hatte. Sie entwickelte sich ohne Hast, kannte weder Formalitäten noch Geschäftsordnung und erhielt ihren Namen von Ficino. Sie nahm jeden gern auf, der ihre Ziele und Vorstellungen unterstützte. Die Gruppe war auf ganz natürliche Weise zunächst mit Cosimo und später mit Lorenzo dem Prächtigen verbunden, da beide alle kulturellen Bestrebungen mit Hingabe förderten und schützten. In ihren vier Wänden verlangten sie von niemandem das Befolgen von törichten Etikettevorschriften; jedermann konnte frei seine Meinung sagen. Darüber hinaus boten sie jedem, der sich darum bemühte, großzügig und ohne Umstände ihre Gastfreundschaft. Diese frühen Medici waren, wie auch die übrigen Florentiner, Leute von unverdorbenem Geschmack, denen dennoch kein Preis zu hoch war, wenn es um ein Kunstwerk ging, eine alte Handschrift, ein kostbares Gerät oder um die Aufnahme geistreicher Männer, versammelt in einer »Gemeinschaft der freien Künste«, wie Marsilio Ficino es nannte.

Die Medici mit ihrem gewaltigen Vermögen, ihrer politischen Macht, ihrem mit dem Titel der »Schutzherren von Kunst und Literatur« verbundenen Ansehen standen mit anderen Kaufherren und Bankiers auf dem Gebiet der Kunst und Wissenschaft in lebhaftem Wettbewerb. Die reichen Freunde und Gegner bemerkten bald, daß sie Gefahr liefen, von dem strahlenden Betrieb in der Via Larga weit in den Schatten gestellt zu werden, wenn sie nicht ebenfalls als Förderer und Anreger ernsthafte Anstrengungen machten. Sie nahmen die Herausforderung an, weil sie als Florentiner, wie Oscar Wilde von den Athenern gesagt hat, »zu einer Rasse von Liebhabern und Kritikern der Kunst« gehörten, Schönheit in jeder Form wirklich liebten und durch ihre natürlichen Gaben zum Hervorbringen und Erwerb von Meisterwerken getrieben wurden.

Mitglieder aller großen Familien warfen sich mit Leidenschaft auf das Studium des Griechischen. Die Signoria erklärte, ihr größter Schatz seien die vier griechischen Evangelien, die im Beratungssaal ständig ausgestellt wurden, sowie die amalfitaner Pandekten, die die Florentiner nach dem Sieg über Pisa 1405 dort gestohlen hatten. Führende Bürger bemühten sich, mit dem Mäzenatentum der Medici zu wetteifern, oder umgekehrt. Niccolò da Uzzano gründete 1430 ein Kollegium und nannte es »Casa di Sapienza«, Haus der Gelehrsamkeit. Er war ein hochgebildeter Mann, mit seiner ganzen Person dem öffentlichen Wohl ergeben und eher geneigt, den meteorgleichen politischen Aufstieg der Medici zu hindern als ihn zu fördern. In seinem Kollegium erhielten arme junge Leute, die ihr Studium sonst nicht zu finanzieren vermochten, umsonst Wohnung und Unterricht. Einer der Großen aus der Bankierfamilie der Strozzi, der stattliche Palla Strozzi, sammelte alte und neue Handschriften und richtete in einem seiner Paläste im Stadtviertel von Santa Trinità eine Bücherei damit ein, die er großzügig dem Publikum öffnete, später aber als Verbannter San Agostino in Padua vermachte.

Der Florentiner haben möglicherweise von jeher kulturelle Neigungen gehabt, das Hin und Her des neuen Bildungswettstreits jedoch, der der Nachfolger der alten Fehden zwischen Guelfen und Ghibellinen, Schwarzen und Weißen geworden war, wurde teilweise durch das Beispiel hervorgerufen, das die Medici ihren Mitbürgern vor die Nase setzten. Manche dieser Bürger gingen dermaßen in der Antikenschwärmerei auf, daß sie wie alte Römer und Griechen zu leben versuchten. Einer davon war Niccolò Niccoli, kein Gelehrter von Beruf, sondern Kaufmann, Numismatiker und Sammler alter Handschriften – bei seinem Tode besaß er 800. Er zog mit der Toga bekleidet umher, verwendete griechische Trinkschalen, machte aber auch gewaltige Schulden; Cosimo bezahlte sie nach seinem Tode und erwarb dafür die kostbare Bibliothek, die er im Konvent von San Marco zum öffentlichen Gebrauch aufstellte. Es heißt, Vespasiano habe Niccoli einmal besucht und ihn inmitten einer Schar von zehn oder zwölf jungen Edelleuten gefunden, alle in Bücher vertieft. Ab und zu unterbrach Niccoli diese Lektüre, fragte sie, welchen Abschnitt sie gerade läsen und was sie darüber dächten. Vespasiano bemerkt dazu, die Konzentration der jungen Leute sei so groß gewesen, daß keiner auch nur eine Minute vergeudete, ganz im Gegensatz zu den üblichen Zusammenkünften von Adligen, wo man sich meist dem Glücksspiel widmete.

Ficinos Definition der Schönheit fand allgemeinen Beifall in der gebildeten Gesellschaft der Zeit, bei Malern, Bildhauern und Dichtern, wenn auch manche von ihnen weder die Werke Platons noch die seiner Nachfolger aus der alexandrinischen Schule kannten. Ficino lehrte, die Schönheit läge »nicht in den Schatten der Dinge, sondern im Licht und in der Form, nicht in der düsteren Stofflichkeit des Körpers, sondern in seinen klaren Proportionen, nicht in der schmutzig trägen Masse des Fleisches, sondern in der Zahl und im Maß«. Es ist, als ob ein auferstandener Plotinus das alte Glaubensbekenntnis der Neoplatoniker wiederholt und es dabei christlicher Empfindung und Überzeugung anzupassen versucht, wenn Ficino sagt: »Wie das Ohr voller Luft die luftigen Töne wahrnimmt, wie das Auge voller Licht das Licht sieht, so ist es Gott in unserer Seele, der Gott erkennt.« Die von Ficino verkündeten und von seinen Schülern im Kreis der Medici wiederholten Richtlinien erklären die Ziele, Absichten und Schöpfungen der Florentiner Renaissance. Ficinos Bedeutung liegt weniger im geistigen Wagemut und in der Originalität seiner Metaphysik als vielmehr darin, daß er der italienischen Kunst seiner Zeit die Richtung wies. Dadurch wird sein Werk ein unentbehrlicher Helfer, um den eigentümlichen Geist dieser Zeit zu verstehen, gleichgültig welche Form er annimmt, ob die von Botticellis Allegorie des Frühlings (gemalt etwa 1475 für die Villa di Castello der Medici;) oder die von Michelangelos Deckengemälde in der Sixtinischen Kapelle oder die von Leonardos Felsenmadonna. Sein Einfluß beruhte nicht darauf, daß er den Künstlern Formen vermittelte, er gab ihnen vielmehr den Anstoß, selbst die ewigen Grundgesetze einer geistigen wie bildnerischen Ästhetik zu finden. Aus seinen Briefen wissen wir, daß dieser selbe Ficino den alten Cosimo auf sein Landgut in Careggi zu begleiten pflegte und dort auf der Lyra spielte, während Cosimo seine Reben beschnitt. Der Kult der Schönheit brachte einen andern, den der Freundschaft hervor, und dieser schlug in der Gesellschaft so tiefe und breite Wurzeln, daß Freundschaft und Liebe zu Geschwistern wurden, Kinder der zwei Spielarten der Schönheit: der Schönheit des Körpers und der des Geistes.

War Ficino körperlich mißgestaltet, so war Pico della Mirandola, der als führender Humanist Ficino an Ruhm nicht nachstand, ein prachtvoll schöner Mann. Er starb 1494, erst 31 Jahre alt. Er war ein Wunderkind und erwies seine blendende Begabung als Student in Padua, Ferrara und Paris. Mit 20 Jahren trat er dem Kreis von Careggi bei. Er hatte sich mit sämtlichen Wissenschaften, allen philosophischen Systemen und Religionen beschäftigt. Er vermochte

Theorien über jeden denkbaren Gegenstand aufzustellen, ohne dabei überheblich zu werden. Ein Zeugnis seiner geistigen Virtuosität ist sein »Heptaplus«, worin er sieben unterschiedliche Erklärungen der Schöpfungsgeschichte in der Genesis gibt. Er konnte nicht nur Latein und Griechisch, sondern auch Hebräisch und war mit orientalischen Religionen und Philosophien vertraut, von denen innerhalb der platonischen Zirkel in Florenz kaum jemand etwas wußte. Als Michelangelo das ikonographische Programm für die Decke der Sixtinischen Kapelle entwarf, griff er auf den »Heptaplus« zurück, den er gut kannte. Pico hatte die Universität als überzeugter Aristoteliker verlassen, wurde aber von Ficino zu Platon bekehrt. Er legte es ebenso darauf an, die beiden großen Geister der Antike zu versöhnen wie ein christlich-heidnisches Lehrgebäude zu entwickeln, eine januskopfige Synthese, die es erlaubte, griechische Götter zu verehren, ohne sich der Kirche zu entfremden. Der strahlende Pico, ein vollkommenes Beispiel der erhabenen Verbindung von körperlicher, geistiger und seelischer Schönheit, starb als gottesfürchtiger Mann; er verlangte, seine Leiche solle in einer Mönchskutte bestattet werden. Man wußte, daß Savonarolas hitzig vorgetragene Lehren seine Zustimmung fanden, obwohl er jeder Intoleranz auf geistigem Gebiet stets entgegengetreten war; er achtete es hoch, daß der Dominikaner so standhaft seinem Ideal der Reinheit anhing, obwohl es dabei zu Übertreibungen kam, die für die Kunst der Zeit entsetzliche Folgen hatten.

Im gleichen Sinne wie Ficino, der vorschlug, daß jeder Priester den üblichen Formeln bei der Feier der Messe einen Platontext hinzufügen solle, denn Platons Dialoge seien ebenso gut wie die Evangelien geeignet, den Gläubigen zum Guten, Wahren und Schönen zu führen, so war auch Pico della Mirandola der Apostel einer allgemeinen Verbrüderung. Ihm zufolge stammten alle Religionen von einer göttlichen Offenbarung, die sie jede auf ihre Weise auslegten; trotzdem hatten alle eine gemeinsame Wurzel. Dieser Gesichtspunkt erscheint immer wieder in seinen 900 Thesen, von denen 500 seine persönliche Meinung zu Fragen der Theologie und Metaphysik ausdrücken. Auf der Suche nach der allgemeinen Harmonie fand Pico die überzeugende Lösung des Rätsels von der heiligen Dreieinigkeit in der Kabbala. Bei der Durchforschung orientalischer religiöser Texte war er auf einen unerschöpflichen Schatz von Symbolen gestoßen, die ihm tiefer und geheimnisvoller erschienen als die lateinische und griechische Mythologie, deren mehr handgreifliche Überlieferung inzwischen Allgemeinbesitz geworden war.

Das Füllhorn der Gelehrsamkeit, wie es der Humanismus darstellte, bedrückte jedoch in keiner Weise die Menschen, die es besaßen. Wie groß ihre Kenntnisse auch waren, sie trugen ihre Gelehrsamkeit leicht und mit Anmut. Sie hatten Vergnügen an Schönheit und guter Form und lehnten weder körperliche Lust noch Unterhaltung, ja nicht einmal die simplen Ergötzungen des Karnevals ab. Bei den Medici nahm der Kreis der Humanisten am volkstümlichen Zeitvertreib teil und hatte Freude an dem saftigen Humor, womit der toskanische Dialekt gewürzt war. Über die derben Witze auf Kosten der Priester, die oft als einfältige Tölpel verspottet wurden, lachte man in Careggi oder der Via Larga aus vollem Halse. Die Anhänger des Humanismus in Florenz hielten sich vom Alltagsleben durchaus nicht fern, und dieser enge Kontakt gab ihrer Philosophie neue Aussagekraft und erweiterte ihren Wirkungsbereich. So kann man ein starkes Wachstum der Gelegenheitsdichtung beobachten, mit der besondere Ereignisse gefeiert wurden. Diese Gedichte handelten nicht von heldenhaften Taten, sie wurden vielmehr zur Erinnerung an eine Hochzeit, eine Festlichkeit, eine Abendgesellschaft auf dem Lande oder ein Turnier verfaßt. Sie brauchten durchaus nicht banal zu sein, und am wenigsten waren es die *Giostra* des Pulci (1432–1484) oder des Poliziano (1454–1494). In ihren vollkommenen Formen und Proportionen waren sie Meisterwerke reiner Erfindungsgabe. Der Einwand ist nicht ganz berechtigt, daß die große Poesie vom Humanismus, der niemals das klassische Vorbild verleugnete, wenig zu gewinnen habe, dennoch verdankt die humanistische Dichtung der Natur ebensoviel wie dem Kunstverstand. Es gibt da Strophen und ganze Gedichte, die die europäische Lyrik auf sehr eigene Weise bereichern, so etwa Polizianos lateinische Verse auf die Veilchen; sie erinnern an die Zeilen, die Kaiser Hadrian seiner Seele widmete: *Animula vagula blandula* . . . Sie haben denselben Ton und Rhythmus, dieselbe Musik, dieselbe Vollkommenheit einer geschnittenen Kamee, während im Hintergrund das Echo einer romantischen Melancholie widerhallt. Carducci, der große italienische Romantiker, hat die Poesie Lorenzos des Prächtigen und Polizianos als Vorläufer der »modernen Dichtkunst« bezeichnet.

Angelo degli Ambrogini war in Montepulziano geboren und nannte sich deshalb auf Lateinisch Politianus, auf Italienisch Poliziano; er ist der Dichter der Veilchen und der Inbegriff eines humanistischen Lyrikers. Seine Dichtung steht der Philosophie Ficinos und Pico della Mirandolas ebenbürtig zur Seite. Hätte Planudus seine Sammlung griechischer Epigramme, die »Antologia Palatina«, nicht veröffentlicht, Poliziano wäre vielleicht von der Vergangenheit, die er offenbar niemals aus den Augen lassen möchte, weniger stark beeinflußt worden. Als Grammatiker, Latinist und Gräzist beteiligte er sich wie alle seine Zeitgenossen lebhaft am Kult der Antike. Er verfaßte kurze lateinische Aufsätze für Lorenzos Kinder und besang die Natur in der Art Vergils und Theokrits. Nachdem Lorenzo den Studenten seiner Armut entrissen hatte, erneuerte Poliziano den *dolce stil nuovo* Dantes, Guinizellis und Cavalcantis, und seine italienischen Dichtungen kamen diesen Vorbildern an Eleganz und Zartheit durchaus gleich. Es ist schade, daß seine lateinischen Beschreibungen des toskanischen bäuerlichen Lebens bloße Stilübungen sind und uns heute kaum etwas zu sagen haben; dagegen ist sein italienischer »Orfeo« von unvergänglicher Schönheit und durchaus geeignet, auch den modernen Leser anzusprechen. Die von ihm wiederbelebte Mythologie hat trotz ihrer klassischen Herkunft dieselbe unmittelbare Lebendigkeit, dieselbe Leuchtkraft und den stets frischen Reiz wie Botticellis Geburt der Venus oder Allegorie des Frühlings. Er schreibt, wie Botticelli malt, doch findet sich bei ihm über die Reinheit von Umriß und Farbe hinaus jener schwermütige Ton, der, der Renaissance im allgemeinen fremd, später die barocke Kunst durchdrang. Wenn auch Poliziano niemals den Astrologen anhing, die auch im vernunftstolzen Florenz ihrem Gewerbe nachgingen, hatte er doch aus dem Mittelalter ein paar abergläubische Vorstellungen übernommen. Er war ernsthaft davon überzeugt, daß einer der in die bekannte Verschwörung verwickelten Pazzi seine Seele vor der Hinrichtung dem Teufel verkauft hatte, um sich nach dem Tode an seinen Feinden rächen zu können. Als wolkenbruchartiger Regen die Ernte auf dem Feld zu vernichten drohte, spürten die Bauern die boshafte Hand des Teufels und seines Spießgesellen. Die Leiche Pazzis wurde ausgegraben, worauf der Himmel dem Wolkenbruch Einhalt gebot. Poliziano nimmt das als einen »Beweis, daß der Himmel mit dem Volk im Einklang sei«. Die Leiche Pazzis wurde in den Arno geworfen, um eine Wiederkehr der Sintflut zu verhüten.

Das aufgeklärte, gebildete Zeitalter der Renaissance, so modern in seinen Gedanken und Schöpfungen, war gerade erst aus der unmittelbar vorhergegangenen Dunkelheit aufgetaucht. Auch die Humanisten glaubten noch an himmlische Vorzeichen und Statuen, die Tränen vergossen. Der Humanismus des Quattrocento bedeutete noch nicht den völligen Bruch mit der Vergangenheit; er verbindet die mittelalterliche Theologie und den Theozentrismus mit der Hochrenaissance des 16. Jahrhunderts, die für wissenschaftliche

Forschungen, Erfindungen und Entdeckungen den Boden bereitete. Die Gelehrten und Grammatiker des 15. Jahrhunderts waren noch zu sehr mit der Antike beschäftigt, um sich auf eine entschieden moderne Kultur einlassen zu können. Das höchste Ziel, das sie erreichen zu können glaubten, war, den lateinischen und griechischen Mustern nahe oder gleich zu kommen. Das ist auch der Grund, warum die italienische Literatur der Zeit mit den bildenden Künsten, Malerei, Architektur und Bildhauerei, nicht Schritt hielt, nicht jenen neuen, wagemutigen Geist entwickelte, der nicht eigentlich »Renaissance« im Sinne von »Wiedergeburt« der klassischen Antike, sondern die Geburt von etwas vollkommen Neuem war.

Posthumes Bild Cosimos des Alten (Pater Patriae) von Pontormo. (Uffizien)

Grabmal Lorenzos, Herzog von Urbino, von Michelangelo, in der Neuen Sakristei von San Lorenzo.

Ansicht der von den Medici bewohnten Villa di Poggio a Caiano. Das Bild stammt von dem niederländischen Künstler van Hutens.

Bildnis Großherzog Cosimos des I. von Bronzino, 1545.

4.

DIE RENAISSANCE IN FLORENZ

Während die Humanisten sich eifrig in den Kult und die Pflege des griechischen und lateinischen Altertums vertieften, ihre Kräfte der Buchgelehrsamkeit und philosophischen Spitzfindigkeiten widmeten, verkündeten die Künstler der italienischen Renaissance die Notwendigkeit, die Welt neu zu empfinden und zu begreifen. Sie waren auf der Suche nach der Schönheit an sich, deren Vollkommenheit – unabhängig von den Launen eines wankelmütigen Geschmacks – auf dem Wesen des vollendet schönen Gegenstands beruhte, das seinerseits in der makellosen Harmonie von Geist und Materie bestehen sollte. Diese ideale und formale Vollkommenheit mußte sich aus der Übereinstimmung zwischen der irdischen Verwirklichung und der gedanklichen Vorstellung im Reich der platonischen Ideen ergeben. Antike Kunstlehrer hatten die Grundregeln des bildnerischen Schaffens aufgestellt; sie galten ewig und unveränderlich für alle zukünftigen Epochen, für den betrachtenden ebenso wie für den schöpferischen Geist. Aufgabe der Neuzeit war es, diese Grundgesetze der Ästhetik wiederzufinden und ihnen neues Leben einzuflößen. Die Bezeichnung »Renaissance«, mit der wir heute die Hauptrichtung und die allgemeinen Bestrebungen der Zeit beschreiben, kam eigentlich erst im 16. Jahrhundert auf, als man die Epoche schon rückblickend betrachten konnte. Das Wort bezog sich auf die unmittelbare Vergangenheit, unter deren Einfluß die Gegenwart noch immer stand, denn Vasari, der es prägte, gehörte nicht mehr zur »Renaissance«; er war vielmehr ein »manieristischer« Maler und Architekt (1511–1574). Vermutlich kann man keine der großen Kunstepochen erkennen oder ihre wichtigsten Züge beschreiben, bevor sie nicht ihre Schöpferkraft verloren hat und Bestandteil der Vergangenheit geworden ist.

Künstler und Humanisten glaubten gleicherweise, es habe, bevor die »dunkle Zeit« Europa in ihr Leichentuch hüllte, ein Goldenes Zeitalter die Welt erleuchtet und auf dem Gebiet der Kunst und Kultur als einziges die Summe der möglichen Wahrheiten besessen. So war es heilige Pflicht der Neuzeit, die Dunkelheit zu überwinden und diese Wahrheiten wieder ans Licht zu bringen; ob sie aus der Antike heraufgebracht oder aus späterer Zeit übernommen wurden, war dabei ohne Belang. Die Überzeugung, die Alten hätten bereits alles Wesentliche gewußt, ließ die Architekten jeden Zoll eines jeden römischen Bauwerks und jeder Ruine ausmessen und untersuchen; sie hofften, dabei den Schlüssel der idealen oder »göttlichen« Proportion zu finden: »De Divina Proportione« war der Titel eines Buches von Fra Luco Pacioli. Ebenso eifrig wie die Gelehrten bemühten sie sich, alle erreichbaren philosophischen und historischen Handschriften zu sammeln; sie waren überzeugt, in diesen Texten für alle Probleme des Wissens und Forschens die Lösung zu finden.

Wie die Philosophen glaubten auch die Künstler, daß die Erschaffung und Erkenntnis der Welt auf der Offenbarung göttlicher Gesetze beruhte, die sich gleichartig in jeglichem Stück der Materie, aber auch in jedem menschlichen Denkprozeß wiederfanden und sich, als magische Quintessenz höchster menschlicher Erkenntnis, durch Ziffern und geometrische Figuren klar und unwiderleglich darstellen ließen. Von allen Künsten wurde die Architektur am unmittelbarsten und deutlichsten von diesen Gesetzen berührt. Die Entwicklung der Architektur war an einem Wendepunkt. Die gotische Baukunst hatte jede mögliche Wandlung durchgemacht und einen überhitzten Spätstil erreicht, der, da er in Italien weniger Anklang fand als im Norden, vor allem in den Niederlanden, Deutschland und Frankreich verbreitet war. Italienische Formvorstellungen neigen sich, wenn sie nicht künstlich beeinflußt werden, ganz von selbst der Kritik zu, wofür die Römer das Muster hinterlassen haben. Die italienische Gotik war im großen und ganzen eine ziemlich nüchterne Angelegenheit mit starkem klassischen Einschlag, ein Stil, den besonders die großen Mönchsorden, Dominikaner und Franziskaner, bevorzugten. Der Wechsel von diesem gotischen Stil zu einer Baukunst mit klassischen Formen und Proportionen, wobei unter »klassisch« hier »antik« zu verstehen ist, bedeutete freilich einen vollkommenen Bruch mit der unmittelbaren Vergangenheit. Die Beschäftigung mit den klassischen Autoren hatte das ganze Mittelalter über in den Bibliotheken und Schreibstuben der Klöster nicht aufgehört; freilich waren viele Handschriften verlorengegangen, die die Medici, andere fürstliche Gönner und vornehme Humanisten sich wiederzuerlangen bemühten, indem sie ihre Beauftragten im Orient danach suchen ließen. Gleichzeitig aber nahmen die bildenden Künstler eine Haltung ein, die mit dem klassischen Altertum sehr wenig zu tun hatte.

Klassische Kunst und mittelalterliches Gedankengut waren unvereinbar und schlossen sich unter Umständen gegenseitig aus. So war im Mittelalter körperliche Schönheit der religiösen Inbrunst untergeordnet, seelische Erbauung galt mehr als sinnliches Vergnügen. Dagegen hatte die Renaissance von Platon gelernt, daß äußere Schönheit sehr wohl mit innerer harmonieren könne und weder zur Verlegenheit noch zur Quelle von Konflikten zu werden brauche. Auf die Frage, was Schönheit sei, antworteten im Mittelalter die Philosophen. In der Renaissance ließ man die Philosophen nach ästhetischen Begriffen suchen, während die Künstler selbständig ihrer Vorstellung vom Schönen folgten, unangefochten von allen den gelehrten Theorien, die in sauberen Ziffern die unwiderleglichen Gründe zu formulieren trachteten, warum das, was der Künstler schuf, schön oder nicht schön war. Vielleicht hat im Lauf der Geschichte keine Epoche so hartnäckig und einfallsreich zu beschreiben sich bemüht, was schön und warum es schön sei, keine andere Epoche hat aber auch auf geistige und sinnliche Schönheit so unmittelbar angesprochen, und schließlich war keine Epoche so völlig davon überzeugt, daß es diese Schönheit wirklich gab, daß man sie aufspüren und besitzen könne. Zu keiner Zeit war der schöpferische Instinkt so drängend, so spontan und überreichlich vorhanden oder das Empfinden für neue Formen, die geeignet waren, Gemüt, Herz und Sinne zu beglücken, sich seiner selbst so sicher.

Trotz allem Durcheinander gelehrter Abhandlungen über die Idee, die Natur und mögliche Darstellung der Schönheit stützte sich die Kunst der Renaissance, sobald es ernst wurde, auf das Erlebnis der sinnlichen Welt. Dieses war der unfehlbare Führer des Künstlers. Die sinnlich wahrnehmbaren Eigenschaften des Universums, dessen wesentlicher Kern nur mit Hilfe des Intellekts zugänglich war, paßten sie ihren Bedürfnissen an. Eine solche Methode tat zwei typisch Florentiner Wesenszügen genüge: systematisch zu denken und die Wirklichkeit empirisch zu betrachten. Obwohl die Bevölkerung aller italienischen Staaten die Grundsätze, auf denen die Renaissance beruhte, bejahte, verhielt sich doch jeder Staat anders. Die Abweichungen und Unterschiede zwischen der Lombardei, Venedig oder Sizilien ändern jedoch an ihrer offensichtlichen Einmütigkeit grundsätzlich nichts. Die von Italien ausgehenden Einflüsse wurden dann wieder anderen nationalen Besonderheiten entsprechend abgewandelt. In den Niederlanden und Deutschland beispielsweise blieb die Renaissance eine Übergangsstufe zwischen der spätesten Gotik und einem dem Barock vorausgehenden Manierismus. Ein Grund für diese unterschiedliche Haltung war der, daß die Kunst dieser Länder weniger tief in der klassischen Tradition wurzelte, als es in Italien der Fall war. Dort, und besonders in Mittelitalien, lag ein wesentlicher Teil des lateinischen Erbes, behinderte und bedrückte die Italiener, bereicherte aber auch ihre Kunst.

Das Wort »Renaissance« kann in die Irre führen, wenn man die Bedeutung »Auferstehung« oder »Wiedergeburt der Antike« überbetont. In vieler Hinsicht sind wenige Epochen so modern gewesen wie das Quattrocento. Es leistete dem Altertum Lippendienste, um seinen Bruch mit der Tradition zu rechtfertigen. Dabei erlebte es das Heraufkommen einer wirklichen Avantgarde unter der Führung von Künstlern wie Donatello (1386–1466), Masaccio (1401–1428), Paolo Uccello (1397–1475) oder Piero della Francesca (etwa 1420–1492).

Bei der Entwicklung dieser epochemachenden Bewegung in Florenz spielten natürlich die Medici eine wichtige Rolle. Sie waren auf sehr eigene und glänzende Weise »moderne Menschen«. Wenn deshalb Cosimo Pater Patriae und Lorenzo der Prächtige tatkräftig und ohne zu knausern sich der Jagd nach allem, was der Vergangenheit entrissen werden konnte,widmeten, so nahmen sie doch auch besonders solche Künstler unter ihren Schutz, die sich durch schöpferische Phantasie und moderne Formgebung auszeichneten. Während die Platoniker aus einem Haufen widersprüchlicher Ideen sich den Rohstoff für ein umfassendes philosophisches Lehrgebäude zusammensuchten, förderten und billigten die Medici ästhetische Neuerungen von ganz unakademischer, individualistischer Art.

Die Medici hatten Macht und Vermögen erst kürzlich erworben, während die alten Fürstenhäuser und königlichen Dynastien Europas in einer langen aristokratischen und feudalen Tradition zu Hause waren. Es ist deshalb ganz richtig und keineswegs herabsetzend, die Medici *parvenus* zu nennen, Leute, die eben »angekommen« sind. Sie waren tatsächlich Abkömmlinge einer ursprünglich plebejischen Familie, Bauern aus Mugello, kleinen Handwerkern und Ladenbesitzern. Zu den wichtigen Änderungen während des 14. und 15. Jahrhunderts gehörte der Aufstieg zu Macht und Ansehen einer Klasse von reichen Bürgern, die man bisher übersehen und auf die Schattenseite des öffentlichen Lebens verwiesen hatte. Man könnte mit Recht einwenden, daß die Renaissance auch ohne Förderung durch die reiche Bürgerschaft vermutlich denselben Verlauf genommen hätte, sie wäre dann freilich langsamer vorwärtsgekommen und hätte sich mit der sozialen Umwelt ganz anders auseinandersetzen müssen. Ohne die vorausgegangenen Veränderungen hätte diese Umwelt der französischen Gesellschaft oder der der germanischen Völker geglichen, die sich noch lange Zeit an die alten Zustände klammerte, Gedanken und Formen der Vergangenheit zu erhalten suchte. Das Zusammentreffen einer großen ästhetischen Umwälzung, in der die gotische Überlieferung unterging, mit dem Heraufkommen einer neuen Gesellschaftsklasse, die so gut wie alle Reste der Vergangenheit hinter sich zu lassen wünschte, hat der Entwicklung der Renaissancekunst den Anstoß gegeben. Dabei hat es in Wirklichkeit wenig Bedeutung gehabt, daß die jungen Medici die Rolle der *grands seigneurs* übernahmen und mit allem Gepränge, wie es in Ritterromanen beschrieben wird, an Turnieren teilnahmen. Sie taten es, und man wußte das in Florenz sehr wohl, um dem Proletariat ein ebenso glänzendes wie beliebtes Schauspiel zu bieten. Weder Zuschauern noch Teilnehmern war es ernst bei der Sache. Die unmittelbar Beteiligten faßten es meist als »Theater« oder »Literatur« auf. Der tiefere Sinn des dramatischen Zweikampfs war mit dem mythischen und symbolischen Hintergrund in Vergessenheit geraten. Die »Gelübde«, die dabei angelegt wurden, hatten nichts Liturgisches und Heiliges mehr; sie wurden beschworen ohne Rücksicht auf den ursprünglichen religiösen und rituellen Sinn der alten ritterlichen Bräuche.

Solche Turniere standen deshalb auch nicht im Widerspruch zu der modernen Haltung der Medici oder ihrem Zutrauen in die Zukunft. Der eigentliche Sport der Florentiner war indessen *calcio,* eine Art Fußball; er hatte ebenfalls seine Regeln, Vorschriften und Gebräuche, die mit den religiösen und nationalen Festlichkeiten in Verbindung standen, zu denen das Spiel veranstaltet wurde. Calcio war ein Mannschaftsspiel ähnlich dem heutigen Fußball und hatte wie dieser einen ausgesprochen demokratischen Einschlag. Hier forderten die Gemeinden einander heraus anstatt ein Mann den andern. Das Übergewicht des Gemeinschaftsgeistes über den einzelnen, die Unterordnung des einzelnen unter die Gruppe, das entsprach dem Prinzip der Herrschaft der Mehrheit in den städtischen Körperschaften, die in Florenz die gesetzgebende, ausführende und rechtsprechende Gewalt innehatten.

Die Medici waren stets klug genug, sich nicht der öffentlichen Meinung entgegenzustellen; sie schwammen immer mit dem Strom. Zur Renaissance gehörte eine Art des Fühlens, Denkens und Schaffens, die dem Bedürfnis des Volkes ebenso wie dem der Privilegierten oder der Elite entsprach. Niemand nahm Anstoß an den offenbar revolutionären Zügen einer Architektur, die auf römische Vorbilder zurückging, die Kirchenfassaden nach dem Muster antiker Triumphbogen baute, die die Kuppel dem Kreuzgewölbe vorzog und heidnische Symbole den Forderungen echt christlicher Empfindungen anpaßte: Aus einem Engel wurde ein *amorino,* ein kleiner Liebesgott, etruskische Seelenbegleiter senkten die Fackeln zu Füßen von Grabstatuen, Ornamentmotive borgte man von den Ruinen des Forums, und die Gesetze Vitruvs, soweit man sie kannte, galten unangefochten für alle konstruktiven und Proportionsfragen.

Künstlerisches Vergnügen wurde in Florenz zu geistigem Genuß. Albertis und Brunelleschis neue Bauten erfreuten den Verstand, ließen das Herz jedoch kalt; sie verbreiteten indessen ein merkwürdiges, sinnliches Wohlbefinden, eine Art Bewegungsrhythmus, der jenen geistigen Genuß erhöhte. Diese Kunst, mehr für ein vernunftstolzes als gefühlsstarkes Publikum gedacht – und damit kam sie dem Florentiner Geschmack entgegen –, wurde sofort und ohne Widerspruch beifällig aufgenommen. Die allgemeine Zustimmung für die von den Medici geförderte künstlerische Revolution war ungeheuchelt und spontan, ernsthaft und einmütig; das geht schon daraus hervor, daß die Bildhauer, Maler und Architekten der Medici auch von den Strozzi, Albizzi, Pitti, Tornabuoni, Sassetti und anderen beschäftigt wurden, deren Geschmack sich mit dem der herrschenden Familie zu decken schien. All diese Familien förderten die Künste, und zusammen mit der der Medici gab ihre Unterstützung der Kunst des Quattrocento ein auffallend einheitliches Gesicht. Auch wenn man die Medici nicht für die Urheber dieser Kunstpolitik und der damit verbundenen künstlerischen Atmosphäre hält, läßt sich doch nicht bestreiten, daß sie an jeder Bewegung, die Florenz in dieser Zeit erlebte, beteiligt waren, auch wenn sie nicht jede einzelne Schöpfung in Auftrag gaben oder finanzierten. Ihr Einfluß auf die italienische Renaissance und damit auch auf jene Abschnitte der gleichzeitigen europäischen Entwicklung, die wenigstens teilweise von Italien abhängig waren, steht einwandfrei fest. Dieser Einfluß geht weit über die Liste der Kirchen, Paläste, Fresken, Statuen, Gold- und Silberarbeiten hinaus, ganz zu schweigen von den zahllosen rein dekorativen Werken, die sie herstellen ließen und anregten. Die Medici hatten ein sicheres Gefühl für das Schöne und Außerordentliche, und der tägliche Umgang mit Meisterwerken der Kunst ließ ihr ästhetisches Urteil um so gediegener und empfindlicher werden. Der ausgebildete Geschmack setzte sie in Stand, den kleinen Buonarotti zu entdecken, dem sie zunächst erlaubten, sich in den Kreuzgängen von San Marco im Gebrauch des Meißels zu üben; aus diesem Jungen wurde ein Genie, das in San Lorenzo Grabstätten und Statuen schuf, das neue Kapitol und die Biblioteca Laurenziana entwarf und die Sixtinische Kapelle ausmalte. Diese Kunst der Entdeckung, das sichere Gefühl für ästhetische Werte, glich der ebenso einträglichen Begabung, die sie erkennen ließ, welche Unternehmen und welche Partner im Bankgeschäft sich zu unterstützen und zu fördern lohnte und welche nicht.

Die Unterschiede, die man oft zwischen Cosimos und Lorenzos Kunstförderung beobachtet hat, verdeutlichen nur, daß jener ein »Vorfahr«, ein Gründer und Urheber, Lorenzo aber der Erbe war, dessen Hauptaufgabe darin bestand, des Großvaters Macht und Vermögen zu erhalten. Der künstlerische Geschmack war bei beiden gleich anspruchsvoll und empfindlich, das Gebiet ihrer persönlichen Vorliebe jedoch verschieden. Cosimo ließ sich von großen architektonischen Vorhaben begeistern; sein Enkel war eher ein Sammler, dessen Interesse von kostbaren Gläsern und Steingefäßen – seine mit Gold verzierten Vasen aus Jaspis, Achat, Chalcedon und Quarz sind weltberühmt – bis zu Gemmen und Intaglios reichte. Seine Leidenschaft für Handschriften richtete sich mehr auf die dekorativen Miniaturen als auf den Wert des Textes. Er scheint die Poesie der Philosophie und reinen Gelehrsamkeit vorgezogen zu haben.

Diese Unterschiede haben ihre Gründe in den verschiedenen Charakteren von Großvater und Enkel. Cosimo unternahm gewaltige politische und finanzielle Anstrengungen, um die Verschönerung von Florenz in die Wege zu leiten und das Ausmaß der öffentlichen Bautätigkeit zu vergrößern, während Lorenzo nur fortzusetzen oder die fertigen Ergebnisse der großväterlichen Bemühungen zu übernehmen hatte. Die verfügbaren Inventare der mediceischen Sammlungen, der Silberschatz im Palazzo Pitti und die über mehrere Florentiner Museen und sonstwohin verstreuten Reste von Lorenzos Sammlungen geben einen ziemlich genauen und wahrheitsgemäßen Eindruck der ästhetischen Neigungen der beiden Medici, die dem Geschmackswandel zwischen der ersten und zweiten Hälfte des 15. Jahrhunderts entsprechen. Außerdem darf man auch nicht die Rolle übersehen, die Giovanni di Bicci am Anfang des Jahrhunderts gespielt hat. Er organisierte den Wettbewerb um den Bau der Kuppel von Santa Maria del Fiore und kam auf den glücklichen Einfall, durch die auswärtigen Vertreter des mediceischen Bankhauses das Vorhaben im Ausland bekannt zu machen und mit Architekten in Deutschland, Frankreich und den Niederlanden Beziehungen aufzunehmen. Donatello, der der Anregung und Großzügigkeit Cosimos so viel verdankte, brachte seine Erkenntlichkeit dadurch zum Ausdruck, daß er bat, zu Füßen seines Wohltäters begraben zu werden. Als Lohn für seine Treue erhielt Michelozzo, der sich von Cosimo bei dessen Verbannung nach Venedig nicht hatte trennen wollen, auf Anregung und Kosten seines Gönners den Auftrag zum Bau der Bibliothek von San Giorgio.

Der Beiname »der Prächtige«, den die Zeitgenossen Lorenzo verliehen und den die Nachwelt bestätigte, könnte zu der irrtümlichen Ansicht verleiten, er habe für die Entwicklung der Renaissance mehr geleistet als sein Großvater. Der Titel »der Prächtige« hat einen so verführerischen Klang, daß er allein den Uneingeweihten zu dem Glauben verleiten kann, Lorenzo sei gewiß eher der wahre Repräsentant des Zeitalters als der Pater Patriae. Wenn man indessen die von jedem aufgewandte Tatkraft in Begriffen der von ihnen geförderten Kunst und Kultur genau messen könnte, würde Cosimo vermutlich als Sieger hervorgehen. Der Vater des Vaterlands tat in den 30 Jahren nach seiner Rückkehr – 1434–1464 – für die Baukunst in Florenz mehr als alle späteren Medici zusammen. Michelozzos Palazzo Medici, begonnen 1444, Albertis Fassade von Santa Maria Novella, begonnen 1456 und sechs Jahre nach Cosimos Tod vollendet, und Brunelleschis Santo Spirito, begonnen 1436, sind nur einige der großen während seiner Regierungszeit unternommenen Bauvorhaben. Man kann sagen, daß alles, was er anregte, förderte und bewunderte, sich durch eine gewisse Einfalt und Größe, Majestät und Würde auszeichnete, wie sie seinen ästhetischen und ethischen Grundsätzen entsprachen. Daran zeigen sich *commoditas* und *voluptas,* die Leon Battista Alberti überall in Cosimos öffentlicher und privater Tätigkeit entdeckt hat. Cosimo suchte das einfache und würdevolle Leben, das für die Florentiner angeblich typisch ist, in die Tat umzusetzen und empfand im ernsthaften Vergnügen an der Architektur vollkommene ästhetische Befriedigung. In Albertis »*De re aedificatoria*« heißt es: »So wie auf der Zither oder der Lyra die tiefen Töne zusammen mit den hohen und mittleren eine den Ohren erfreuliche Harmonie erzeugen, so gibt es auch in anderen Dingen, besonders bei Werken der Baukunst, einen Rhythmus; denn wenn sie in der richtigen Art und in guten Proportionen gegliedert sind, fesseln und entzücken sie die Blicke jener, die sie betrachten.«

Die Grundsätze der Perspektive sowie die Probleme der Darstellung des Lichts und der Atmosphäre, die die Gegenstände umgibt, wurden während des Quattrocento zuerst von Masaccio, Paolo Uccello, Piero della Francesca und mehreren anderen vorgetragen. Zu den vielen Florentiner Bildhauern der Frührenaissance, deren technische und künstlerische Neuerungen überall Bewunderung fanden, gehörten Ghiberti (1381–1455), Donatello (1386–1466),

Desiderio de Settignano (1428–1464), Verrocchio (1436–1488) und Benedetto da Maiano (1442–1497). Auf dem Gebiet des Terracottareliefs erfand Luca della Robbia (1400–1482) ein neues Verfahren, das es gestattete, den gebrannten Ton *(terracotta)* mit einer Glasur aus *terragheta,* einer mit Zinn versetzten Emaille, zu überziehen, die »ihn gegen die Verleumdungen der Zeit schützte«, wie Vasari es nannte. Die leuchtend bunten Dekorationen von Luca, seinem Neffen Andrea und anderen Mitgliedern der Familie finden sich noch heute in vielen Kirchen von Florenz und am auffallendsten vielleicht an den Mauers des Findelhauses (*Spedale degli Innocenti*), wo kleine Rundbilder von Wickelkindern zwischen den Arkadenbögen angebracht sind. Das Haus selbst ist von Brunelleschi entworfen und mit Unterstützung Cosimo de' Medicis erbaut worden.

Die Theorien der »göttlichen Porportion« und des »Goldenen Schnitts« oder die Metaphysik der Zahlen, die in der Renaissance-Ästhetik eine so große Rolle spielen, waren auch dem mittelalterlichen Menschen, der sie in der gotischen Baukunst verwendete, vertraut gewesen. Der Mensch der Renaissance jedoch entschloß sich, sie in feste Regeln zu fassen und eine exakte Wissenschaft darauf zu gründen, um das Universum verstehen und beschreiben zu können. Geometrische Konstruktionen, mit deren Hilfe man alle sichtbaren Formen einem idealen und allgemeingültigen Schema zu unterwerfen suchte, entstanden neben der fortschreitenden Durchforschung und steigenden Wertschätzung der sinnlich wahrnehmbaren Wirklichkeit. Es waren also zwei einander ergänzende Dinge – die Prüfung von physikalischen, sichtbaren und technischen Vorgängen auf der einen, der Versuch, die dabei gemachten Entdeckungen in ein System zu bringen, auf der anderen Seite –, die zusammen das von den Künstlern und Denkern der Renaissance entworfene, völlig neue Bild des Menschen und seiner Umwelt ergaben.

Die Künstler übernahmen aus der Antike ein scharf umrissenes und typisches Gefühl für physische Schönheit, dem das theozentrische Mittelalter mißtraut und das es absichtlich abgewertet hatte, denn sinnliches Vergnügen war womöglich ein Fallstrick des Bösen, wurde deshalb verheimlicht oder doch der seelischen Vollkommenheit untergeordnet. Mit dem Nackten, das man unvoreingenommen darstellte, in dem man aber zugleich ein Ideal und Symbol der Inspiration sah, wurde während der ganzen italienischen Renaissance von Bildhauern und Malern ein wahrer Kult getrieben. Dieses Renaissance-Ideal entspringt der Vereinigung von Gefühl und Verstand. Cosimo de' Medicis Vorliebe für die Werke Fra Angelicos

(1387–1455) ist andererseits ein Zeichen dafür, daß gewisse mittelalterliche Züge im Florenz der Renaissance erhalten geblieben waren. Die symbolischen Farben und die sanfte Frömmigkeit in den Werken dieses tief religiösen Malers gehören in mancher Hinsicht noch der gotischen Überlieferung an. Dennoch hatte auch er neue Techniken, die mit der gotischen religiösen Kunst nichts zu tun hatten, übernommen, und seine Bilder zeigen den Einfluß Masaccios, dessen Schüler er wurde. Das Ausmaß dieses Einflusses kommt in der Anordnung der Figuren, der Gliederung des sie umgebenden Raumes und bei der Anwendung pythagoreischer Proportionsregeln zum Ausdruck, was alles mit mittelalterlicher Kunst nichts zu tun hat, sondern in abgewandelter Form den Fresken in Santa Maria del Carmine nachfolgt. Fra Angelicos honigsüße Frömmigkeit ging mit einem leidenschaftlichen Hang zum Realismus, der Abbildung realistischer Körper, realistischer Landschaften, realistischer Licht- und Luftverhältnisse Hand in Hand und versetzte seine Mitmönche, deren Zellen er ausmalte, aus der wirklichen Welt ins Paradies.

Der Weg von der gotischen Malerei zu Fra Angelico war derselbe, den Cosimo de' Medicis humanistische Freunde in ihrer philosophischen Entwicklung gingen. Formen ändern sich schneller als die geistige Haltung, so daß Fra Angelico trotz allen modernen Äußerlichkeiten seinem Bewußtsein nach dem 14. Jahrhundert angehört. Zur Zeit Lorenzos des Prächtigen lebte der heidnische Traum Seite an Seite mit dem christlichen Glauben, wenn er ihn auch gern in den Schatten einer scheinbar immer weiter zurückbleibenden Vergangenheit gestoßen hätte. So läßt sich denn auch, auf einer bestimmten Entwicklungsstufe, die Echtheit von Botticellis heidnischen Gefühlen nicht bezweifeln. Botticelli (1444–1510) erlebte indessen, nachdem er Savonarolas Predigten gehört hatte, eine Gewissenskrise, wurde ein Anhänger der *piagnoni* und kehrte völlig zum christlichen Glauben zurück. Eine gewisse heidnisch-christliche Zweideutigkeit läßt sich in seiner Madonna mit dem Granatapfel und der Madonna mit dem Magnificat entdecken. Seine Kreuzabnahme zeigt Christus als glattwangigen Adonis, eine Darstellung, die die Schilderung der Evangelien vollständig umkehrt. Derartige Zweideutigkeiten weisen womöglich auf das Alternieren oder ein Durcheinander gegensätzlicher Neigungen. Die »Verleumdung«, der »Triumph der Flora«, die »Geburt der Venus«, »Venus und Mars« sowie »Pallas und der Zentaur« (eine Allegorie auf die Siege der Medici über ihre Feinde) gehören zu Botticellis »heidnischer Periode«, wenn man es angesichts des gleichzeitigen christlichen Bekenntnisses so nennen darf. Zweifellos empfand er eine gewisse Verehrung heidnischen Gottheiten gegenüber und brachte sie in jener einzigartigen Mischung von freudiger Erregung und Schwermut zum Ausdruck, die seine Gemälde und die Fresken in der Villa Lemmi durchdringt. Es paßt gut dazu, daß Botticelli sich durch Lorenzos und Polizianos Poesie zu seinen Allegorien anregen ließ.

Während die heidnischen und christlichen Themen und Ideale bei Botticelli einander widersprachen und sich in seinen Werken gegenseitig ausschlossen, gab sich Michelangelo die größte Mühe, sie in eine von Natur aus nicht gegebene Harmonie zu bringen. Die Kunst und die Denkweise des Bildhauers der Medici-Gräber von San Lorenzo stützten sich gleicherweise auf das Alte Testament, die Evangelien und auf die Synkretisten aus dem Kreise Cosimos, auf die Werke Ficinos und Pico della Mirandolas, die nach einer Versöhnung zwischen den feindlichen Welten strebten. Wir haben bereits gesehen, wie sehr der Humanistenkreis der Medici sich nach dieser Vereinigung sehnte, wie eifrig er sich bemühte, einer solchen Versöhnung den Weg zu bereiten, und niemals merkte, daß seine großen Pläne zum Scheitern verurteilt waren.

Diese Männer versorgten Michelangelo (1474–1564) mit einer Philosophie des Diesseits und Jenseits, die überall in seinem Werk zutagetritt; seine Weltanschauung war ebenso sehr von der Heiligen Schrift wie von Platon geformt. Er übertrug Ficinos Sehnsüchte sowie die humanistischen Ideale und Vorstellungen in die dauerhafte, sichtbare Form. Gedanken, die man in Poggio a Caiano und Careggi erwogen und ausgesprochen hatte, bevor Michelangelo noch geboren war, nahmen Jahre später in theologischen Programmen für die Decke der Sixtinischen Kapelle und das Jüngste Gericht Gestalt an. Während Botticellis Leben, schwankend zwischen zwei Weltanschauungen, auseinanderzubrechen schien, war Michelangelo bestrebt, beide Extreme durchzusetzen, indem er wollüstiges Heidentum auf christliche Askese pfropfte. Obwohl er noch die zweite Hälfte des 16. Jahrhunderts erlebte, wurde er keins von beiden jemals los und gab damit gewissermaßen eine Erläuterung jener Art von Platonismus, die hundert Jahre früher im Florenz des Cosimo geblüht hatte.

Das Mäzenatentum, wie es in Florenz von den Medici und ihren Rivalen geübt wurde, wirkte vereinheitlichend auf die florentinische Kunst. Diese Gleichartigkeit beruht darauf, daß keiner der Auftraggeber ausschließliche Rechte auf das Werk eines Künstlers geltend machte. Ghirlandaio oder Lippi fanden nichts dabei, zunächst einmal für die Tornabuoni und später für die Strozzi, Sassetti oder Pazzi zu arbeiten. Daß ein späterer Auftraggeber einen Architekten oder Maler beschäftigte, den ein anderer entdeckt und bekannt gemacht hatte, schmeichelte bloß dessen Eitelkeit und förderte seine Popularität. In Florenz hatten stets alle Bevölkerungsteile lebhaftes Interesse an der Kunst genommen. Die Florentiner Chroniken berichten von Wellen öffentlicher Begeisterung, von kollektivem Enthusiasmus, den gewisse Kunstwerke hervorriefen. Der Überlieferung nach erhielt der *Borgo Allegro,* das »fröhliche Viertel«, seinen Namen, als die Gemeindemitglieder an der Spitze einer ungewöhnlich lustigen Prozession ein prachtvolles Bild der Jungfrau in ihre Kirche geleiteten. Dieser Brauch, die ortsansässigen Künstler mit Beifall und Zuspruch zu ermuntern, stammte aus dem Mittelalter und bereitete den Boden für Wachstum und Blüte der großen Kunstepoche. Die Maler des 13. und 14. Jahrhunderts, die für die Bischöfe und Äbte von Florenz tätig waren, arbeiteten auch für reiche Bürger dort und anderswo. Die Bardi, Baronelli und Peruzzi fühlten sich hochgeehrt, wenn ihre Familienkapellen von Giotto oder Gaddi, die damals die angesehensten waren, ausgemalt wurden. Die Renaissance setzte dieses umfangreiche und großzügige Zusammenwirken von Künstler und Gesellschaft fort; sein Publikum unterstützte den Künstler auf jeden Fall, gleichgültig, wie »modern« das Werk, wie erstaunlich sein Inhalt oder wie anstößig die Wirkung für den Durchschnittsgeschmack war. Stilistische Neuerungen wurden allgemein begrüßt, und eine Kluft zwischen der Ästhetik des Künstlers und der des Publikums, wie sie seit dem Ende des 19. Jahrhunderts besteht, hat es damals offenbar nicht gegeben.

Die Architekten, die den gotischen Stil überwanden, borgten Grundsätze der Konstruktion und Proportion, technische und ornamentale Einzelheiten von antiken Vorbildern. Sie kopierten jedoch nicht einfach römische Tempel, erfanden vielmehr ganz neue Gliederungssysteme und kamen auf unvermutete und revolutionäre Lösungen. Künstler wie Brunelleschi und Alberti waren ungemein gebildete Männer, die den Satz wahrmachten, daß ein Künstler um so größer wird, je gebildeter er ist, d. h. daß alle Künstler gründliche Kenntnisse von der Kunst der Vergangenheit haben sollten. Petrarca hatte schon früher gesagt: »Sobald die Finsternis überwunden ist, werden unsere Enkel vielleicht imstande sein, eine vollständige Wendung zu machen und zum ursprünglichen Glanz unserer Vergangenheit zurückzukehren.« Auch die verwegensten Neuerer wußten wohl, daß niemand etwas *ex nihilo* zu schaffen vermag. Mit Eifer lauschten sie den Lehren der Älteren und ihrer Vorgänger, insbesondere der klassischen Vorgänger. In seiner »Storia Fiorentina« entwirft Guicciardini ein Bildnis Lorenzos des Prächtigen und erzählt, wie und warum er auf seine Zeit so bedeutenden Einfluß gewann und wie seine Sammlung der »schönsten Gegenstände aus jeder Ecke der Welt« den Neid aller christlichen Fürsten erregte. Seine weiterreichenden Interessen und seine Sachkunde auf dem Gebiet der Musik, Architektur, Malerei und Bildhauerei, aller Künste und Handfertigkeiten, waren ein Geschenk für die Stadt und für solche Künstler, die aus den Leistungen anderer lernen wollten.

Die verschiedenartigen geistigen und ästhetischen Bestrebungen der Florentiner Renaissance scheinen einander zu widersprechen, solange man nicht im Auge behält, daß alle auf Versöhnung gerichtet waren, jene vollkommene Einheit, die das Sinnen und Trachten sämtlicher beteiligter Künstler war. Vielleicht kann man sich ein Bild dieser einander widerstrebenden Bemühungen machen, wenn man sie als gläubiges Festhalten an den Lehren der antiken Welt beschreibt, verbunden mit dem Kult der idealen Schönheit, eine scharfe und lebhafte Aufnahmefähigkeit verbunden mit äußerster Genauigkeit visueller Wahrnehmung. Donatello, der alles, was er an klassischer Kunst kannte, verehrte, war daneben ein leidenschaftlicher Naturalist, was ihn in gewisser Weise erst recht zum »Hellenisten« machte. Als er seine Plastik des kahlköpfigen Zuccone am Campanile des Doms fertiggestellt, ihr jede mögliche äußere Ähnlichkeit und so viel Leben, wie er konnte, verliehen hatte, trat er zurück und verlangte mit seinem berühmten Schrei: »*Favella! Favella!* – Sprich! Sprich! « noch mehr.

Die völlige Freiheit, mit der jeder Künstler seine Persönlichkeit mit all ihren Eigenheiten darstellen konnte, bannte die Gefahr eines langweiligen Akademismus. Es gab Werkstätten, wo die Schüler vom zartesten Alter an ihre Talente und Fertigkeiten entwickeln konnten; die Meister brachten ihnen die Anfangsgründe von Bildhauerei und Malerei bei, meist beides zugleich, denn das Ideal der Renaissance war der allseitig ausgebildete Mann, der ohne weiteres imstande war, Gemälde oder Skulptur beiseite zu legen und stattdessen ein Wappenbild zu entwerfen, einen Edelstein zu fassen, einen Triumphbogen zu zeichnen oder Vorschläge zu Kostümen für ein Ballett oder einen Maskenball zu machen. Leonardo da Vinci (1452–1519) war zweifellos der kenntnisreichste und vielseitigst gebildete Mann seiner Zeit; wenn er nicht Wurfmaschinen oder mit Kanonen bestückte Panzerwagen, Unterwasserfahrzeuge, Kanalschleusen, Flugmaschinen und Tauchgeräte entwarf oder über verborgene Naturgesetze, die Geheimnisse der Physiologie und des menschlichen, pflanzlichen und außerirdischen Lebens nachdachte, dann verbrachte er seine Zeit, indem er Theaterkostüme mit Stickereien verzierte und sinnreiche Automaten erfand.

Wie das antike Hellas so schuf sich die Toskana ein System der idealen Schönheit und suchte es, dem Charakter und den Anlagen des einzelnen entsprechend, zu verwirklichen. Dennoch sahen toskanische Künstler die Umwelt mit neuen Augen. Die unvoreingenommene Wertung und Beobachtung der Natur brachte ein neues Verständnis der Landschaft mit sich. Die Anfänge davon lassen sich beispielsweise auf den Bildern der Brüder Pallaiuolo (Antonio 1429–1498, Piero 1443 bis ca. 1495) oder auf denen Piero della Francescas erkennen. Ihre frische Auffassung der Natur ebnete Leonardo den Weg, der die schematischen, zusammengestückelten und kaum erkennbaren Ausschnitte, die bisher die Hintergründe der Bilder ausgefüllt hatten, beiseite legte. Dagegen vereinten seine Landschaften phantastische Visionen mit der peinlich genauen Beobachtung aller natürlichen Einzelheiten von Blumen, Steinen und Gräsern – eine Kombination, die zu seinen Lebzeiten und später weitreichenden Einfluß auf die Landschaftsmalerei sowohl in Florenz wie in Venedig gehabt hat. Im ganzen genommen waren die Renaissancekünstler, wie bereits erwähnt, infolge ihrer unmittelbaren, ungezwungenen Umsetzung der physischen Welt, sei es Landschaft oder menschliche Gestalt, in lebendig anschauliche Formen, den zeitgenössischen humanistischen Philosophen um Jahre voraus, weil diese noch immer gewissermaßen im Halbdunkel mittelalterlicher scholastischer Vorstellungen herumtappten und erst später auf ganz anderen Wegen und unter ungeheuren Anstrengungen und Ängsten die Entschlußkraft fanden, sich daraus zu befreien.

Solcherart war die künstlerische und geistige Atmosphäre im Umkreis von Cosimo Pater Patriae und Lorenzo, *Figlio del Sole,* die mit ihrer machtvollen Persönlichkeit der Zeit den Stempel aufdrückten. Als sie abgetreten waren und auch Savonarolas bilderstürmerische Herrschaft ein Ende gefunden hatte, nahmen die Medici die Förderung der Künste wieder auf, freilich auf andere Weise, von neuen Interessen und anderen Wünschen gelenkt. Diese zweite Epoche des »Triumphs der Medici« fällt in die Zeit Großherzog Cosimos I. und seiner Nachfolger, umfaßt aber auch die Regierung Leos X. und Clemens' VII., die den Schwerpunkt von der Toskana nach Rom verlegten.

5.

LORENZO, FIGLIO DEL SOLE

Lorenzos Zeitgenossen nannten ihn *Il Magnifico* (den Prächtigen, 1449–1492), und unter diesem Namen ist er der Nachwelt bekannt. Der Ausdruck wurde ziemlich häufig verwendet, um gefeierte Persönlichkeiten zu ehren, und ist auch jetzt noch in Italien und anderen Ländern, wo die Universitätsrektoren den Titel »Magnifizenz« tragen, gebräuchlich. Die Nachwelt hätte freilich besser getan, es bei Marsilio Ficinos sinnreicher Bezeichnung *Figlio del Sole* (Sohn der Sonne) zu lassen. Sein Geist, seine klare Vernunft, seine verblüffende Energie und jugendliche Kraft läuterten seine eher häßlichen Züge und verbreiteten einen Glanz, den wenige Maler wiederzugeben vermochten. Benozzo Gozzoli schuf ein völlig idealisiertes Bildnis Lorenzos auf dem Fresko der Anbetung der Könige in der Kapelle des Palazzo Medici. Verocchios Büste und Vasaris späteres Gemälde scheinen der Wahrheit näherzukommen, wie sie die Totenmaske darstellt. Ihre ernste, fast furchterregende Würde scheint auszudrükken, daß der Sohn der Sonne wieder auf die Erde zurückgekehrt ist, von wo er gekommen war.

Seine poetische Begabung und seine ungewöhnlich verfeinerte Lebenskunst, die er, der berühmteste der Medici, zur Vollkommenheit brachte, umgaben ihn – und umgeben ihn noch heute – wie mit einem goldenen Strahlenkranz. Seine Verehrung der göttlichen Schönheit, von der er in einem Brief an Benozzo Gozzoli spricht, war ein in der Renaissance weithin gültiges Ideal. Es umfaßte alle Lebensalter und bildete eine psychologische so gut wie eine ästhetische Richtschnur. Besonders eigentümlich war, daß es das Außerordentliche – im Bösen wie im Guten – um seiner selbst willen anerkannte und die allen Dingen, einschließlich praktischer Tätigkeit, innewohnende Vollkommenheit würdigte. Als Cesare Borgia seine ihm verdächtigen Condottieri auf einer einsamen Burg versammelte und tötete, beschreibt Machiavelli diese Kriegslist als »schön« *(bellissimo)*; diese moralisch neutrale Wertung wurde von vielen seiner Zeitgenossen für richtig gehalten. Die Renaissance machte einen deutlichen Unterschied zwischen materieller und moralischer Schönheit, was beides im Mittelalter ein und dasselbe war. Die Auffassung, daß Schönheit ein Attribut, das uneingeschränkte Eigentum eines Gegenstandes, eines Lebewesens oder einer Tätigkeit sei, gab der Epoche den Glanz einer lustbetonten Ästhetik. Es ist eine

Haltung, für die es in der Geschichte christlicher Kultur kein Vorbild gibt, die ihre Wurzeln vielmehr im heidnischen Rom und Hellas hat. Die platonische Verehrung der Schönheit um ihrer selbst willen, wie sie das Quattrocento pflegte, spiegelt sich in Ficinos Philosophie ebenso wie in der Poesie Polizianos oder Lorenzos und wurde in den Verbrechen des »Tyrannen« von Rimini, Sigismondo Pandolfo Malatesta, zur Absurdität. Es liegt auch dem Begriff jenes »unnachahmlichen Daseins« zugrunde, dessen klassische Vorbilder das Quattrocento nachzuahmen bemüht war und das Lorenzo in jedem Bereich seiner Tätigkeit zu verwirklichen suchte; dabei entfaltete er einen Glanz, um den ihn die reichsten und kultiviertesten Höfe der Zeit beneideten.

Lorenzo war wohl geeignet, das Goldene Zeitalter wiederzubeleben, besaß er doch die drei Eigenschaften, die Poliziano als für den vollkommenen Mann unumgänglich erklärt hatte: glänzende Geistesgaben, freudige Entschlußkraft, Jugendfrische des Körpers und des Glücks. – Auch Cesare Borgia rühmte sich seines »frischen Glücks« und wußte, als es verschwand, daß sein Ende nahe war. – Lorenzos angeborene Begabung wurde durch die Erziehung gefördert, die er von den hervorragendsten Gelehrten der Zeit erhielt. So brachte er alle Voraussetzungen mit, ein vollkommener Humanist und, was mehr ist, jenes Meisterstück der menschlichen Gattung zu werden, das die großen Pädagogen der Renaissance, Vittorino da Feltre und Guarino da Verona, in ihren Schulen hervorzubringen sich bestrebten. Ihr Ziel war der ebenso stattliche wie gebildete Mann, in dem körperliche und geistige Vollkommenheit sich harmonisch ergänzten. Lorenzo selbst erhielt Unterricht bei Gentile da Urbino, bei Argyropoulos, Christoforo Landino und natürlich vor allem bei dem Freund der Familie, Ficino. Seine Erziehung umfaßte eine Auswahl des Besten, wobei auch religiöse Unterweisung durch seine Mutter Lucrezia Tornabuoni nicht fehlte. Der Zwiespalt, der seine Zeitgenossen ständig beunruhigte, fand in Lorenzo einen harmonischen Ausgleich, da er heidnische Ästhetik mit streng christlicher Moral und Metaphysik zu verschmelzen verstand. Die ungeheure Geduld, mit der Lorenzo Savonarolas Drohungen und Beschimpfungen ertrug, zeugt davon, daß er dem Mönch aus Ferrara, dem prophetischen Prediger, der die Kirche zur ursprünglichen Reinheit und Tugend zurückführen wollte, ungeheuchelten Respekt und Bewunderung entgegenbrachte. Er war ebenso imstande, für diese »Gottesgeißel« Verständnis und bis zu einem gewissen Grade sogar Zustimmung aufzubringen, wie sich mit den Gelehrten über

Platon zu unterhalten. Er spürte den Ton wahrer Größe in der Stimme des Dominikaners und empfand dafür trotz der Verachtung des Predigers für alle Schönheitsverehrer so etwas wie Zuneigung.

Es fiel Lorenzo nicht schwer, eine bescheidene Lebensführung mit Prunk und kostspieligen Liebhabereien zu verbinden. Er bewirtete im Palast in der Via Larga regelmäßig einige fünfzig Leute; alle Gäste saßen ohne Rücksicht auf Rang und Stand nebeneinander am Tisch; nur das Talent entschied darüber, wer Zutritt erhielt. Bei einer dieser Mahlzeiten ließ Lorenzo angeblich einen unbekannten Jungen von geringer Herkunft zu seiner Rechten sitzen und behandelte ihn mit väterlicher Fürsorge. Er hatte trotz aller Ungeschliffenheit Begabung und zukünftige Möglichkeiten des jungen Michelangelo erkannt. Eine andere Geschichte beleuchtet das Wohlwollen, das er auch ganz unbedeutenden Leuten entgegenbrachte. Ein Bauer suchte ihn auf und zeigte ihm ein Stück Eisenerz. Lorenzo unterhielt sich mit ihm lange Zeit, begleitete ihn hinaus, schlenderte mit ihm durch die Stadt und war so in dieses Gespräch vertieft, daß er seine übrigen Gäste vergaß. Seine Tafel war einfach, sein Betragen stets herzlich und offen. Oft nahm er seine Gäste mit zu den Villen von Caffaggiolo und Poggio a Caiano, wo alle Förmlichkeit wegfiel und jeder tun konnte, was ihm gefiel. Gelegentlich freilich konnte Lorenzo einen glänzend festlichen Empfang geben, womit er die verwöhntesten Besucher verblüffte und zugleich sein ästhetisches Wohlgefallen an fürstlichem Prunk befriedigte. – Die Tatsache, daß er in der Öffentlichkeit stets von einer bewaffneten Leibgarde begleitet war, beruhte vermutlich auf einer sehr berechtigten Vorsicht gegen die Mordanschläge der Pazzi oder Frescobaldi und war nicht, wie manche gemeint haben, ein Beweis seiner Tyrannei. – Luigi Pulci beschreibt ein ungeheuer prunkvolles Turnier aus dem Jahre 1468, an dem Lorenzo und sein Bruder Giuliano teilnahmen. Drei Jahre später wurde ein ähnlich glanzvolles Fest, das 200000 Gulden kostete, zu Ehren des Herzogs von Mailand, Galeazzo Maria Sforza, veranstaltet.

Der psychologische Hintergrund all dieser Prachtentfaltung war die typische Sehnsucht des Renaissancemenschen nach Ruhm und Unsterblichkeit. Weitaus der wichtigste aller Triumphe, die Petrarca in »I Trionfi« beschrieben hat und die in der Folge so oft auf Gemälden, Stichen und *cassoni* dargestellt sind, war die Karosse des Ruhms. Ein gewissermaßen angeborenes Bedürfnis nach ruhmvoller Unsterblichkeit lag der Verehrung des Renaissancemenschen für solche Persönlichkeiten zugrunde, die mit allen Mitteln sich auszuzeichnen, sich aus der formlosen, anonymen Masse ringsum abzuheben suchten. Den Durst der Fürsten nach Ruhm über den Tod hinaus stillten die Humanisten mit Werken, die sie über sie schrieben und deren Abfassung in späteren Jahrhunderten zu den Hauptpflichten der Hofpoeten gehörte. Porträtbüsten und -gemälde erfüllten denselben Zweck. Die Künstler fügten ihre Auftraggeber sogar in religiöse Themen ein, und diese dienten gewissermaßen als Vorwand für Bildnisse, wie das Erscheinen der Familie Medici auf Botticellis Anbetung der Könige zeigt. Das Renaissanceporträt war nicht bloß historische Dokumentation, sondern eine Art Vergöttlichung. So kann man beispielsweise das Reiterdenkmal des Colleoni von Verocchio oder des Gattamelata von Donatello als Nachklang der Apotheosen betrachten, wie sie die Reiterstatuen römischer Kaiser darstellen. Das Pferd übernimmt hier dieselbe Rolle wie in der klassischen Mythologie, wo es die ruhmbedeckte Seele ins Paradies göttlicher Heroen hinaufträgt.

Eine Reiterstatue hätte zu einem gelehrten Patrizier, wie Lorenzo es war, schlecht gepaßt, obwohl er ein guter Reiter war und sich in Turnieren ausgezeichnet hatte. Die führenden Bürger von Florenz nahmen alle an solchen Turnieren teil, die, wie wir gesehen haben, das einzige in der Stadt bewahrte Überbleibsel aristokratischer Sitten waren. Im 15. Jahrhundert ähnelten sie eher Freilichtaufführungen oder Karnevalsumzügen, hatten jedoch den zusätzlichen Zweck, daß die vornehmen jungen Teilnehmer auf ihre Nachkommen, die Jahre später davon würden erzählen hören, Eindruck machen wollten. Um sicher zu gehen, daß die Erinnerung an solche Schaustellungen nicht abhanden kam, erhielten Dichter den Auftrag, jede kleinste Einzelheit der Vorgänge zu beschreiben. Der alljährliche Karneval, der zu ausgedehnten und oft herrlich einfallsreichen Umzügen Anlaß gab, gehörte einer sogar noch älteren Tradition an und feierte den Sieg des Frühlings über den Winter, der Auferstehung über den Tod. Sämtliche europäische Kulturen haben jederzeit bäuerliche Bittgänge zur Erlangung reichlicher Ernten mit religiösen Riten der Verehrung für die wohlwollenden Gottheiten verbunden, besonders für solche, die für die Fruchtbarkeit des Bodens sorgten. Daraus waren volkstümliche Feste geworden, bei denen die Teilnehmer von den mythologischen Hintergründen entweder nichts mehr wußten oder sich nicht darum kümmerten und einfach an den Feierlichkeiten selbst ihre Freude hatten. Zeitgenössische Künstler entwarfen und schmückten die Wagen, zeichneten Kostüme und Requisiten, die von den Teilnehmern getragen wurden. Dichter und Musiker steuerten Verse und Melodien für dramatische Aufführungen bei; mythologische Themen wurden mit dem wachsenden Interesse am klassischen Altertum immer beliebter. Lorenzo wählte die Themen und schrieb für die Musiker seiner Umgebung, wie etwa für den von ihm am meisten geschätzten Lautenspieler Squarcialupi, die Verse. Wie schon erwähnt, gaben auch Petrarcas »Triumphe« wichtige Anregungen für solche Schauspiele; besonders der Triumph des Todes fand immer Anklang, und es scheint, als habe der Anblick der von schwarzen Büffeln gezogenen Karosse das Herz auch der fröhlichsten Zuschauer und Teilnehmer schaudern lassen.

Im Mittelalter hatte die Darstellung seines unvermeidlichen Endes den Menschen zur Selbstbesinnung und Reue bestimmen sollen; die Renaissance nahm das Thema zum Anlaß rhetorischer Stilübungen, später hat das ruhelos aufgeregte Zeitalter des Barock Ernst und Feierlichkeit, die von Anfang an dazugehörten, noch gesteigert, als wollte es die eigene Lebensangst nicht beschwichtigen, sondern erst anfachen. Die Hochrenaissance im Florenz der Medici wurde gelegentlich auch Zeuge vom Wiederaufleben mittelalterlicher Schrecken; 1511 entwarf ein mit besonders ausgefallener Phantasie begabter Maler, Piero di Cosimo (1462–1521), einen so ungemein schreckenerregenden Karren des Todes, daß Vasari davon eine Beschreibung hinterlassen hat. Hier war ein Widerhall der entsetzlichen Predigten, mit denen Savonarola ein paar Jahre zuvor seine Zuhörer das Fürchten gelehrt hatte und die auch in den Holzschnitten zu seiner Schrift über die Kunst des Sterbens einen Niederschlag gefunden haben. Diese seltsame Überhöhung des Todes zur selben Zeit, als Dichter, Künstler und Musiker die Lebensfreude feierten, ist ein schlagendes Beispiel des für die Renaissance typischen inneren Zwiespalts; gerade neben den so viel auffälligeren hedonistischen, heidnischen, sinnlichen Werken der Epoche wirkt die Beschäftigung mit dem Tode um so erstaunlicher. Piero di Cosimo arbeitete heimlich in einem Anbau der Kirche Santa Maria Novella, den niemand betreten durfte; deshalb war der Eindruck, als der Karren schließlich ins Freie rollte, unmittelbar, Staunen und Schrecken erregend. Der riesige, mit Knochen und weißen Kreuzen bedeckte Katafalk bewegte sich, von schwarzen Büffeln gezogen, durch die Straßen. Die Zugtiere entsprachen der Vorschrift Petrarcas, derzufolge Einhörner zum Triumph der Keuschheit, Elefanten zu dem der Fama, Hirsche zu dem der Zeit und die vier Evangelistensymbole zu dem der Gottheit gehörten. Ein riesiges Bild des Todes mit der Sense in der Hand thronte auf dem Karren, von geschlossenen Särgen umgeben. Jedesmal, wenn der Umzug hielt, öffneten sich die Särge, Gerippe kletterten heraus und sangen ein trauriges, herzzerreißendes, den Zuhörern wohlbekanntes Lied: »*Dolor, pianto e penitenza* – Schmerz, Tränen und Reue«. Es folgten als Skelette verkleidete Männer auf den abgetriebensten Kleppern, die man hatte finden können; sie trugen Fackeln und schwarze Fahnen und sangen unaufhörlich die Strophen des »Miserere«. Die Zeitgenossen waren sich einig, daß dieser entsetzliche Einfall den Ruhm Piero di Cosimos erheblich erhöhte.

Lorenzos berühmter Wagen mit Bacchus und Ariadne bildete einen erfrischenden Gegensatz zum Thema Tod. Er schrieb dazu ein Lied, in dessen Eingangsstrophe sich die ganze Lebensphilosophie der Renaissance findet: »Wie süß ist die Jugend, und wie schnell geht sie vorüber. Wer glücklich sein will, muß sich beeilen, denn was morgen sein wird, ist ungewiß.« Diese Aufforderung, die Zeit zu nutzen und irdische Freuden zu genießen, ist natürlich ein immer wiederkehrendes Thema der europäischen Poesie und findet sich auch bei Ronsard und Marvell. Gedanke und Stimmung kamen ursprünglich aus dem klassischen Griechenland. Die »Antologia Palatine« des Planudus, mit der Lorenzo offenbar vertraut war, enthält ein Gedicht des Palladas von Alexandria, in dem es heißt: »Dies ist das Leben und nicht mehr als dies; Leben ist Vergnügen; verbannt alle Sorgen! Das menschliche Leben ist so kurz. Bringt mir Wein, beeilt euch, schafft Tänzer her und Blumenkränze! Schnell, holt mir Frauen! Laßt uns heute fröhlich sein, denn wer weiß, was morgen sein wird!« Es war die Devise der Lebenskünstler, die kein anderes als sinnliches Vergnügen zu genießen wünschten. Für sie hatte der Tod dieselbe Bedeutung wie im *Carpe Diem* des Horaz und Lorenzos *Chi vuol esser lieto sia* – er wirkte als Herausforderung, das Leben nur um so inbrünstiger zu genießen. Anspruchsvoller ist da die Ansicht Pico della Mirandolas, der dem Leben eine höhere, ernstere Bestimmung zuschrieb, eine an Faust erinnernde Würde: »Wo Leben ist, da ist Seele; wo Seele ist, da ist Geist.« Diese Lebensphilosophie möchte den Sieg des Geistes über den Körper, dann aber auch die friedliche Harmonie beider Hälften des menschlichen Wesens erreichen. So finden sich auch neben den Karnevalsliedern unter den Gedichten Lorenzos ländliche Eklogen über *la Nencia da Barberino,* ein Gelegenheitsgedicht über die Falkenjagd, *Ambra,* eine mythologische Allegorie über die Liebe eines Flusses zu einem Bach, eine philosophische Erörterung »Das Streitgespräch« und rührend ernsthafte Gebete an die Jungfrau – alle sehr verschieden im Ton von der traurigen Sinnlichkeit im Lied der Ariadne.

Lorenzo war jedoch nicht der große Dichter, für den seine Zeitgenossen ihn hielten. Er hat weder originale Formen noch neue Themen erfunden. Polizianos italienische und besonders seine lateinische Poesie stehen da weit höher, sind sowohl zarter wie kraftvoller und zeugen von einer ausgeprägteren Persönlichkeit. Im Augenblick der Inspiration enthalten Lorenzos Gedichte, wie etwa Bacchus und Ariadne, eine Anmut des Gefühls, die in der italienischen Poesie des 15. Jahrhunderts selten ist; die Masse seiner Werke ist dagegen recht eintönig, wie etwa die halb komischen, halb ernsten Loblieder auf das Landleben; sie folgen den ausgetretenen Spuren der Eklogen Vergils und anderen klassischen Meistern, die auch Sammazzaro (1458–1530) und Pontano (ca. 1412–1503) nachahmten. Seine Hirtengedichte haben einen echteren Ton; nicht umsonst verließ er den Palast in der Via Larga oft zu langen Aufenthalten auf dem Lande. Careggi, Poggio a Caiano und Caffagiolo sind keine Schlösser, sondern landwirtschaftliche Betriebe, große Landgüter, deren Herrenhäuser in einem einfachen, nüchternen Stil erbaut sind und sich von den prunkvollen Schloßanlagen der französischen Renaissance deutlich unterscheiden. Dieser Bankier und Geldverleiher kannte den Boden und ging gern damit um. In Careggi züchtete er kalabrische Schweine und in Poggio a Caiano sizilianische Fasanen. Eine besondere Kaninchenrasse ließ er aus Spanien kommen und bürgerte sie in der Toskana ein. Wenn die Geschäfte schlecht gingen, konnte er mit dem Ertrag seiner Güter rechnen, um einen möglichen Verlust der Bank auszugleichen. Er hätte wohl Leon Battista Albertis Loblied auf das Landleben zitieren können: »Das Landhaus ist ein guter und treuer Freund. Wenn du die rechte Zeit mit Liebe wählst, wird es dir nicht nur jeden Wunsch erfüllen, sondern Belohnung auf Belohnung häufen: im Frühling die grün werdenden Bäume und Vogelsang, im Herbst angenehme Arbeit, die hundertfache Frucht bringt. Das ganze Jahr über hält es dir die Sorgen fern.« Die Italiener besitzen nicht das den Deutschen eigentümliche Gefühl panischen Schreckens angesichts der Natur. Sie ziehen eine gezähmte, sanfte Landschaft den wilden Gegenden vor, wie sie Dürer, Grünewald, Altdorfer, die Donauschule oder die Schweizer Landschaftsmaler lieben. Der toskanischen Landschaft fehlten die wilden Gegensätze des Nordens, sie war geordnet, übersichtlich und ausgeglichen mit ihren klaren, einfachen Umrissen. So gelingt es Lorenzo in seinem Gedicht »Nencia«, in enger Anlehnung an klassische Vorbilder, ein wahrheitsgetreues Bild des Landlebens zu geben.

Es war, wie wir gesehen haben, eine der merkwürdigsten Eigenschaften des Jahrhunderts, daß, während die bildenden Künste umwälzende Neuerungen einführten, die humanistische Literatur in ihrem Bemühen, dem klassischen Muster nahezukommen, zurückblieb. Die Geschichte von der Liebe Ambras zu Ombone, zwei Bächen bei Poggio a Caiano, hatte Lorenzo bei Ovid geborgt. Sie wurde zum mythologischen Allgemeingut, nachdem der Spanier Pedro Espinosa sie in seiner »Fabula del Genil« verarbeitet und der portugiesische Dichter Sa Miranda sie seinem heimischen Mondego angepaßt hatten. Worin bestand nun die eigentliche Begabung Lorenzos? Was machte ihn zum »Prächtigen«? Vor allem war es seine Fähigkeit, Kunst und Leben zu harmonisieren und beide ganz dem Kult der Schönheit zu weihen. Lorenzo war mehr als ein Dichter, er war eine Dichtung, ein Meisterstück, ein in sich vollkommenes Kunstwerk wie eine Statue von Donatello oder ein Gemälde von Botticelli. Er war ein Lebenskünstler, der das Glanzvolle, das Seltene, die vollkommene Form in allen Bereichen, sinnlichen wie geistigen, schätzte. Seine Sammlung von herrlich gearbeiteten Bechern und mit Halbedelsteinen – Jade, Lapislazuli, Amethyst, Topas und Rosenquarz – verzierten Gefäßen entsprach demselben Gemack für das Ungewöhnliche wie die Bücher, die man für ihn kopierte und mit dem Wappen der Medici schmückte. Als Poliziano zusah, wie Pico und Lorenzo einen Weg in Careggi entlanggingen, wobei sich Pico auf Lorenzo stützte, sagte er trocken: »Ein Phönix sitzt in einem Lorbeerbaum.« Trotz seinen häßlichen Gesichtszügen, dem plumpen Unterkiefer, der vorgetriebenen Stirn, den tiefliegenden Augen besaß Lorenzo die Schönheit eines Baums: natürliche Unbefangenheit, ungekünstelte Harmonie, den Zusammenklang aller Fähigkeiten, den die Humanisten als das Höchste schätzten. Er vereinte staatsmännische Vernunft mit Geschäftsgeist und Liebe zur Kunst. Er besaß fürstliche Anmut bei öffentlichen Anlässen, lebte aber für gewöhnlich unauffällig und sparsam und kleidete sich wie andere Bürger; er aß seine bescheidene Mahlzeit an einer Tafel, die mit kostbaren Bechern und von den größten Künstlern entworfenen Gefäßen bedeckt war. Jede Seite seines Gebetbuches enthielt herrliche Miniaturen, seine Diener und selbst die Spaßmacher, die ihn von seinen Sorgen ablenken sollten, waren Meister in ihrem Fach. So wurde das Florenz seiner Zeit zum unvergleichlichen Muster einer Gesellschaft, die ganz in Kultur, ästhetischer Schönheit und all den täglichen Stilübungen aufging, die das »unnachahmliche Leben« ausmachen.

Die Vielseitigkeit Lorenzos des Prächtigen zeigte sich auch in der

Art, wie er Politik machte. Er war ein hochbegabter und gewandter Politiker, dessen Hauptmerkmal vielleicht die völlig pragmatische Behandlung der täglich an ihn herantretenden Probleme war. Wie in seinen Geschäftsunternehmen hatte er nur einen Grundsatz: Erfolg zu haben. So empfindlich und anspruchsvoll die Medici gewesen sein mögen, sie ließen keine Gelegenheit vorüber, Konkurrenten auszuschalten oder andere Banken an den Rand des Ruins zu bringen und sie dann zu lächerlichen Preisen aufzukaufen; sobald sie übernommen waren, wurden solche Banken wieder flottgemacht und zu neuem Wohlstand gebracht. Eine Epoche, die die Geldleute zur Macht aufsteigen sah, huldigte natürlich einer Moral des Geldes, das heißt dem Erfolgsstreben ohne Rücksicht auf ethische Vorbehalte. Die Lehren Guicciardinis und Machiavellis spiegeln nur wider, was jedermann im Geheimen dachte. Von solchen Anschauungen ließen sich die hervorragendsten Staatsmänner leiten; sie freuten sich an ihren Erfolgen, ohne nach der Berechtigung von Zweck und Mitteln zu fragen.

Sie waren deshalb nicht eigentlich unmoralisch, wie es Leute vom Schlage Savonarolas glaubten; sie folgten nur einer anderen Moral, deren Ursprünge und Regeln nicht auf christlichen Grundsätzen beruhten. Savonarola gehörte noch ins Mittelalter, er war so etwas wie ein Anachronismus. Sein Scheitern war schließlich unvermeidlich, weil seine Anschauungen der Zeit nicht mehr entsprachen und weil er die Florentiner nur vorübergehend zu fesseln vermochte. Dagegen waren die Medici moderne Menschen, Menschen ihrer Zeit. Auf die Antike griffen sie nur in ästhetischen und philosophischen Fragen zurück, lehnten Moral und Kunstauffassung des Mittelalters ab und lebten ausschließlich in der Gegenwart und für die Zukunft. Moralisten haben Lorenzo den Prächtigen verurteilt, weil sie an seine Handlungen Maßstäbe anlegten, die nicht die seinen waren. Sie beklagen die Rücksichtslosigkeit, ja Brutalität, mit der er gegen die Einwohner von Prato und Volterra vorging, übersehen aber dabei die Zusammenhänge, die unauflösbare Verflechtung von Geschäft, Verwaltung und Politik, die für Zögern und Nachgeben keinen Raum mehr ließ. Es ist oft besser, zu Anfang gleich einen kräftigen Streich zu führen als immer wieder kleine Schläge auszuteilen. Diese Haltung war natürlich eine wesentliche Folge des »Willens zur Macht« und typisch für eine Zeit, die den Philosophen des Übermenschen, wie Nietzsche und Gobineau, so viele Beispiele und Vorbilder geliefert hat.

Der Aufruhr von Prato im Jahre 1470 wurde, kurz nachdem

Lorenzo seinem Vater gefolgt war, von Diotisalvi Neroni, den Parteigängern der Pitti und Beauftragten Borsos, Herzogs von Este, alles Feinde der Medici, in die Wege geleitet. Lorenzo unterdrückte den Aufstand mit bemerkenswerter Schnelligkeit und Strenge. Die Händel mit Volterra von 1471 waren besonders unübersichtlich, weil Geschäftsinteressen politische Rücksichten in den Hintergrund drängten. Ein paar Einwohner der alten etruskischen Stadt hatten Alaunlager entdeckt, deren Ausbeutung ihnen von den städtischen Behörden genehmigt wurde. Die Bank der Medici stellte das nötige Kapital zur Verfügung. Es war ein gutes Geschäft, denn die Minen warfen bald Gewinn ab. Daraufhin bereuten die Behörden, die Konzession an Privatleute gegeben zu haben, und versuchten, den Vertrag rückgängig zu machen. Das wieder berührte die Interessen der Bankiers, die so etwas wie ein Monopol auf den italienischen Alaunhandel hatten. Volterra war dem Namen nach unabhängig, doch stammte der Podestà aus Florenz und ebenso der »maßgebende Mann« namens Inghirami, dem das Alaun gehörte. Der Streit hätte sich womöglich auf das Geschäftliche beschränkt, wenn Inghirami nicht ermordet und der Podestà nicht nach Florenz zurückgeschickt worden wäre. Wie im Fall von Prato im vergangenen Jahr fühlte der junge Lorenzo sich von seiner Verantwortung bedrückt, bestand jedoch darauf, daß der Ungehorsam Volterras bestraft werden müsse; dem widersprach die Friedenspartei, an der Spitze Tommaso Soderini, der die Meinung vertrat, ein schlechter Vergleich sei besser als ein gewonnener Prozeß und ein magerer Vertrag besser als ein fetter Sieg. Lorenzo indessen ging energisch vor, während Soderini und die Pazifisten von seinen Freunden und Klienten zum Schweigen gebracht wurden; er gewann Federigo da Montefeltro, Herzog von Urbino, einen berühmten Kriegsmann, als Condottiere. Angesichts dieser Drohung kapitulierte Volterra, doch drangen die Truppen, obwohl Lorenzo es zu verhindern suchte, in die Stadt ein, und das übliche Rauben und Plündern nahm seinen Gang. Das Mittel wirkte denn auch radikal und stärker, als Lorenzo beabsichtigt hatte. Der Zweck war aber erreicht, und die abhängigen Städte machten keine Schwierigkeiten mehr.

Florenz hatte indessen einen Feind, gegen den weder die üblichen noch außergewöhnliche Mittel wirkten – das war Papst Sixtus IV., der im Jahr der Plünderung von Volterra (1471) den päpstlichen Thron bestieg. Es scheint, als hätte der Papst Lorenzo zunächst geschätzt und unterstützt, doch erwiesen sich die politischen Ansichten der beiden Männer bald als völlig verschieden. Sixtus IV. war darauf aus, Italien unter die Herrschaft des Kirchenstaates zu bringen, Lorenzo dagegen war der Meinung, daß Italien den drohenden Übergriffen auswärtiger Mächte nur widerstehen könne, wenn es den inneren Streitigkeiten und Zänkereien ein Ende machte. Wenn auch für einen italienischen Einheitsstaat zu jener Zeit keine Möglichkeit bestand, so war doch eine Art Bündnis und Interessenausgleich der Einzelstaaten nicht ausgeschlossen. Dieser Zwiespalt der Meinungen und Ziele, der aus dem Papst und Lorenzo Todfeinde machte, dazu der dickköpfige, ehrgeizige und streitsüchtige Charakter des Papstes, ließen für Florenz Schlimmes befürchten. Für den Rest der Welt hatte es offenbar den Anschein, als sei das Verhältnis der beiden Antagonisten recht harmonisch; so bat etwa Ludwig XI. von Frankreich den Medici um Fürsprache beim Papst. Dies Mißverständnis fand erst ein Ende, als Lorenzo sich mit Unterstützung von Mailand und Neapel vergeblich um einen Kardinalshut für seinen Bruder Giuliano bemühte. Die Zurückweisung ließ sich leicht damit begründen, daß Giuliano noch sehr jung war und seine Ernennung zum Kardinal ein Skandal gewesen wäre; es gab jedoch Präzedenzfälle, vor allem in der päpstlichen Familie. Die Ablehnung des Papstes und die Ausdrücke, in denen sie ausgesprochen wurde, gleichen nun fast einer Kriegserklärung. Es ging darum, ob Italien päpstliches Herrschaftsgebiet oder ob der Kirchenstaat Mitglied einer Gemeinschaft Gleichberechtigter sein sollte.

Die beiden Gegner ließen es auf eine Machtprobe ankommen. Sixtus IV. hatte einen ersten Sieg gewonnen, indem er die Medici durch Verweigerung des Kardinalshutes demütigte, doch war das nur der Anfang. Jetzt galt es, durch Bündnisse mit italienischen und fremden Mächten Florenz diplomatisch zu isolieren, ihm seine Vasallen- und Untertanenstädte mit Gewalt und List abspenstig zu machen. Die Medici waren der Hauptfeind; sobald sie zu Fall gebracht waren, würde Florenz wieder zur demokratischen Republik werden und durch das stetige Parteiengezänk sein Ansehen einbüßen. Zu den den Medici feindlichen Familien, die auch damals noch erheblichen Einfluß besaßen – und sogar mit den Medici verschwägert waren –, gehörten die Pazzi. Es gab Mitglieder dieser Familie, die, um die eigene Stellung zu stärken, bereit waren, Lorenzo und seinen Bruder beiseite zu schaffen. Ohne sie wäre Florenz tatsächlich dem Ehrgeiz anderer Familien zur leichten Beute geworden. So stimmten denn die Absichten Sixtus'IV. und Francesco Pazzis überein, und sie beschlossen zu handeln.

Zur Zeit dieses Putsches, der unter dem Namen der Pazzi-Verschwörung bekannt ist, befehligte ein Neffe Sixtus' IV., Girolamo Riario, die päpstlichen Truppen. Auf dem berühmten Wandgemälde von Melozzo da Forli im Vatikan erscheint er zusammen mit seinem Vetter, Kardinal Raffaello Riario, an der Seite des Papstes. Girolamo wurde einer der aktivsten Teilnehmer der Verschwörung. Ein weiterer Florentiner, Francesco Salviati, Erzbischof von Pisa, schloß sich an, weil die Florentiner Regierung sich seiner Amtsübernahme widersetzte. Die Hauptverschwörer, mit Ausnahme von Girolamo Riario, trafen sich in Florenz im April 1478, wo noch Montesecco zu ihnen stieß, ein Glücksritter im Solde des Papstes. Auch Francesco Pazzi, der in Rom lebte und mit Sixtus IV. durch finanzielle Geschäfte eng verknüpft war, kam nach Florenz, angeblich, um seine Familie zu besuchen. Er überredete seinen Vater und andere Familienmitglieder, sich für den Fall der Ermordung Lorenzo de' Medicis und seines Bruders Giuliano bereit zu halten und im rechten Augenblick das Volk auf der Straße zum Aufruhr zu bringen. Zwei Condottieri hielten sich mit ihren Truppen bei Todi und Imola auf, um den Verschwörern, wenn nötig, zu Hilfe zu kommen.

Der Mord sollte am 25. April 1478 bei Gelegenheit eines Banketts stattfinden. Die Mörder sollten sich hinter den Stühlen der beiden Medici aufhalten und auf ein gegebenes Zeichen zustoßen. Die Anführer hatten beschlossen, daß beide Brüder gleichzeitig fallen müßten, denn wenn einer entkam, würde er um so schwerer beiseite zu schaffen sein, und die Schreckwirkung des Doppelmords auf das Volk von Florenz wäre verlorengegangen. Am 25. April jedoch war Giuliano unwohl und er erschien nicht beim Bankett, deshalb verschob man das Verbrechen auf den folgenden Tag. Da dies ein Sonntag war, schien es das Gegebene, die beiden Brüder während der Messe in der Kirche umzubringen. – Auf diese Weise war kürzlich erst Galeazzo Maria Visconti, Herzog von Mailand, getötet worden. – Da nun meldete plötzlich Montesecco Bedenken an. Dieser gewissenlose Abenteurer fürchtete sich vor dem Sakrileg; zum Mord war er bereit, aber nicht in der Kirche. Als Ersatz fanden sich zwei Priester, Antonio Maffei aus Volterra und Stefano da Begnone, die sich wegen der Entweihung von Santa Maria del Fiore offenbar keine Gewissensbisse machten. Ihnen standen zur Seite Francesco Pazzi selbst und ein weiterer Verschwörer, Bernardo Bandini. Auf dem Weg zur Kirche legt Francesco Pazzi den Arm mit einer liebenswürdigen Geste um seinen alten Freund Giuliano; in Wirklichkeit wollte er feststellen, ob sein Opfer einen Harnisch oder ein Panzerhemd trug. Auf jeden Fall hatten die Mörder vereinbart, im Augenblick, wenn die Hostie geweiht wurde, auf die Köpfe der beiden Medici zu zielen.

So geschah es denn auch. Bandini und Pazzi töteten Giuliano, indem sie ihm mit den Degen den Kopf durchbohrten. Die beiden Priester waren weniger erfolgreich, ihre Klingen erreichten nur Lorenzos Schulter. Mit dem Degen in der Hand und den Mantel als Schild um den Arm gewickelt lief er zur Sakristei und mit ihm seine Freunde Poliziano, Ridolfi und Nori, der einen für Lorenzo bestimmten Streich Bandinis auffing und starb. Während die Verschwörer noch versuchten, die schweren Sakristeitüren aufzubrechen, warf sich Kardinal Riario, ungewiß, wie die Sache ausgehen würde, über den Altar und umarmte das Kruzifix. Inzwischen begab sich Erzbischof Salviati dem Plan gemäß mit einer Schar Männer zum Palazzo Vecchio, teilte der Signora den Tod der Medici mit und forderte sie auf, ihm die Macht zu übergeben. Auch die Pazzi und ihre Anhänger erschienen auf der Piazza della Signoria, um das Volk zum Abfall zu bewegen, gaben damit aber nur das Zeichen zum Alarm. Die Wut der Menge nahm die entgegengesetzte Richtung; man griff zu den Waffen, um den schönen Giuliano und den von allen geliebten Lorenzo zu rächen, den bis heute noch niemand für einen Tyrannen gehalten hat. Der Gonfaloniere Petrucci, der den Lärm und die Schreie draußen auf der Straße hörte, ließ den Erzbischof Salviati und seine Leute warten, bis die Signoria ihre Beratung beendet hätte, und schloß hinter ihnen die Tore des Palazzo Vecchio. Als er von den Mordanschlägen erfuhr, tötete er selbst den Erzbischof und überlieferte dessen Mordbande dem Pöbel, der an ihnen und anderen Anhängern der Pazzi seine Wut ausließ. Unter den *pazzeschi* wurde ein Blutbad angerichtet; die Leichen hängte man an den Fenstern ihrer Häuser auf.

Überhaupt war die Haltung des Volkes eindeutig und erbarmungslos. Francesco Pazzi, der sich in die nahen Berge geflüchtet hatte, wurde von den Bauern gejagt und gefangen, zur Stadt gebracht und vor dem Palazzo Vecchio erdrosselt. Auch Montesecco wurde nicht geschont, obwohl er sich geweigert hatte, das Verbrechen zu begehen. Kardinal Riario und Bernardo Bandini entgingen als einzige der Rache der *palleschi* (der Anhänger der *palle*, des Wahrzeichens der Medici). Bandini gelang es, nach Venedig und von dort nach Konstantinopel zu flüchten, wo er sich sicher glaubte. Als der Sultan indessen von dem gräßlichen Vorkommnis erfuhr, schickte er den Verbrecher an Händen und Füßen gefesselt nach Florenz zurück, wo Bandini im Hof des Bargello – das ist der Palast der Podestà

– abgeurteilt und gehängt wurde. Kardinal Riario wurde in öffentlichen Gewahrsam genommen und bis zum Juni in Haft gehalten. Damit endete ein sorgfältig vorbereiteter Anschlag, der, ebensogut wie Giuliano, auch Lorenzo das Leben hätte kosten können, seine politische Stellung am Ende jedoch erheblich stärkte.

Sixtus IV., bitter enttäuscht vom Fehlschlag der Verschwörung, erwiderte das Blutbad unter den Pazzi mit der schärfsten Waffe, die ihm zur Verfügung stand – er exkommunizierte die ganze Stadt, entzog also der Bevölkerung die Wohltat der Sakramente, um sie für die Hinrichtung des Erzbischofs Salviati zu strafen. Glücklicherweise stand die Macht der Medici auf festeren Füßen als jemals zuvor. Lorenzo verstand es, seine Stadt gegen Bedrängnis von außen zu schützen, sei es auf dem Schlachtfeld oder mit diplomatischen Mitteln. Selbst dem gefährlichen Krieg, den im nächsten Jahr der Papst zusammen mit Ferrante von Aragon, König von Neapel, gegen ihn begann, waren seine Fähigkeiten und seine Macht gewachsen. Ende 1479 schien es, als sollte Florenz von den Truppen des Herzogs von Kalabrien, Ferrantes Sohn, überwältigt, geplündert und für immer gedemütigt werden. Von Ferrante schien keine Gnade zu erwarten; seine Gerissenheit und Brutalität waren berühmt. In dieser äußersten Gefahr entschloß sich Lorenzo zu versuchen, was persönliche Diplomatie ausrichten könnte. Auf eine bedingungslose Kapitulation ließ er sich dabei nicht ein, forderte aber, nach Neapel kommen zu dürfen, um selbst mit dem Gegner über den Krieg zu sprechen. Er überlieferte sich also der Gnade des Königs und suchte ihn dann zu überreden, sein Bündnis mit Sixtus IV. noch einmal zu überdenken. Lorenzos Folgerichtigkeit und seine Geduld – er blieb vom Dezember bis zum April in Neapel –, seine beinahe ritterliche Haltung, da er Ferrantes Edelmut trotz dessen schlechtem Ruf zu vertrauen schien, bewogen den König schließlich, seine Meinung zu ändern und den Krieg abzubrechen. Nachdem Lorenzo im Angesicht des neapolitanischen Hofes sein Ehrgefühl, seine Intelligenz, seinen Großmut und vor allem seine Vernunft – denn es gab überzeugende Gründe, warum Neapel die Partei des Papstes verlassen und sich mit Florenz verbünden sollte – angerufen hatte, stimmte der König seinen Vorschlägen zu. Lorenzo kehrte im Triumph zurück und wurde gerade von jenen Bürgern, die das Unternehmen mit Besorgnis verfolgt hatten, gefeiert. Dieser Sieg gab seiner Stellung in Florenz und ganz Italien die Prägung.

Während in den folgenden Jahren das Verhältnis zum Vatikan sich erheblich besserte, – Innozenz VIII., ein Freund der Medici, war nach dem Tode Sixtus' IV. 1484 Papst geworden –, führte Lorenzo nützliche Reformen, die die Verfassung und Verwaltung von Florenz betrafen, durch. In der Stadtverwaltung bemühte er sich, alle Mitglieder einflußreicher Familien aus den beratenden Körperschaften und wichtigen Ämtern zu entfernen und sie durch Männer geringer Herkunft zu ersetzen. Damit gewann er die Zuneigung der Leute, die ihm ihre Stellung verdankten, und versperrte der Kaufmannsaristokratie – den Albizzi, Pitti, Pazzi, Nicolini, Guicciardini, Ridolfi, Neroni und wie sie alle hießen –, die meist seine politischen Gegner waren, den inneren Kreis der Macht.

Lorenzo war gerissen genug, seine Stellung schrittweise und ohne Aufsehen auszubauen. Er war sich bewußt, daß er, um gut zu regieren, völlige Unabhängigkeit brauchte, wußte aber auch, daß er vorsichtig vorgehen mußte, um das Selbstgefühl der auf Gleichberechtigung pochenden Florentiner nicht zu reizen. Mit großem Geschick setzte er Maßnahmen durch, die die wahre Demokratie nicht zu behindern schienen, in Wirklichkeit aber gerade deren Symbole, Podestà und Bargello, in ihren Funktionen lähmten. Der Capitano del popolo, der mit dem Volkstribun im alten Rom vergleichbar war und die Interessen der unteren Klassen vertrat, verlor seinen Einfluß. Die Vertretungen der geringeren Zünfte wurden von 14 auf 5 reduziert und ließen sich dadurch leichter beeinflussen. Die beratenden Körperschaften wurden 1480 umgewandelt und neue eingerichtet, was zur Folge hatte, daß die Vorrechte des Volks beschnitten wurden. Auch die Ernennung der *accopiatori*, Verwaltungsbeamten, zu deren Aufgabe es gehörte, die Kandidaten für die Signoria auszuwählen, kam unter den Einfluß der Medici. Diese Maßnahmen dienten dazu, eine stabile politische Ordnung zu gewährleisten, gegründet auf dauerhafte Einrichtungen, die nicht mehr der alle zwei Monate wiederkehrenden Unsicherheit ausgesetzt waren, wie sie die Tradition bisher für die politischen Körperschaften und Organisationen vorsah. Die Verfassung von 1480, die Lorenzo entworfen und eingeführt hatte, gab die wirkliche politische Macht einem Rat von 30 Mitgliedern. Als dieser sich denn doch als zu exklusiv erwies, vermehrte man ihn um 40 Beisitzer. Die Medici ließen diesem Ausschuß der 70 das wenig demokratische Recht zuerkennen, verstorbene Mitglieder statt durch öffentliche Wahlen durch Kooption zu ersetzen. So traten allmählich an die Stelle unabhängiger Männer Klienten und Anhänger der Medici.

Wie undemokratisch die neuen Einrichtungen Lorenzos des Prächtigen auch erschienen, sie konnten die Atmosphäre des Vertrauens, die mehr oder weniger ausgesprochene Solidarität zwischen ihm und seinen Mitbürgern nicht zerstören, die in der heftigen Reaktion auf die Pazzi-Verschwörung so unwillkürlich zutage gekommen war. Dieses Vertrauen war nicht zu erschüttern bis zu dem Tag, als ein Mann seine Stimme gegen die Medici erhob, der sich nicht politischer Vernunft oder irdischer Weisheit bediente, sondern Gott zum Verbündeten hatte und seine Pfeile dem Alten und Neuen Testament entnahm. Savonarola (1452–1498) erreichte, worum die Päpste wie die Könige von Frankreich, die deutschen Kaiser, die Koalitionen italienischer Fürsten und die Verschwörungen Florentiner Patrizier sich vergeblich bemüht hatten.

Um zu begreifen, bis zu welchen Höhen Schönheit und Macht der Regierung Lorenzos sich aufgeschwungen hatten, muß man sie angesichts dieses dunklen Gegenübers betrachten. Ein häßlicher Mönch mit einer in den Kirchen von Florenz nie gehörten Beredsamkeit predigte von der Kanzel das Lob frühchristlicher Tugend. Savonarola kam 1482 aus Ferrara nach Florenz und trat in den Dominikanerkonvent von San Marco ein, der seit alters von den Medici unterstützt und gefördert wurde. – Sie zogen sich gelegentlich in die mit den köstlichen Fresken Fra Angelicos geschmückten Zellen zurück, wo besonders Cosimo sich gern aufgehalten hatte. – Nun, in den letzten 20 Jahren jenes Goldenen Zeitalters, das sich Quattrocento nennt, stand Europa am Rande einer religiösen Revolution, die überall in der Christenheit, in Florenz so gut wie in Wittenberg, bei den Dominikanern wie bei den Augustinern, mit gelegentlichen Ausbrüchen des Reformeifers begann. Savonarola war gewissermaßen die Verkörperung einer Florentiner Spielart dieser Revolution.

1483 hielt Savonarola seine erste Fastenpredigt in San Lorenzo, die als die Kirche der Medici galt und wo die Mitglieder der Familie begraben lagen. Lorenzo starb neun Jahre später (am 9. April 1492), und während dieser ganzen Zeit machten die Medici keinen Versuch, mit Gewalt oder auch nur durch Einschüchterung sich gegen den Priester zu wehren, der sie unaufhörlich bemäkelte und beschimpfte, ihnen mit göttlicher Vergeltung und sogar mit einem französischen Überfall, gleichsam als Krönung des himmlischen Strafgerichts, drohte. Mit Ausnahme einiger Unannehmlichkeiten, die ihm die eingeschworenen Anhänger der Medici, die *palleschi,* bereiteten, konnte Savonarola ganz ungestört predigen, beschuldigen, wen immer er wollte, das Volk zum Aufruhr anstacheln, ganz Florenz zur Buße aufrufen und schließlich einen wirklichen Gesinnungswandel der Stadt zustande bringen. Während dieser ganzen

Zeit hätte Lorenzo sich leicht von dem Manne befreien können, in dem er seinen derzeit ernstesten Gegner erkannte. Savonarola war als einziger imstande, jenes Vertrauen zu erschüttern, auf dem sein gutes Verhältnis zum Volk beruhte.

Lorenzo folgte der überkommenen Ordnung, als er Savonarola, sobald dieser Prior in San Marco geworden war, einlud, ihn zu besuchen. Der Mönch ließ ihn ohne Antwort. Er weigerte sich auch, Lorenzo zu empfangen, als dieser ihn aufsuchen wollte. Die einzige Begegnung, von der wir wissen, war das dramatische Zusammentreffen am Sterbebett Lorenzos 1492. Der Mönch war unverschämt, überheblich, vom Haß besessen und eine Heimsuchung für den Kranken. Hartnäckig befahl er ihm, seine Sünden – Schamlosigkeit, Stolz und Habsucht – zu bekennen und zum Abschluß seiner Herrschaft dem Volk die Freiheit zurückzugeben. Die Chronik von Florenz berichtet, daß der Prächtige auf Savonarolas Forderungen und Schmähungen keine Antwort gab und sich damit begnügte, dem Fanatiker schweigend und verächtlich den Rücken zu kehren.

Diese erschütternde, bildhafte Szene zeigt deutlich, daß es zwischen den beiden Männern keine Verständigung gab, weil sie moralisch in verschiedenen Sprachen redeten: Lorenzos Sprache war die der Florentiner Renaissance, Ausdruck einer hohen und klaren Vernunft, der Mönch sprach als prophetischer Eiferer, erleuchtet und beflügelt von der überirdischen Beredsamkeit der Bibel. Savonarolas Lieblingsbuch war das Alte Testament, das Lorenzos Platons »Gastmahl«, das jedes Jahr am 7. November, wenn man in gemeinsamer Andacht den göttlichen Platon verehrte, feierlich verlesen wurde. Beide Bücher schlossen sich gegenseitig aus. So sehr sich die beiden Männer ihrer Erziehung und Anlage nach unterschieden, Lorenzos Überlegenheit erwies sich darin, daß er die religiöse Überzeugung seines Gegners nicht nur zu verstehen imstande war, sondern bis zu einem gewissen Grade auch teilte. Savonarola dagegen beschimpfte ihn blindwütig als Barbaren und Tyrannen, einen Mann, der in Wirklichkeit der feinsinnigste Ästhet und aufgeklärteste Politiker seiner Zeit war. Die natürliche Abneigung zwischen Häßlichkeit und Anmut, puritanischer Strenge und selbst unschuldigem Vergnügen, dem asketischen Ideal und dem heidnisch-christlichen Synkretismus Ficinos, Pico della Mirandolas und ihrer Schüler, diente nur dazu, den unvermeidlichen Zwiespalt zwischen den beiden Anwärtern auf die Macht zu vertiefen. Florenz konnte nur durch den Sturz der Medici »gerettet« werden, was denn Savonarola auch nach dem Tode Lorenzos, während der Herrschaft seines Sohnes, zustande brachte. Solange Lorenzo lebte, blieb das gegenseitige Vertrauen zwischen den Medici und ihrem Volk erhalten, höchstens daß es bei den *piagnoni,* den »Heulern«, wie die Anhänger Savonarolas von ihren Gegnern genannt wurden, gelegentlich ins Wanken kam.

Mit dem Tode Lorenzos änderte die Opposition gegen die Medici ihren Charakter. Durch Savonarola bekam sie statt eines großbürgerlichen einen volkstümlichen Hintergrund, war auf moralische, nicht auf politische Zwecke gegründet, hatte die geistliche Erneuerung, nicht Prestige und Selbstsucht zum Ziel. Savonarola erklärte sich selbst zum Abgesandten Gottes, dazu ausersehen, das Heidentum zu züchtigen und den Florentinern die »Freiheit« wiederzugeben. Der religiöse Staatsstreich, der längst in der Luft lag, mußte im geeigneten Augenblick losbrechen. Die Gelegenheit dazu gab in seiner Schwäche Lorenzos Sohn Pietro. Es wurde ein echter Volksaufstand, man ersetzte die *palle* auf den Fahnen der Stadt durch das Kreuz, und anstatt der nachsichtigen Medici herrschte Christus, der König.

Skizze einer Tür oder eines Fensters; Federzeichnung Michelangelos aus dem Jahre 1526.

Kardinal Ippolito de' Medici nahm 1532 an einem Feldzug gegen die Türken teil; daraufhin malte ihn Tizian in ungarischer Tracht. (Palazzo Pitti)

Die Viottolene-Allee in den Bòboli-Gärten. Sie wurden von 1550 an von Tribolo, Buontalenti und Giovanni da Bologna hinter dem Palazzo Pitti für Großherzog Cosimo I. angelegt.

Claudia von Medici. Gemälde von Giusto Sustermans.

Kardinal Leopold von Medici. (Uffizien)

Der Tod Savonarolas auf der Piazza della Signoria. Gemälde aus dem 16. Jahrhundert. (Museo di San Marco)

Marmorbüste Piero de' Medicis (il Gottoso) von Mino da Fiesole; 1453.

Bemalte Gipsbüste Machiavellis. (Palazzo Pitti)

6.

DIE DIKTATUR GOTTES

Die Ankunft Girolamo Savonarolas, des Mönches aus Ferrara, war eines der dramatischsten Ereignisse in der Geschichte der Stadt Florenz. Savonarola erschien als Apostel der Reinheit, Vorkämpfer der Freiheit. Seine feurige Beredsamkeit machte ihn bald berühmt, ebenso wie sein entschlossener Wille, die Kirche zu reformieren. Ein altes Sprichwort sagt, daß Gott die, die er verderben will, mit Blindheit schlägt. Neun lange Jahre war Lorenzo der Prächtige blind für Savonarolas gehässige Anstrengungen, die Grundlagen des Staats in Florenz zu untergraben und den Kult der Schönheit zu zerstören, der die Stadt zum leuchtenden Vorbild hatte werden lassen. Savonarola war insofern vom Glück begünstigt, als er die beiden langmütigsten und liberalsten Männer, Lorenzo den Prächtigen und den Borgia-Papst Alexander VI., zu Gegnern hatte, die es duldeten, wenn er sie nach Herzenslust angriff, beschimpfte und bedrohte.

Florenz war an gelegentliche revolutionäre Ausbrüche innerhalb seiner Mauern gewöhnt. Solche Aufstände und Bürgerkriege hatten in der Vergangenheit jedoch stets nur einen Wechsel der Regierung gebracht. Savonarola dagegen wollte die Lebensweise der Menschen zusammen mit ihrem moralischen Bewußtsein ändern. Die Reformen, die er vorschlug, ließen keinen Teil des Florentiner Lebens unberührt, betrafen ethische Fragen ebenso wie ästhetische. Der Mönch war fest überzeugt, daß Lorenzo nicht bloß politisch ein Tyrann, sondern ganz eigentlich ein Verderber der Seelen war. Seine Predigten in San Marco trafen das ganze prachtvolle Gebäude von Kunst und Kultur, das rund um die Bankierfürsten entstanden war und das Savonarola nun als Instrument des Heidentums brandmarkte, und stürzten es um. Die völlige Umkehr von Sitte, Geschmack, Meinungen und Lebensweise, die Savonarolas Fanatismus durchsetzte, ist eines der schwierigsten psychologischen Probleme nicht bloß der florentinischen, sondern der gesamten italienischen Kulturgeschichte. Nachdem die Florentiner sich nur zu gern für Lebensfreude und Antike begeistert, von den Humanisten zu Platon, von den Künstlern zu den erlesenen Formen vollkommener Schönheit hatten bekehren lassen, erlebte die Stadt ganz plötzlich eine uneingeschränkte Bekehrung. Sie wurde buchstäblich umgewandelt, und das so radikal, daß selbst vom Heidentum so stark beeinflußte Künstler wie Michelangelo und Botticelli sich unter die »Heuler«, die *piagnoni*, mischten.

Savonarola zog Nutzen daraus, daß Lorenzos Sohn, Pietro lo Sfortunato (1471–1503), seine Vorgänger in Mißkredit brachte. Die Medici waren schließlich schon so lange an der Macht, daß ein wankelmütiges, undankbares und gewalttätiges Volk wie die Florentiner leicht auf einen Wechsel Lust bekommen konnte. Dazu kam, daß die verbannten Florentiner zusammen mit den Franzosen die innere Unruhe zu nutzen suchten und daß ihre Anschläge in der von dem Prediger verbreiteten profranzösischen und medicifeindlichen Propaganda Unterstützung fanden. Es ist klar, daß unter diesen Umständen die Lage von Lorenzos Erben und Nachfolger schwierig sein mußte. Pietro erhielt den Beinamen »lo Sfortunato«, der Unglückliche, nicht ganz zu Recht, denn das meiste Mißgeschick hat er sich selbst zu verdanken gehabt; vielleicht hätte man ihn besser den »Ungeschickten« genannt. Seine Regierungszeit war durch eine Reihe von *combinazioni* gekennzeichnet, politischen Manövern, die unter den Händen eines gewandteren Staatsmannes vielleicht zum Erfolg geführt hätten, so aber seine Stellung nur weiter schwächten. Unglücklich war er insofern, als er zu einer Zeit in Florenz regierte, da französische Heere über die Alpen nach Italien marschierten, wo Savonarola ihnen Sieg und Ruhm versprach.

Der Einfluß des Mönchs auf die öffentliche Meinung hatte während der letzten Jahre Lorenzos die Oberfläche nur leicht bewegt, immerhin jedoch Zweifel an der Legitimität der allumfassenden Macht der Medici geweckt. Religiöser Eifer förderte selbstverständlich seine Popularität, doch war es vor allem der verführerische Klang des Wortes »Freiheit«, der auf die Phantasie der Menge und eines Teils der herrschenden Schichten wirkte. Obwohl die von ihm geforderten kirchlichen und moralischen Reformen am Ende scheiterten – sie wurden vom Papst verworfen, und die Florentiner waren froh, die ihnen aufgezwungene puritanische Tugend schnell wieder los zu werden –, so hatte doch sein Reformeifer sehr erhebliche politische Folgen. Die Medici wurden aus Florenz verdrängt und hatten es nur der Schwäche des Gonfaloniere Soderini und der Existenz der Heiligen Liga zu verdanken, daß sie nicht für immer verbannt blieben. Volksredner haben indessen nur so lange Erfolg, wie sie zu Worte kommen. Nachdem Savonarola zum Schweigen gebracht und auf dem Scheiterhaufen, den er, moralisch gesprochen, selbst gebaut und angezündet hatte, verbrannt worden war, mußte der Versuch, die Diktatur Gottes auf Erden zu errichten, bald zusammenbrechen.

Immerhin konnte er bis zum Ende seiner Herrschaft aus der Unfähigkeit des »unglücklichen« Pietro Nutzen ziehen, und die Stadt wäre Savonarola vermutlich noch lange nicht los geworden, hätte ihn das Verdammungsurteil des Papstes nicht fast aller seiner Anhänger beraubt.

Trotz aller Unentschlossenheit war Pietro ehrgeizig. Er hatte Angst vor den Gesinnungsumschwüngen der Demokratie, und daß er ein Bürger sei wie jedermann sonst, kam ihm nicht in den Sinn. Möglicherweise hatte er von seiner Mutter Stolz und Hochmut der Orsini geerbt. Er wollte nicht nur *de facto,* sondern auch dem Namen nach Herrscher sein und träumte von dem Titel des Herzogs. Seine Mitbürger betrachtete er mit Argwohn und zögerte nicht, zur Festigung seiner Macht fremde Hilfe in Anspruch zu nehmen. Nicht nur daß er auswärtige Söldner mietete – das hatte man in Florenz schon immer getan –, er suchte ein System von Bündnissen mit anderen Mächten zustande zu bringen. Obwohl er die wahren Ziele dieser Mächte wohl kannte, fachte er ihren Ehrgeiz an und hoffte, ihn für seine Zwecke gebrauchen zu können. Künstler und Chronisten priesen seine Schönheit, den Adel seines Gesichts und seiner Haltung, sein würdevolles Auftreten und seine Geschicklichkeit in allen körperlichen Übungen. Hinter dieser Fassade verbarg sich ein schiefer, hinterhältiger Charakter, ein kalter, gewalttätiger Heuchler. Er war geneigt, der eigenen Meinung und Gerissenheit zu viel, den Worten seiner zuverlässigsten Ratgeber zu wenig Vertrauen zu schenken. Er war dabei so etwas wie ein Wüstling und gab mit seinen zahlreichen Liebschaften Anlaß zu vielen Skandalen. Seine Mutter hatte ihn schon früh mit einer ihrer Familienangehörigen, Alfonsina Orsini, verheiratet, doch besaß diese weder Clarissas Tatkraft noch ihre Intelligenz, und es gelang ihr nicht, den Mann zu lenken.

Auf politischem Gebiet hatte sein Verhalten katastrophale Folgen. Zunächst zerstörte er den Bund, den die italienischen Staaten mühsam zusammengebracht hatten, um gegebenenfalls fremde Überfälle abwehren zu können. Die neuerdings geeinte französische Monarchie, die dabei war, die Macht der großen Vasallen zu brechen und die Zentralgewalt zu stärken, besaß Ansprüche auf das Herzogtum Mailand und das Königreich Neapel. Das hieß, der französische König Karl VIII. würde womöglich in Italien einfallen. Wenn das geschah, war der Kaiser verpflichtet, die Waffen gegen ihn zu erheben, und die Halbinsel würde zum Schlachtfeld Europas werden. Das Bündnis hatte den Zweck gehabt, die Staaten angesichts der gemeinsamen Gefahr zu einigen – es war ein ferner Abglanz jener wirklichen italienischen Einheit gewesen, von der im 14. Jahrhundert Cola di Rienzo und neuerdings Cesare Borgia, Machiavelli und teilweise auch Lorenzo der Prächtige geträumt hatten.

Pietro gab nicht eher Ruhe, als bis der Bund sich aufgelöst hatte. Er bildete sich ein, ein neues Bündnis aufbauen zu können, das seinen Interessen besser entsprach und das er nach Belieben lenken zu können glaubte. Anstatt sich militärisch und diplomatisch gegen Frankreich zu wappnen, suchte er sich bei Karl VIII. Liebkind zu machen und überhäufte ihn mit Liebenswürdigkeiten, während Savonarola gleichzeitig das französische Strafgericht auf Italien als Züchtigung für seine Gottlosigkeit herabrief. Der Dominikaner wollte das »Schwert Gottes«, das er in seinen Predigten über den Häuptern der Florentiner schwang, dem König der Franzosen aushändigen, in dem er eine Zuchtrute des göttlichen Zorns sah. Im Vertrauen auf diese Bundesgenossen, die ihm seine Eroberungen sichern helfen würden, fiel Karl VIII. 1494 in Italien ein und gewann eine Anzahl leichter Siege. Seine italienischen Gegner waren von diesem Angriff völlig überrascht und zunächst gelähmt.

Florenz schwankte angesichts der Gefahr, welche Haltung es einnehmen sollte. Die *piagnoni* des Dominikaners waren bereit, die Franzosen als notwendiges Übel, das der Himmel über sie verhängt hatte, zu ertragen; Pietro hatte nichts dagegen, die französische Karte zu spielen, so lange sie ihm nützlich war. Der Mehrheit der Bevölkerung indessen, die fremde Einmischung noch aus dem Mittelalter in höchst schmerzlicher Erinnerung hatte, war dem Gedanken an eine ausländische Besetzung von vornherein abgeneigt und wurde um so unruhiger und aufsässiger, je näher die Eindringlinge kamen. Als die fremden Truppen Sanzana, eine Stadt im Gebiet von Florenz, erreichten, wurde die Frage, ob man kämpfen oder sich unterwerfen sollte, immer drängender. Unüberlegt und übelberaten wie meist, ließ Pietro sich dazu herbei, die Toskana den Feinden zu öffnen, und erleichterte damit den Franzosen den Marsch nach Neapel, dessen König angeblich sein Verbündeter war. Pietro bildete sich ein, auf diese Weise den Kopf aus der Schlinge ziehen zu können und nicht nur das Wohlwollen, sondern auch noch die Unterstützung des Gegners zu ernten. Um ihnen die Echtheit seines Entgegenkommens ja deutlich zu machen, stellte er den Franzosen alles, was er hatte, zur Verfügung: Lebensmittel, Festungen, Geld. Zu den Verhandlungen zog er Abgesandte der Signoria hinzu, um darzulegen, daß die florentinische Republik der von ihm leichtsinnig heraufbeschworenen Demütigung ihren Beifall gab.

Zu seinem Unglück kannte Pietro seine Mitbürger schlecht und vertraute zu sehr auf das überlieferte Prestige und das Überredungsvermögen der Medici. Die geschäftlichen und politischen Rivalen der herrschenden Familie fanden sich mit dem Volk in gemeinsamer Empörung vereint, als Florenz sich kampflos dem Feind unterwarf. Während die Menge in den Straßen tobte, erklärte der Rat bei einer stürmischen Sitzung im Großen Saal des Palazzo della Signoria Pietro zum Verräter und ächtete ihn. Sein Bruder, Kardinal Giovanni, und der Condottiere Orsini versuchten vergeblich, die Volkswut zu beschwichtigen; sie konnten ihr Leben schließlich nur noch durch die Flucht retten, der Kardinal als Mönch verkleidet. Pietro hatte den Fuß kaum in sein Haus gesetzt, als er es schon wieder verlassen und im Galopp nach Venedig fliehen mußte. Der Pöbel folgte nur einem altehrwürdigen Brauch und feierte auf seine Weise die Rückkehr zur wahren Republik, zur Freiheit und Tugend, indem er die Häuser der Medici plünderte.

Nach dem Verschwinden der Medici gab es für die Errichtung der »Diktatur Gottes« und der ihres Vertreters auf Erden, Savonarolas, kein Hindernis mehr. Die Stadt weihte sich Christus und ernannte ihn zum König von Florenz. In einer Orgie masochistischer Zerknirschung steckte das Volk »Scheiterhaufen der Eitelkeit« an und verbrannte alle leichtfertigen Bücher und Kunstwerke. Kinder wurden zu entsetzlichen Hilfstruppen Fra Girolamos; sie durften in die Häuser eindringen und dort nach Belieben zerstören, was sie Anrüchiges fanden: seidene Perücken, Schminke, zu reiche oder zu gewagte Kleidungsstücke. Der Übermut der halbwüchsigen Vandalen löste indessen das Problem der Beziehungen zwischen der Stadt und den Franzosen leider nicht. Es war nun Sache des Dominikaners, als Herr der Stadt, Statthalter Gottes und Stellvertreter Christi, des Königs, mit ihnen zu verhandeln. Die Aufgabe war schwieriger, als er erwartet hatte. Er war entsetzt über das Auftreten der französischen Truppen und hatte kein Verständnis für das Verhalten ihrer Anführer. Da sie einen großen Teil der Toskana bereits besetzt hatten, schien es das Beste, sie auch in die Stadt zu lassen. Um sie einigermaßen zu bändigen, war es geraten, ihnen einen möglichst herzlichen Empfang zu bereiten und sie von der Gutwilligkeit und dem Vertrauen des Volks wie der Signoria zu überzeugen. Das freundschaftliche Einvernehmen dauerte jedoch nicht lange. Die Franzosen mißbrauchten die Florentiner Gastfreundschaft in einer Weise, daß dieselben Leute, die sie zunächst mit Freude empfangen hatten, sich sehr bald gegen sie wandten. Es gab Streit zwischen den Generälen und dem Gonfaloniere Capponi, der ihren Forderungen Widerstand leistete, und Karl VIII. bekam es angesichts eines drohenden Volksaufstandes mit der Angst. Er beschloß deshalb aufzubrechen, nachdem er von der Stadt beträchtliche Kriegskontributionen und von der Signoria ein Hilfsversprechen erpreßt hatte.

Inzwischen wartete Pietro lo Sfortunato auf die Gelegenheit, sich den Franzosen anzuschließen und sich Karl VIII. zur Verfügung zu stellen. Er knüpfte, als ihm der Abmarsch der Franzosen aus Florenz die gewünschte Möglichkeit bot, seine Sache und seine Zukunft an das Geschick der Eindringlinge und nahm an ihren Feldzügen in der vergeblichen Hoffnung teil, mit Hilfe der fremden Piken und Arkebusen nach Florenz zurückkehren zu können. Das übrige Italien fand sich indessen zu einem neuen Bündnis gegen die gemeinsame Gefahr zusammen. Die Stunde leichter Siege war für Karl VIII. vorbei. Vor Neapel hatte er keinen Erfolg und mußte nach Norden zurück. Bei Fornova 1495 kam es zu einer für die damalige Zeit bedeutenden Schlacht, deren Ausgang den Franzosen verhängnisvoll wurde. Es war deutlich geworden, sie mußten Italien verlassen oder sie würden vernichtet werden. Pietro indessen hoffte noch immer, seine Rückkehr nach Florenz mit Gewalt durchsetzen zu können; zu diesem Zweck nahm er einige Condottieri in Dienst und stachelte gleichzeitig den Eifer seiner noch in der Stadt verbliebenen Parteigänger an.

Dort war Savonarolas Beliebtheit im Schwinden begriffen; viele seiner Anhänger hatten ihn verlassen, als Papst Alexander VI. endlich die Geduld verlor und ihn exkommunizierte. Die Medicipartei der *palleschi* faßte neuen Mut. Gleichzeitig befiel eine jener damals immer wiederkehrenden Pestepidemien die Stadt, was Savonarolas Stellung noch weiter schwächte. Die Signoria nahm gegen den Dominikaner Partei, als diesem wegen Ketzerei der Prozeß gemacht wurde. Das Urteil – Tod auf dem Scheiterhaufen – wurde am 23. Mai 1498 vollstreckt, und der junge Machiavelli, der kürzlich einen Posten im Palazzo Vecchio erhalten hatte, sah sich das Schauspiel vom Fenster aus an. Er sah Savonarola und zwei andere Mönche das Gerüst besteigen, während Kinder – vielleicht dieselben, die dem Propheten so begeistert nachgefolgt waren und seine »Scheiterhaufen der Eitelkeit« in Brand gesteckt hatten – unter der Leiter versteckt mit spitzen Stöcken nach den Beinen der armen Sünder stachen. Das gräßliche Schauspiel bewog den zukünftigen Verfasser des »Fürsten« zu der nüchternen Feststellung, daß unbewaffnete Propheten immer ein schlimmes Ende finden.

Die überhandnehmenden Mißhelligkeiten, die durch die französische Besetzung, die Machenschaften der *palleschi* und die Hilflosigkeit der *piagnoni* hervorgebrachte Unordnung, alles rief nach dem starken Mann, um der hinfälligen Republik eine Stütze zu geben. Die »Regierung durch alle« hatte sich als unbeständig, verworren und hilflos erwiesen. Nachdem die »Diktatur Gottes« mit Savonarola in Rauch aufgegangen war, brauchte Florenz eine andere Diktatur, doch forderte das Volk, daß es selbst den Diktator wählen müsse. Die Florentiner glaubten, den gewünschten »starken Mann« in Pietro Soderini gefunden zu haben, und ernannten ihn zum Gonfaloniere.

Soderini war ehrlich, gewissenhaft und intelligent. Jeder wußte, daß ihn echte Hingabe für das Allgemeinwohl beseelte. Wegen seines rechtschaffenen, moralischen Lebenswandels, seines maßvollen Ehrgeizes, stand er als Bürger in hohem Ansehen. Auf jeden Fall schien er das Gegenteil zu Pietro lo Sfortunato zu sein. Machiavelli, scharfsichtig und geistreich wie immer, beurteilte ihn vielleicht richtiger, wenn er in einem boshaften Epigramm von ihm schrieb, der Gonfaloniere werde nach seinem Tode weder in den Himmel noch in die Hölle kommen, sondern in die Vorhölle der ungetauften Kinder. Jedoch Machiavelli, den Pietro Soderini zum Ratgeber gewählt hatte, was immerhin für seine Intelligenz spricht, konnte ihn nicht davon überzeugen, daß in der gegenwärtigen Lage eine Politik der Stärke nötig war. Die Machenschaften der Parteien und Cliquen, die Anschläge der verbannten Bürger, zu denen als der unternehmendste Pietro de' Medici gehörte, die Unzufriedenheit des Volkes, die Gefahr eines neuen Einfalls der Franzosen unter Führung Ludwigs XII. (1498–1515), die immer wiederkehrenden Mißhelligkeiten mit den Vasallenstädten, die finanziellen Schwierigkeiten und die Drohungen von seiten der traditionellen Feinde der Stadt, das alles hätte genügt, auch einen genialen Staatsmann, einen »Fürsten« an Intelligenz, Tatkraft und Entschlossenheit, was Soderini jedenfalls nicht war, in die Knie zu zwingen. Die Regierung des Gonfaloniere war insofern in einer heiklen Lage, als sie jederzeit von den Räten gestürzt werden konnte. Dazu machte sie sich noch unbeliebt, als Soderini unbedingt nötige Finanzreformen durchsetzen wollte. Einhundertundsechsmal legte er dem Großen Rat den Plan einer Progressiven Steuer vor und wurde einhundertundsechsmal abgewiesen – sehr zur Erheiterung Machiavellis.

Inzwischen suchte Pietro noch immer seine triumphale Rückkehr nach Florenz in die Wege zu leiten und sah sich nach militärischer Hilfe um. Eine Weile unterstützte ihn Cesare Borgia, ohne daß etwas dabei herauskam. Ludwig XII., um den er sich ohne Unterlaß bemühte, entschied sich gegen die Restauration der Medici. Pietro fand bei einem Schiffbruch 1503 ein unglückliches Ende und erlebte den Tag, da seine Heimatstadt ihn willkommen hieß, nicht. Nach seinem Verschwinden fielen die Macht der Medici – soweit man von Macht sprechen kann zu einer Zeit, da die Familie verbannt und Florenz weniger denn je bereit war, sie wieder aufzunehmen –, das finanzielle Erbe und die politischen Ansprüche an Pietros Brüder, Giovanni, den Kardinal, und Giuliano, den späteren Herzog von Nemours, dessen Bildnisstatue von Michelangelo auf einem der Medicigräber in San Lorenzo erscheint.

Giuliano, dem die Stellung als neues Familienoberhaupt zufiel, gab sich den Spitznamen, unter dem er bei Zeitgenossen und Nachwelt bekanntgeworden ist, selbst. Er nannte sich »Popolesco«, um anzuzeigen, daß er in die Reihen des Volks zurücktrat, daß er nichts anderes sein wollte als ein gewöhnlicher Bürger, ein gesetzestreuer Demokrat. Solch offenbare Rücksichtnahme auf die Empfindlichkeit der Florentiner, die so reizbar, argwöhnisch und nachtragend waren wie eh und je, sollte die Rückkehr der Medici erleichtern: Seht, das Haupt der Familie ist ein »Mann des Volkes«, ein Anhänger freiheitlicher Einrichtungen! Kardinal Giovanni war weniger wohlgelitten als sein Bruder; man erinnerte sich der ärgerlichen Rolle, die er bei den der Vertreibung Pietros vorausgegangenen Unruhen gespielt hatte. Auf jeden Fall gab es erheblichen Widerstand gegen die Restauration einer Macht, der es gelungen war, unter dem Schein der Freiheit die Monarchie zu errichten. Dabei war eine *de facto*-Monarchie, wenn auch vielleicht nicht der Name, das, was das Volk vermutlich brauchte. Trotz ihrer Schwäche blieb die Regierung Soderini mehrere Jahre am Ruder und war imstande, sowohl die Versuche der *palleschi,* eine Rückkehr der Medici in die Wege zu leiten, wie die wachsende Unzufriedenheit auch der weniger parteigebundenen Bürger zu überstehen. Kardinal Giovanni de' Medici war inzwischen nicht untätig geblieben. Er verhandelte mit den Großmächten, soweit sie an der Zukunft Italiens interessiert waren. Im Jahre 1511, als König Ludwig XII. von Frankreich, Kaiser Maximilian, König Ferdinand von Spanien und Papst Julius II. in Mantua zusammenkamen, um der Halbinsel den Frieden zu geben, benutzte der Kardinal die Gelegenheit, sich die Machtmittel zu beschaffen, um damit den Widerstand der Stadt gegen die Rückkehr seiner Familie zu überwinden. Er überzeugte die europäischen Fürsten, daß vor allem die Anarchie in Florenz dem Frieden im Wege stand und deshalb ausgemerzt werden müsse. Das Ergebnis war eine neue »Heilige Liga«, die ihrem Condottiere auftrug, diesen Schwierigkeiten ein Ende zu machen.

An der Spitze von 5000 Mann erschien der Spanier Ramon de Cordona am 20. August 1512 vor Florenz – zum großen Mißvergnügen der Bürger, die sich wieder einmal den Schrecken einer Belagerung und den Mißhelligkeiten einer fremden Besetzung gegenübersahen. Sie waren erleichtert, als sie erfuhren, daß Cordona sich mit einer Kontribution von 140000 Dukaten, die unter die Könige aufgeteilt werden sollten, zufriedengeben wollte. Unabwendbare Voraussetzung war jedoch, daß den Medici die Rückkehr gestattet wurde und Pietro Soderini, der damit den Preis der Versöhnung zu zahlen hatte, die Stadt verließ. Er tauschte sozusagen die Rolle mit den Medici und war froh, mit dem Leben davongekommen zu sein. Tatsächlich gab es so undankbare Florentiner, und sogar Ratsmitglieder, daß sie den Vorschlag machten, man solle dem Sieger den Kopf des Gonfaloniere anbieten; der arme Mann mußte, um ihn zu behalten, umfangreiche Vorsichtsmaßregeln treffen und hatte, wenn er ausging, zum Schutz gegen Attentate stets seine Leibwache bei sich.

Das Volk auf der Straße war wie immer bereit, die Meinung über Nacht zu wechseln. Der alte Abscheu verwandelte sich so leicht und schnell in neuen Enthusiasmus, daß der Historiker nur staunen kann. Wer die Beschreibung der Festlichkeiten liest, mit denen der Kardinal und sein Bruder empfangen wurden, muß glauben, die Bevölkerung sei überglücklich gewesen, die verbannte Familie wieder in ihrer Mitte zu haben, die man ein paar Tage früher noch für höchst gefährlich gehalten hatte. Giuliano war 33; er verstand sich auf die Politik und war bestrebt, ehrenhaft und gesetzestreu zu regieren. Er war entschlossen, seine Verpflichtungen der Demokratie gegenüber einzuhalten, auch wenn es sich um scheinbar unbedeutende Äußerlichkeiten handelte. Er ließ sich den Bart abnehmen, trug bürgerliche Kleidung, unterhielt sich mit Ladenbesitzern und Handwerkern, wenn er zu Fuß durch die Straßen ging. Die demokratischen Einrichtungen wurden nicht angetastet, er suchte sogar den Anschein zu erwecken, als hielte er sich von der Politik zurück, um ihnen freies Spiel zu lassen. Er widmete sich seinen Geschäften und gefiel sich in der Rolle des Mäzens, die Pietro vernachlässigt hatte. Giuliano war jedoch in Wirklichkeit kaum mehr als ein Instrument in den Händen des Kardinals Giovanni, der, besonders seit er 1513 Papst Leo X. geworden war, das politische Leben der Republik nach seinen Vorstellungen und Interessen lenkte.

7.

DIE MEDICI IM VATIKAN

Giovanni de' Medici, der spätere Papst Leo X., war 14 Jahre alt gewesen, als Papst Innozenz VIII., um seine Beziehungen zu den »ungekrönten Königen von Florenz« zu fördern, ihn zum Kardinal ernannte. Schon seit langem hatte Lorenzo der Prächtige einen seiner Söhne als hohen geistlichen Würdenträger zu sehen gewünscht, damit dieser auf der kirchlichen Bühne für die Größe und das Wohlergehen des Hauses wirken konnte. Er folgte damit den Bräuchen aristokratischer Familien, in denen der älteste Sohn den Titel und die damit verbundenen Vorteile erbte, während die jüngeren ehrenvolle und einträgliche Stellungen im Heer oder in der Kirche einnahmen. Die weltliche Gewalt über den Kirchenstaat gab dem Nachfolger Petri Gelegenheit, im Konzert der europäischen Mächte eine erhebliche Rolle zu spielen; freilich beruhte seine Macht großenteils auf den ihm zur Verfügung stehenden geistlichen Waffen: Exkommunikation und Interdikt – sowie der Propaganda seiner im Ausland verstreuten Untertanen: der Bischöfe, Priester und religiösen Orden.

Man kann natürlich einwenden – und es war dies der Hauptvorwurf antipäpstlicher Gruppen –, daß die Autorität des Heiligen Stuhls durch die mit der Verwaltung eines weltlichen Staats verbundene Tätigkeit beeinträchtigt wurde und daß der Papst gezwungen sei, seine eigentliche Aufgabe als Vorbild absoluter Moral zugunsten der bei politischen Händeln mit einzelnen und Gruppen ins Spiel kommenden relativen Moral zu vernachlässigen. Die Angriffe, denen die weltliche Macht des Papstes während des Mittelalters und noch mehr während der Renaissance ausgesetzt war, richteten sich vor allem gegen die berühmte »Konstantinische Schenkung«, auf der die weltliche Macht aller Päpste rechtlich begründet war, und erwiesen sie schließlich als plumpe Fälschung. Allzu oft hatten die Päpste ihre Macht mißbraucht, um ungerechte Kriege im eigenen und im Interesse ihrer Familien zu führen, und damit das Ansehen und Wohlergehen der Kirche selbst in Gefahr gebracht.

Diese im Amt begründete Bewußtseinsspaltung führte gelegentlich zu einem Papst, der seinen geistlichen Pflichten gewissenhaft und mit Würde nachkam, sich streng an Dogma und Vorschriften der Kirche hielt, als weltlicher Herrscher jedoch Rechtsbrüche und Verbrechen beging oder sie mit dem Mantel kirchlicher Unverletzlichkeit deckte, wie es unter Alexander VI. Borgia (1493–1503) geschah. Der Borgia war kein schlechter Papst gewesen – vom kirchlichen Standpunkt aus –, doch hatte sein Sohn Cesare als Gonfaloniere der Kirche, das heißt als Oberbefehlshaber der päpstlichen Truppen, seine Macht aufs übelste mißbraucht. Auch seine Tochter Lucrezia Borgia schädigte den Ruf ihres Vaters; ihre zahllosen Ehen, die aus rein politischen Gründen in die Wege geleitet und wieder getrennt wurden, erregten solchen Skandal, daß das Echo davon noch heute vernehmbar ist.

Man kam überein, daß Giovannis Ernennung zum Kardinal drei Jahre lang – bis er annähernd gesetzlich mündig war – geheimgehalten werden sollte. Man wollte auf diese Weise den Vorwürfen aus dem Wege gehen, die sich gegen den Eintritt eines so jungen Menschen ins Heilige Kollegium – er war fast noch ein Kind und noch nicht einmal Priester – unweigerlich erheben mußten. Mit acht Jahren, 1483, hatte er die niederen Weihen empfangen, und sein Vater hatte dafür gesorgt, daß er in den Genuß einer kirchlichen Pfründe kam. Dies war der erste Schritt in einer ungewöhnlich glänzenden und erfolgreichen Laufbahn. Die Anfänge waren bescheiden; seine erste Pfründe bestand in den Einkünften der französischen Abtei Pin in der Nähe von Poitiers, für einen Achtjährigen immerhin kein schlechter Posten. Vier Jahre später ging es schon besser, da wurde er zum Abt des berühmten und mächtigen Benediktinerklosters von Monte Cassino ernannt.

Man konnte von einem kleinen Jungen natürlich nicht erwarten, daß er den damit verbundenen Pflichten nachkommen würde. Seine Ämter blieben deshalb reine Ehrenstellen, die etwas einbrachten, und er setzte im Familienpalast in der Via Larga seine Studien unter der Leitung der von seinem Vater bestellten hervorragenden Lehrer, Gregorio da Spoleto, Adriani und dem berühmten Gräzisten Chalkondylas, eifrig fort. Diese geistige Ausbildung war bei den Medici inzwischen zur eingebürgerten Tradition geworden. Sie entwickelte Giovannis Interesse für die Literatur, weniger dagegen das Verständnis für Fragen der bildenden Kunst. Seine Biographen machen ihm gewöhnlich den Vorwurf, er habe zwei der größten Künstler seiner Zeit, Michelangelo und Leonardo da Vinci, unbeachtet gelassen, obwohl er die Pläne seines Vetters, des Kardinals Giulio de' Medici, für San Lorenzo, einschließlich seines darin vorgesehenen eigenen Grabes, deren Ausführung Michelangelo anvertraut war, natürlich kannte. Statt dessen hatte er viel für Raffael übrig, den er mit Gunstbeweisen überschüttete.

Auf seinen Bildnissen erscheint Giovanni als ein breiter und schwerer Mann. Das Gesicht mit den weichen Zügen saß auf einem kurzen, dicken Hals. Er gehörte zu den beleibten Männern, war aber kräftig und liebte körperliche Betätigung, vor allem Jagen und Fischen. Er besaß schöne weiße Hände mit langen und schmalen Fingern. Sein Gesicht verriet wenig Tatkraft oder Willensstärke, dafür aber Liebenswürdigkeit und Güte. Überraschend war der starre, ein wenig scheue Blick der großen, runden, vorstehenden Augen. Sein Augenlicht war nicht besonders gut; seine Biographen nennen ihn abwechselnd kurz- und weitsichtig. Die einen erzählen, er habe überhaupt ziemlich schlecht gesehen, die andern, daß keiner seiner Jagdgefährten das Wild aus so großer Entfernung so deutlich habe ausmachen können wir er. Seine Liebe zur Jagd und seine ebenso ausgeprägte Leidenschaft für das Spiel geben einen Hinweis, womit er sich die Zeit vertrieb. Sein sittliches Verhalten war stets über jeden Vorwurf erhaben, im Gegensatz zu den sinnlichen Ausschweifungen Alexanders VI., den seine Zeitgenossen den »geilsten aller Menschen« nannten. Bei Tisch hielt er sich sehr zurück, obwohl er für seine Gäste eine üppige Tafel führte. Er aß nur einfache Gerichte und auch davon nur wenig, entweder um sein Fleisch zu kasteien, oder weil er Angst hatte, zu dick zu werden. Sein erster Biograph Paolo Giovio, ein Freund und Zeitgenosse, erzählt, er habe »von frühester Jugend an außerordentliche Selbstbeherrschung bewiesen und sich bemüht, seine natürlichen Begierden und sinnlichen Wünsche im Zaum zu halten. Seine Mahlzeiten waren mager; er aß mittwochs kein Fleisch, begnügte sich freitags mit Gemüse und fastete jeden Sonnabend vollständig.«

Er hatte eine große Vorliebe für fremdartige Geschöpfe und richtete im Vatikan eine Menagerie ein, in der er viele Arten vierfüßiger Tiere und Vögel hielt. Das Prunkstück und sein besonderer Stolz war ein Elefant, den ihm der König von Portugal geschenkt hatte. Er nannte ihn Hanno, in Erinnerung an jene karthagischen Elefanten, die die Soldaten Hannibals beim Alpenübergang begleitet hatten. Als das Tier starb, war der Papst tief bewegt; er beauftragte Raffael, ein lebensgroßes Bild von ihm zu malen, und den berühmten Humanisten Beroaldus, eine Grabschrift zu verfassen. Der riesenhafte Leichnam erhielt eine ehrenhafte Ruhestätte am Fuß eines der Türme der vatikanischen Mauer.

Es war jedoch seine Liebe zur Musik, die Leo X. bei der Nachwelt Ruhm erwarb und die Bewunderung der Zeitgenossen erregte. Er war ein großer Verehrer des französischen Komponisten Jacques Consilion (1498–1535) und des Constanzo Festa (1490–1545). Zeitgenossen erzählen, daß man ihn niemals ohne seinen »Chor« gesehen und daß er, wenn er knapp an Geld war, einem Sänger oder Instrumentalmusiker, der ihm gefiel, kirchliche Pfründen verschafft habe. Auf solche Weise geschah es, daß Gabriele Mernio, dessen religiöse Neigungen – von Berufung gar nicht zu reden – niemals vorher zutage getreten waren, Erzbischof von Bari wurde. Leo X. war ein ausgezeichneter Lateiner, mit einer besonderen Vorliebe für Cicero, und jedem, der sich in dieser Sprache gut auszudrücken verstand, von vornherein wohlgesonnen.

Seine Beziehungen zu Raffael (1483–1520) waren für den Künstler von größter Bedeutung; er beauftragte ihn mit der Leitung seiner Bauvorhaben in Rom, so daß Raffael dem Papst für die Fortführung des Baus der Peterskirche, für die Planung der Universität – der *Sapienza* – und mehrerer neuer Kirchen verantwortlich war. Leo X. machte sich auch an die Neugestaltung Roms, was die Stadt bitter nötig hatte, verschönerte sie und verbesserte die sanitären Einrichtungen. Im Vatikan selbst fand Raffael unter Leo reichlich Beschäftigung; zuerst und vor allem erneuerte Leo den Auftrag, den Julius II. dem Maler gegeben hatte, die »Stanzen«, d. h. die Repräsentationsräume im Papstpalast, auszuschmücken, vielleicht Raffaels bedeutendstes Werk. Für Leo malte er die »Stanze di Eliodoro«, wo das Porträt Leos X. zu Pferde in der Gestalt Papst Leos d. Gr. erscheint, wie er den Hunnen Attila von Rom abwehrt. Es folgten die Gemälde der »Loggien«, der Balkone in den Privaträumen Leos X., in einem Stil, der auf altrömische Vorbilder zurückging und einen tiefen, lang andauernden Einfluß auf die dekorativen Künste geübt hat. In Leos Auftrag fertigte Raffael auch die Kartons zu einer Serie von zehn Wandteppichen für die Sixtinische Kapelle an, deren Herstellung dann in den Niederlanden erfolgte. Raffaels Kartons wurden in die Werkstätten nach Brüssel geschickt; sieben davon gelangten später in die Sammlung König Karls I. von England und befinden sich heute im *Victoria and Albert Museum* in London. Raffaels Zeitgenossen zählten die Zeichnungen für diese Wandteppiche zu den bedeutendsten Kunstwerken der Epoche.

Während der Regierung Leos X. traten die Medici auch an Michelangelo heran, um ihm die Arbeiten in der Kirche San Lorenzo zu übertragen, die noch heute einige seiner schönsten Bildhauerarbeiten beherbergt. 1520 beauftragte ihn Kardinal Giulio de' Medici – der spätere Papst Klemens VII. –, einen Entwurf für die *Sagrestia Nuova* (die Neue Sakristei) anzufertigen, die eine Reihe von Medicigräbern, darunter das Lorenzos des Prächtigen und Leos X., aufnehmen sollte, von denen Michelangelo freilich nur zwei, das Giulianos, Herzogs von Nemours, und Lorenzos, Herzogs von Urbino, eines Sohnes von Pietro lo Sfortunato, ausgeführt hat. Zuvor hatte er Entwürfe für die Außen- und Innenseite der Fassade der Kirche geliefert – ein Modell befindet sich in der Casa Buonarotti –, von denen nur der für die Innenseite ausgeführt worden ist. Später, unter der Regierung Klemens VII., entwarf er Teile des gewaltigen Treppenhauses in der Bibliothek des Klosters, die Cosimo 1440 gestiftet hatte und die später zur Bibliotheca Laurenziana der mediceischen Großherzöge wurde. Seine Pläne für die Decke und den Lesesaal der Bibliothek wurden 1571 von Vasari ausgeführt. Immerhin läßt sich sagen, daß die von Raffael und Michelangelo für die Medici geschaffenen Werke zu den wichtigsten Aufträgen gehören, die die Familie jemals vergeben hat.

Man schreibt den Erfolg, wenn nicht den Ursprung der Reformation in Deutschland Leos Ablaßhandel zu, dessen Einkünfte die Vollendung der neuen Peterskirche finanzieren sollten. Zunächst hatte es sich nur darum gehandelt, Spenden für diesen Zweck in den Ländern Europas zu sammeln, doch hatte die Gebefreudigkeit der Gläubigen nicht genügt, die Baukosten zu decken. Der Ablaß war keine neue Erfindung. Er hatte den Zweck, die sonst dem Sünder auferlegte geistliche Strafe durch eine entsprechende Geldbuße zu ersetzen. Man hat große Worte über den »Verkauf« des Ablasses gemacht, in Wirklichkeit handelte es sich darum, daß die Sünder Gelegenheit fanden, durch ein Almosen, dessen Höhe sich nach dem Grad ihrer Verfehlungen richtete, ihre Reue zu bekunden. Daß man sich von der göttlichen Vergeltung für seine Übeltaten freikaufen konnte, hielten viele, auch wenn das Geld zum Bau der größten und schönsten Kirche der Christenheit verwendet wurde, für derart widerrechtlich und unanständig, daß sie den Klerikern, die diesen Handel betrieben, die Hölle heiß machten, neben ihnen, die ja nur ausführende Werkzeuge waren, aber auch dem Papst, da er aus dem Geschäft den unmittelbaren Gewinn zog.

Um den durch den Ablaßhandel hervorgerufenen Skandal im richtigen Verhältnis zu sehen, muß man die moralische Atmosphäre der Zeit und vor allem das, was man die Moral des Geldes nennen könnte, in Betracht ziehen. So war es beispielsweise durchaus üblich, daß neu ernannte Kardinäle eine beträchtliche Summe an die päpstliche Schatzkammer zahlten, um ihrer Freude über die Erhebung Ausdruck zu verleihen; von da bis zu der Behauptung, daß sie den Kardinalshut »kauften« und daß das höchste Gebot den Zuschlag erhielt, ist nur ein Schritt. Ebenso unmoralisch scheint es womöglich, dem achtjährigen Jungen die Einkünfte einer Abtei zukommen zu lassen, die er nie gesehen hat und vermutlich niemals zu sehen bekommen wird. Leo X. ist immer wieder wegen seiner Verschwendungssucht angeprangert worden; doch wo gibt es den Mann im öffentlichen Leben, der nicht entweder der Knauserei oder leichtsinniger Verschwendung beschuldigt worden ist? Leo X. war immer knapp bei Kasse, weil er das Geld mit vollen Händen ausgab, sei es an Humanisten, an Musiker, an Bedürftige und sogar an Possenreißer. Während seiner Audienzen oder bei Tisch hatte er stets einen Beutel Geld zur Hand, aus dem er, ohne nachzuzählen, austeilte.

Wenn er auch oft genötigt war, seine Juwelen zu verkaufen oder bei Banken, die ihm Kredit geben wollten, zu den damals üblichen Wucherzinsen Geld zu leihen, ließ er sich doch niemals dazu herab, etwa das Eigentum der Kirche anzugreifen. Besondere Ausgaben verursachten ihm nicht so sehr die Tafelfreuden oder der Prunk seines Hofes, von dem die Geschichtsschreiber häufig übertriebene Schilderungen geben, sondern der Unterhalt der Sapienza und die Vermehrung seiner Bibliothek. Beträchtliche Summen wurden gebraucht, um berühmte Professoren von anderen Universitäten abzuwerben; er mußte ihnen hohe Gehälter bieten und ließ sich, wenn das nicht genügte, zuweilen sogar zu Drohungen hinreißen. Andererseits waren die Professoren an der Sapienza strenger Disziplin unterworfen. Die geringsten Abweichungen von den Vorschriften wurden mit Geldbußen geahndet, die man von den Gehältern abzog, wozu noch Verweise vom Papst persönlich kamen. Leo X. war der Meinung, daß Vorlesungen nur ein Teil – und vielleicht der weniger wichtige – der Lehrtätigkeit seien, und forderte, daß die Professoren ihren Schülern auch außerhalb des Auditoriums zur Verfügung ständen und jederzeit bereit sein müßten, ihre Fragen zu beantworten.

Die Sapienza beschränkte ihre Lehrtätigkeit nicht auf moderne und klassische Sprachen, es wurden auch Naturwissenschaften, Botanik, Astronomie und Medizin, gelehrt. Wie schon seine Vorfahren, brachte Leo dem Griechischen besondere Vorliebe entgegen. Unter der Leitung des berühmten Gräzisten Masurus sammelte er einen Kreis von zehn jungen Leuten aus griechischen Adelsfamilien, so daß das Griechische auf modernere Art, als damals an den Universitäten üblich war, gelehrt werden konnte; so wurde die Sprache Homers für die, die sich damit beschäftigten, wieder zur »lebenden Sprache«. Leo bereicherte seine eigene und die Bibliothek der Universität mit allen Manuskripten, die er irgend erreichen konnte, und verwendete für diese »Jagd nach seltenen Werken« Gelehrte, die ganz Europa durchstöberten und ihre Forschungen bis zur Insel Gotland vor der schwedischen Küste ausdehnten, wo in den vielen alten Klöstern, Kirchen und Kapellen die Schränke reiche Funde bargen. Zum Direktor der vatikanischen Bibliothek hatte Leo den Kardinal Inghirami bestellt, einen bekannten Humanisten, der den Spitznamen *Fedra Inghirami* bekam, weil er eine mit einigem Beifall aufgenommene Tragödie, Phädra, geschrieben hatte.

Wenn der Papst auch, wie alle Medici, erhebliche Zeit und Kraft – sowohl aus Pflichtgefühl wie zum eigenen Vergnügen – den kulturellen Angelegenheiten widmete, so hinderte ihn das nicht, sein Amt mit bemerkenswerter Intelligenz, vielleicht jedoch etwas übervorsichtig, und mit einer Schlauheit zu verwalten, die am Ende oft zu seinem Nachteil ausschlug. Seine Aufgabe war nicht leicht, denn die Kirche befand sich in einer höchst gefährlichen Lage. Es war, wie wir gesehen haben, während seiner Regierung, daß in Deutschland die Reformation ausbrach. Er schenkte ihr zunächst wenig Beachtung und merkte nichts von dem schnellen und verderblichen Lauf, den die Dinge nahmen. Die Folge war, daß die Entwicklung, als er schließlich einzugreifen gezwungen war, sich nicht mehr aufhalten ließ. Die Nachsicht, mit der er Martin Luthers Angriffen gegen Vatikan und Katholizismus zusah, war für den toleranten, vielleicht sogar skeptischen Humanismus Giovanni de' Medicis geradezu typisch. Außerdem teilte er den italienischen Standpunkt allen irrgläubigen Bewegungen gegenüber, daß sich »die Sache schon einrenken werde«. Savonarolas Sturm hatte durch Florenz geblasen, ohne allzu viel Schaden anzurichten, mit Ausnahme der nicht eben bedeutenden Brandopfer auf den »Scheiterhaufen der Eitelkeit«. Alle Reformbestrebungen auf der Halbinsel waren entweder von selbst erloschen oder mit Leichtigkeit unterdrückt worden. Joachimo del Fiore und Arnoldo da Brescia hatten fanatische Anhänger gehabt und ganze Provinzen in Aufruhr versetzt, doch hatte der auf ihren Lehren fußende Joachimismus und der vom tausendjährigen Reich träumende Johannismus nur kurze Zeit und auf begrenztem Raum Erfolg gehabt. Leo X. selbst stand in regelmäßigem Briefwechsel mit dem niederländischen Humanisten Erasmus, dessen Gelehrsamkeit, Vernunft und Abneigung gegen jedes Sektierertum seinen Anschauungen völlig entsprachen. Auch die Warnungen des Kaisers, der von wachsender Sorge erfüllt war, die religiöse Unbotmäßigkeit könne sich auf das politische Feld ausdehnen, kümmerten ihn nicht. Leo X. hielt die Verbindung von geistlicher und weltlicher Macht, die auf der Konstantinischen Schenkung beruhte, für völlig rechtmäßig und kam nicht auf den Gedanken, sie könnte prinzipiell oder in der Praxis jemals in Frage gestellt werden. Luthers beleidigende Worte, der Anschlag der 95 Thesen in Wittenberg (1517), die Veröffentlichung der Schrift »Von der Freiheit eines Christenmenschen«, die herausfordernde Verbrennung der päpstlichen Bulle, mit der der Augustinermönch zur Rückkehr in den Schoß der Kirche aufgefordert wurde (1520), die ungeheure Popularität der antipäpstlichen Propaganda, die Dispute und Streitschriften, die auf Messen und Märkten feilgebotenen Karikaturen des Papstes, der Bischöfe, Priester und Mönche – nichts konnte ihn bewegen, sich das Ausmaß des kommenden Unwetters klarzumachen, das das ganze Gebäude der Kirche ins Wanken bringen und in seinen Grundfesten erschüttern sollte.

Leo X. ließ sich im Umgang mit den italienischen Staaten und fremden Mächten von derselben Kompromißbereitschaft und demselben Verlangen, seine Ziele mit friedlichen Mitteln zu erreichen, leiten wie im innerkirchlichen Bereich. Seine Methoden waren friedfertig, allerdings nur bis zu einer gewissen Grenze, denn er besaß den den Medici eigenen Sinn für wirksame Lösungen und konnte, wie der Fall Petrucci zeigt, nicht weniger erbarmungslos sein, als es sein Vater Lorenzo den Leuten von Volterra gegenüber gewesen war. Wenn Machiavelli schnelle und harte Gegenmaßnahmen empfahl, sobald die Umstände sie verlangten, beschrieb er damit nur und rechtfertigte gleichzeitig das damals übliche Verfahren italienischer Politiker. Die öffentliche Meinung, stets geneigt, die Gedanken großer Männer zu simplifizieren, hat Machiavelli in den Ruf gebracht, er riete zu Doppelzüngigkeit und Gewalt. In Wirklichkeit vertrat er in sehr vernünftiger Weise den Standpunkt, daß Ehrlichkeit am Ende immer Sieger bleibt und man zu harten Maßregeln nur greifen soll, wenn sich kein anderer Ausweg mehr findet, um größeres Unheil zu vermeiden.

Die Petrucci, ein altes sienesisches Geschlecht, waren von den Medici um ihr Erblehen gebracht worden und hatten geschworen, nicht bloß Rache zu nehmen, sondern auch ihr Fürstentum wiederzugewinnen. Der Kardinal Alfonso Petrucci hatte mehrere vergebliche Versuche unternommen, Leo X. auf der Jagd ums Leben zu bringen. Den Papst während einer Sitzung des Konsistoriums zu erstechen, wäre zwar effektvoll, aber zu unsicher gewesen, denn wenn er einen Dolch unter dem Gewand trug, konnte der Papst sehr wohl ein Panzerhemd unter dem seinen tragen. Nun dachte er an Gift, dem schließlich die meisten Renaissance-Intrigen und -Verschwörungen ihren Erfolg verdankten, und wandte sich an Vercelli, den Leibarzt Seiner Heiligkeit. Dieser war klug genug, nicht darauf einzugehen, da Gift Spuren hinterläßt und den Urheber des Verbrechens verrät. So oft ein Mann des öffentlichen Lebens starb – ein Fürst, ein Condottiere oder ein Papst –, überlegte jedermann, ob er vielleicht vergiftet worden war, und auch als Leo X. starb, entstanden Gerüchte dieser Art. Der Arzt sah sich also nach einem weniger plumpen und doch sicher wirkenden Mittel um. Er behandelte Leo X. seit längerer Zeit an einem Geschwür am After, und der Papst vertraute ihm völlig. Jetzt schlug er eine Operation vor, die den Kranken, wie er sagte, endgültig kurieren sollte.

Der Papst, den man vielleicht gewarnt hatte, denn bei dieser Art von Verschwörungen gab es häufig Doppelagenten, lehnte den Vorschlag des Arztes ab, worauf dieser, der merkte, wie die Dinge standen, unverzüglich den Vatikan verließ. Petrucci, der fürchtete, sein Komplize könne ihn verraten haben, floh ebenfalls aus Rom. Man machte den Urhebern des Mordversuchs den Prozeß und nahm wie üblich die Gelegenheit wahr, neben den wirklichen Verbrechern auch die möglicherweise Schuldigen aus dem Wege zu räumen. Mehrere Kardinäle waren in den Fall verwickelt und gezwungen, sich durch Zahlung erheblicher Summen aus der Schlinge zu ziehen. Die Hauptverschwörer, Kardinal Petrucci, den man gefangen hatte, Kardinal Riario – er war schon an der Pazzi-Verschwörung beteiligt gewesen, die Leos Onkel Giuliano de' Medici das Leben gekostet hatte – und Bandinello de Sauli, wurden erdrosselt, nachdem ihnen ein Mann das Todesurteil vorgelesen hatte, den man sich in dieser Rolle kaum vorstellen kann, der sanfte Dichter der »Asolani«, Pietro Bembo. Die geringeren Mitverschworenen wurden gehängt, gerädert, gevierteilt.

Eine derartige Strenge scheint ungewöhnlich bei einem Manne, dessen Aufstieg zum päpstlichen Thron sich ohne großes Aufsehen – mehr durch geschickte Ausnutzung der Umstände – vollzogen hatte. Betrachtet man die Laufbahn Leos X., findet man wenig kühnen Wagemut, dagegen viel von jener bürgerlichen Vorsicht, die auch Cosimo den Alten auszeichnete. Er war unter Alexander VI. Kardinal gewesen und hatte dessen stürmische Regierungszeit (1492–1503) unbelästigt überstanden. Obwohl er bei der Papstwahl ein wenig voreilig als Gegenkandidat aufgetreten war, hegte der Borgia kein Mißtrauen ihm gegenüber. Auch dessen Nachfolger, dem Kardinal della Rovere, der als Papst den Namen Julius II. (1503–1513) annahm, legte er kein Hindernis in den Weg. Er unterstützte vielmehr ausdrücklich die antifranzösische Politik dieses Papstes, weil er darin ein Mittel sah, in Florenz erneut Einfluß zu gewinnen und seiner Familie in ihrer Heimatstadt wieder zu jener Stellung zu verhelfen, die sie nach dem Tode Lorenzos des Prächtigen verloren hatte. Er wurde päpstlicher Legat zuerst in Perugia, dann in Bologna, wo er die kriegerische Politik des »Soldatenpapstes«, wie man Julius II. nannte, betrieb. Er blieb seinem Oberen treu und weigerte sich, an einer Verschwörung rebellischer Kardinäle teilzunehmen, die sich gegen della Rovere zusammengefunden hatten und versuchten, ein Konzil, das ihn absetzen sollte, zustandezubringen. Alle Päpste dieser Zeit, Leo X. selbst, seine Vorgänger Julius II. und Alexander VI. und später auch Klemens VII., verfolgte der Alptraum, ein Konzil könne zusammentreten, um sie abzusetzen.

Während der Belagerung von Ravenna geriet er in französische Gefangenschaft und damit in die Gewalt Ludwigs XII. In dessen Gefolge befanden sich, freiwillig, auch die rebellischen Kardinäle, die versucht hatten, Ludwig für ihre Pläne einzuspannen. Mit Hilfe guter Freunde, die ihm den Weg bereiteten, entfloh er eines Nachts; die allgemeine Unordnung, die entstand, als die Franzosen auf dem Rückzug bei Pavia über den Po gehen mußten, nutzte er, um sich auf eigene Kosten in Freiheit zu setzen. Nach aufregenden Wochen, während deren er zum zweiten Mal gefangen wurde und sich wieder befreite, kam er nach Mantua, wo er sich mit Gegnern Soderinis und der »Volks«-Regierung in Florenz – die eben deswegen Anhänger der Medici waren – zusammentat. In der Folge ermöglichten, wie wir gesehen haben, die vereinten Anstrengungen des Papstes, des Kaisers, Venedigs und Spaniens, unterstützt vom Schrecken, den deutsche Truppen in der Toskana verbreiteten, es den Bundesgenossen der Medici, am 31. August 1512 die besiegte Stadt wieder zu betreten.

Die Rückkehr der Medici nach Florenz, wo sie für mehr als ein Jahrhundert die entscheidende Rolle gespielt hatten, festigte Kardinal Giovannis Stellung im Konklave. Als Julius II. am 21. Februar 1513 starb, stand es fest, daß von allen *papabili*, wie die für die Wahl zum Papst infrage kommenden Kandidaten hießen, der Florentiner die besten Aussichten hatte. Dennoch dauerte das Konklave sieben Tage, bevor die Entscheidung fiel. Manche Geschichtsschreiber behaupten sogar, daß Giovannis Aftergeschwür, von dem man allgemein annahm, daß es ihn bald töten würde, ihm die Wahl gewinnen half. Er regierte denn auch nur acht Jahre auf dem Thron von St. Peter und starb 1521.

Seine letzten Jahre waren überschattet von der immer schwieriger werdenden politischen Lage und seiner sich verschlimmernden Krankheit. 1516 mußte er sich doch noch einer Operation unterziehen, blieb aber, trotz seiner von Haus aus robusten Konstitution, weiterhin leidend. Wahrscheinlich hat er 1521 bei Malliana Malaria bekommen; er beobachtete dort die Operationen der päpstlichen Armeen, die unter dem Kommando von Prospero Colonna und Federigo Gonzaga dabei waren, die Franzosen aus der Lombardei zu vertreiben. Der Zustand des Papstes wurde bald besorgniserregend, obwohl er dem Vormarsch der Truppen mit Begeisterung folgte und sich über die Eroberung von Parma und Mailand freute. Es war ihm indessen nicht vergönnt, den endgültigen Sieg zu erleben. Innerhalb von vier Tagen war er so krank, daß keine Hoffnung mehr blieb. Der Priester, der ihm die Letzte Ölung geben sollte, kam zu spät.

Ob Gift den Tod des schon lange kranken Mannes beschleunigt hatte, blieb ungewiß. Sein Mundschenk Malespina wurde verdächtigt, eingesperrt, verhört, aus Mangel an Beweisen aber wieder freigelassen. Der Leichnam zerfiel so schnell, daß eine Untersuchung der Eingeweide kein einwandfreies Ergebnis geliefert hätte. Das Vergnügen seiner Feinde, ihn los zu sein, zeigte sich in dem fast allgemeinen Freudenausbruch, mit dem man die Nachricht von seinem Tod begrüßte. In Florenz war man ausgelassen fröhlich, beging einen öffentlichen Feiertag und ließ Feuerwerk los; die frühere Anhänglichkeit an die berühmte Bankiersfamilie war offenbar völlig verschwunden. Diese so plötzlich ausbrechende Feindseligkeit deutet darauf hin, daß Leo, vermutlich als unvermeidbare Folge seiner Politik, sich die Abneigung der Umwelt zugezogen hatte. Indem er versuchte, sich nicht auf die eine oder andere der streitenden Parteien festzulegen, machte er sich keine Freunde und stieß jedermann vor den Kopf. Als Michelangelo den Vorgänger Leos, den streitbaren und kriegerischen Julius II., fragte, wie er auf seinem Bildnis dargestellt werden wollte, erhielt er die Antwort: »Gib mir ein Schwert in die Hand, denn ich wüßte nicht, wie ich ein Buch halten sollte.« Leo dagegen zog stets widerwillig in den Krieg, außer bei jener Gelegenheit, als es sich darum handelte, Florenz zurückzugewinnen.

Es ist eins der auffallendsten Kennzeichen der Regierung Leos X. ebenso wie der seines Vetters Klemens' VII., der nach der kurzen Zwischenregierung Hadrians VI. (1521–1523) sein Nachfolger war, daß die auswärtige Politik des Vatikans durch die Kämpfe um die

Macht in Florenz maßgebend beeinflußt wurde. Die »Ehe« zwischen der Stadt und der Familie Medici schien seit dem 14. Jahrhundert unauflöslich zu sein. Das wirtschaftliche Wohlergehen der Stadt und die Macht der Regierung beruhten auf dieser Verbindung. Aus der Stadt vertrieben, die sie schließlich fast als Könige regiert hatten, fühlten sich die Medici grausam gedemütigt, als man ihre *palle* durch die Embleme der *popolani* ersetzte. Leo X., der den gleichen Familienstolz wie seine Vorfahren besaß, hatte niemals das Gefühl, daß ihn die Tiara für den Verlust von Florenz entschädigen könne. Er glaubte zweifellos, die ungeheure geistliche und materielle Macht, über die er verfügte, seinem Hauptzweck, der Herrschaft über die Toskana, dienstbar machen zu können. Im Hintergrund seiner Händel mit Mailand, Venedig, Neapel, dem König von Frankreich und dem Kaiser lag dieses alles überschattende Vorhaben, es färbte und lenkte jede seiner Handlungen, sein Zögern, seine Erfolge und seine Irrtümer.

Julius II. hatte den Krieg bevorzugt. Leo X. betrachtete die Stellung der Figuren auf dem europäischen Schachbrett und sagte sich seiner Veranlagung entsprechend, daß er sein Ziel eher durch Diplomatie als mit Gewalt erreichen könne. Diplomatie ist oft die Waffe der Schwachen, und in allen Verhandlungen verriet Giovanni de' Medici seine Schwäche, seine Neigung zum Lavieren, seinen Widerwillen, Partei zu ergreifen und sich womöglich zu kompromittieren. Im Umgang mit den fremden Gesandten in Rom bediente er sich derselben Methoden wie gegen die Ausbreitung der Ketzerei in Deutschland. Oft erwiesen sie sich als angemessen und wirksam. Wenn er Glück hatte, gelang es ihm, Koalitionen, die sich gegen ihn zusammenfanden, wieder aufzulösen oder Zwietracht und Mißtrauen unter Bundesgenossen zu säen, deren gemeinsame Machenschaften ihm bedrohlich vorkamen. Seine Diplomatie schien indessen den Zeitgenossen immer etwas Gewundenes zu haben, und die Nachwelt hat diese Meinung bestätigt. Das konnte auch kaum anders sein, da er weder die Rücksichtslosigkeit Alexanders VI. noch Julius' II. Vorliebe für gewaltsame Lösungen besaß.

Die Umstände haben womöglich dazu beigetragen, daß er eine Haltung einnahm, die man in vergangenen Zeiten kleinmütig und feige genannt hätte, doch wurde allmählich offenkundig, daß die päpstliche Macht im Schwinden begriffen war. Zunächst einmal wurde sie durch den Ansturm der Reformer, die es auch in Italien gab, erschüttert. Selbst im Kardinalskollegium fand sich eine Mehrheit, die durch ein Konzil verkünden lassen wollte, daß die Kirche als

Ganzes über dem Papst stände und der Papst selbst nicht allmächtig sei. Die allgemeine Abneigung wurde im Ausland noch deutlicher. Frankreich widersetzte sich der päpstlichen Autorität, die französische Kirche war im Wesen »gallikanisch«, wenn sie auch weiterhin den Anspruch erhob, die »Älteste Tochter der Kirche« zu sein. England und die deutschen Staaten lösten sich vom Körper des Katholizismus, und das nicht nur aus religiösen, dogmatischen oder moralischen Gründen, vielmehr spielte die Politik bei dieser Entwicklung eine bedeutende Rolle. Die Widerstandsfähigkeit und Unversehrtheit des Kirchenstaats schienen insofern gefährdet, als die unabhängigen italienischen Fürstentümer sich unter der Führung der wichtigsten Städte – Neapel, Mailand, Venedig – zu organisieren begannen, vor allem aber seit das Reich, Spanien und Frankreich ihre wirklichen oder vermeintlichen Rechte auf italienisches Gebiet entdeckt hatten und die Halbinsel zum Schlachtfeld machten, auf dem sie ihre Streitigkeiten austrugen. Exkommunikation und Interdikt waren nicht mehr die Schreckmittel, vor denen die entsetzten Völker demütig kapitulierten. Eine immer zunehmende kritische Geisteshaltung und der Begriff des freien Willens raubten der Kirche die Möglichkeit, ihre Unfehlbarkeit absolut zu setzen und Rebellen zu bedingungsloser Unterwerfung zu zwingen. Alexander VI., der diese verderbliche Entwicklung erkannte und die Meinung seines Sohnes Cesare über die Notwendigkeit eines zum wenigsten politisch geeinten Italiens teilte, hatte in dieser Einigung die Grundlage eines mächtigen Papsttums gesehen. Julius II. hatte wie ein General für die päpstliche Macht gekämpft. Leo X. brauchte all seine Intelligenz, seine Tatkraft und das Ansehen der Tiara, um unter den Mächten, die ihn, wenn sie vereint sich auf ihn stürzten, zermalmt hätten, Zwietracht zu stiften. Es war unwahrscheinlich, daß der Kirchenstaat geschont worden wäre, wenn es einem siegreichen König von Frankreich oder deutschen Kaiser einfiel, die italienischen Verhältnisse nach seinem Vorteil neu zu ordnen.

Zu der Zeit, als Leo X. regierte, hatte die Entwicklung der europäischen Geschichte einen Punkt erreicht, an dem der päpstliche Einfluß auf Könige und Völker erheblich beeinträchtigt war und ständig schwächer werden mußte. Guicciardini wurde den Gaben Leos X. durchaus gerecht, wenn er zusammenfassend meinte: »Er regierte mit größerer politischer Einsicht und erfolgreicher, als man hatte erwarten können« – das heißt, als man von einem Papst erwarten konnte, der Literatur und Musik zu schätzen wußte und völlig in seinen persönlichen Liebhabereien aufging. Er hinterließ seinem

Nachfolger, dem Kardinal von Utrecht, der den Namen Hadrian VI. annahm und allerdings nur zwei Jahre regierte, das Papsttum in einem Zustand, daß dieser wenigstens nicht unter der Last zusammenbrach. Es fiel dann an einen anderen Medici, Giulio, unehelichen Sohn des schönen Giuliano, den die Pazzi ermordet hatten. Er bestieg den päpstlichen Thron nach Hadrians Tod 1523 als Klemens VII. und erlebte eine Zeit, die zu den dunkelsten Stunden der Kirche und Italiens gehört.

Klemens VII. konnte weder den *Sacco di Roma*, die Plünderung Roms durch die Kaiserlichen 1527, noch die Belagerung von Florenz verhindern, zwei Katastrophen, die zahlreiche Opfer an Menschen und Kunstwerken forderten. Die Probleme, denen er sich gegenübersah, waren von derselben Art und ebenso schwierig zu lösen wie die, die Leo X. zu schaffen gemacht hatten. Wie sein Vetter Giovanni war auch Klemens VII. eingezwängt zwischen dem Reich Karls V. (1519–1556), dem Frankreich Franz' I. (1515–1547) und dem England Heinrichs VIII. (1509–1547) der versuchte, den Papst zur Behebung seiner Eheschwierigkeiten einzuspannen. Um sich herauszuwinden, fand Klemens keine anderen Mittel als Leo X.: Kuhhändel, Ausflüchte, Zweideutigkeiten. Nur der Mächtige kann sich den Luxus vollkommener Ehrlichkeit leisten. Aus Furcht, seine Gegner könnten ihre zeitweilige Zwietracht vergessen und sich gegen ihn verbünden, beteiligte er sich, um nicht übertölpelt zu werden, an ihren Bündnissen und Zusammenschlüssen. Er scheiterte nicht aus politischer Ungeschicklichkeit – er war im Gegenteil ein noch gerissenerer Intrigant als Leo X. –, sondern eher deshalb, weil die Ereignisse einer historischen Entwicklung folgten, die keine menschliche Macht mehr aufzuhalten oder gar umzudrehen vermochte.

Giulio de' Medici war 45, als er Papst wurde. Es heißt, er sei an der Kunst weniger interessiert gewesen als andere Mitglieder der Familie, obwohl er immerhin Michelangelo den Auftrag für die Medicigräber gegeben und den widerspenstigen Künstler vergeblich zu ihrer Vollendung zu bewegen versucht hat. Er ähnelte äußerlich seinem Vater, war hochgewachsen und schlank, mit angenehmen Gesichtszügen und freundlich im Umgang. Sein Interesse galt vor allem praktischen Dingen, Naturwissenschaften und Technik, Mechanik, Hydraulik, Architektur. Wenn er auch theologische und philosophische Fragen nicht ungern erörterte, hatte man doch den Eindruck, er tue es nur zur dialektischen Übung. Er besaß weder die gefällige Freigebigkeit noch das breite Wohlwollen Leos X., war vielmehr kalt, spöttisch, gleichgültig, berechnend. Daß er bei seiner

Wahl den Namen Klemens annahm, war, wie man geargwöhnt hat, ironisch gemeint, denn in seinem Charakter befand sich keinerlei Neigung zur Milde (*clementia*). Die Strafmaßnahmen, mit denen er die Florentiner Rebellen nach der Eroberung der Stadt im Jahre 1530 verfolgte, stellen womöglich alles, was man Cesare Borgia an Grausamkeiten vorwerfen kann, in den Schatten; er hätte auch schwerlich vorbringen können, daß diese Greueltaten gegen seinen Willen oder wenigstens ohne sein Wissen geschehen seien. Seine Gegner warfen ihm Rücksichtslosigkeit, Unzuverlässigkeit und Lügenhaftigkeit vor, und sein Verhalten gab ihnen häufig recht.

Andererseits darf man die drohenden Gefahren, denen er ausgesetzt war, nicht übersehen; gegen sie hatte er keine anderen Waffen,als seine Intelligenz sie ihm zur Verfügung stellte. Seine größte Sorge war wie bei seinen Vorgängern die, daß ein allgemeines Konzil, wie es zahlreiche Kleriker forderten, seine Macht und die aller zukünftigen Päpste erheblich einschränken würde. Während von außen die Reformatoren die Kirche mit wütenden Angriffen in die Enge trieben, wurden auch im Innern ihre Grundlagen durch das Verlangen erschüttert, das angeblich zerrüttete Christentum in seiner alten Reinheit wiederherzustellen. Ebenso wie der Papst keine Armee hatte, stark genug, um die europäischen Großmächte auf dem Schlachtfeld zu besiegen, so war auch die kirchliche Hierarchie zu unsicher und verwirrt, um ketzerische Bewegungen unterdrücken zu können. Klemens VII. verbrachte also die elf Jahre auf dem päpstlichen Stuhl damit, das Schiff der Kirche so vorsichtig wie möglich durch die hochgehenden Wellen zu steuern. Trotz dem unglücklichen *Sacco di Roma*, trotz dem Abfall Englands und Deutschlands von der Römischen Kirche kann er doch für sich in Anspruch nehmen, den vollständigen Schiffbruch vermieden zu haben.

Eine Anekdote zeigt recht anschaulich Klemens' VII. wahren Charakter und seine Art, sich aus schwierigen Lagen herauszuwinden. Ein berühmter Kriegsmann, Federigo Gonzaga, Markgraf von Mantua, hatte sich dem Kaiser angeschlossen, der Papst aber wollte ihn auf seine Seite herüberziehen. Der Markgraf ließ wissen, daß er bereit sei, sich mit dem Papst zu arrangieren, wenn man ihm ein Bild von Raffael, das er sehr bewunderte, überließ: das Porträt Leos X., das sich heute im Palazzo Pitti befindet, damals aber im alten Palazzo Medici hing. Klemens VII. war einverstanden, ließ das Bild nach Rom bringen und, weil die Medici ein Porträt ihres berühmten Familienmitglieds behalten wollten, von Andrea del Sarto kopieren. Als die Kopie fertig war, konnten selbst die gewiegtesten Experten, einschließlich Giulio Romanos, der ein Schüler Raffaels gewesen war, sie nicht vom Original unterscheiden. Klemens VII. entschloß sich daher, das Original zu behalten und Gonzaga die Kopie zu schikken.

Man kann natürlich einwenden, daß Gonzagas Ergebenheit für die Sache des Papstes etwa ebenso echt war wie das Gemälde, das er bekommen hatte; immerhin zeigt die Geschichte, daß Klemens VII. sich nicht zu gut war, derartige Listen anzuwenden, um seine Absichten zu erreichen. Diese Absichten richteten sich auf drei Punkte: ein allgemeines Konzil zu vermeiden, die *navicella,* das Schiff der Kirche, so zu steuern, daß sie nicht scheiterte, und Florenz um jeden Preis unter der uneingeschränkten Herrschaft der Medici zu erhalten.

Drei Jahre nach seiner Thronbesteigung (1526) kam es in Rom selbst zum Aufruhr. Die mächtige Familie Colonna, die dem Heiligen Stuhl für gewöhnlich, d. h. wenn ihn nicht einer der ihren innehatte, feindlich gesonnen war, machte mit dem Kaiser gemeinsame Sache und inszenierte einen Überfall auf den Vatikan. Klemens VII. sah sich gezwungen, durch den geheimen Gang, den Alexander VI. hatte anlegen lassen, in die Engelsburg zu fliehen, wo er einer längeren Belagerung standhalten konnte. Seine Feinde trachteten ihm nicht nach dem Leben, forderten jedoch, daß er alle Ansprüche auf die Lombardei aufgäbe und sich von der jüngsten Heiligen Liga, der er sich angeschlossen hatte, wieder trennte. Klemens VII. erklärte sich mit alledem einverstanden; kaum hatte er jedoch seine Freiheit wieder, als er auch schon über die Colonna herfiel, ihre Landgüter verwüstete und ihre Burgen von Grund auf zerstörte. Er ließ auch nicht vom Bündnis mit den Franzosen ab, hoffte er doch, daß sie ihm gegen die Kaiserlichen helfen würden. Diese Anhänglichkeit an Franz I. fand ihren Lohn in der Verlobung seiner jungen Kusine Katharina de' Medici mit dem Erben des französischen Throns, Heinrich II. Es war ein Meisterwerk. Die Familie florentinischer Bankiers war in die Reihen des höchsten Adels aufgenommen worden und nunmehr berechtigt, die *palle* mit den französischen Lilien zu verbinden; eine der goldenen Kugeln wurde von jetzt an mit einer Lilie geschmückt.

Das französische Bündnis schützte Rom freilich nicht vor dem Zorn Karls V. Sein Heer bestand großenteils aus lutherischen Landsknechten, die, weit entfernt, Rom bloß zu plündern, die »Große Babylonische Hure« bestrafen wollten. Nach dem Tode Frundsbergs übernahm der Connétable von Bourbon den Befehl über die kaiserliche Armee und leitete die Operationen. Seine Wut und Gewalttätigkeit waren so unwiderstehlich, daß es auf dem Marsch nach Rom kaum einen Aufenthalt gab. Von dem fanatischen Willen beseelt, die Ewige Stadt zu erobern und zu zerstören, bestand er darauf, am 6. Mai 1527 mit der ersten Leiter, die angelegt wurde, die Stadtmauern zu ersteigen. Dabei wurde er vom Geschoß einer Arkebuse getroffen und starb. Benvenuto Cellini rühmte sich, den Schuß abgegeben zu haben.

Die Schrecken des *Sacco di Roma* sind oft genug geschildert worden, und es wäre unnötig, sie hier noch einmal vorführen zu wollen. Klemens VII. wurde in der Engelsburg eingeschlossen, wo er sieben Monate lang aushielt, während die Landsknechte ringsum die Stadt brandschatzten. Seine Lage wurde allmählich verzweifelt, und der Papst sah sich genötigt, Cellini, der bei ihm aushielt, zu bitten, die Tiara einzuschmelzen und das Gold und die Edelsteine zur Bezahlung des rückständigen Soldes an seine Leute zu verwenden. Die Folgen der langen Einschließung in der Engelsburg bedrückten den Gefangenen in einer Weise, daß er sich fragte, ob das Bauwerk, das Kaiser Hadrian sich als Grabmal errichtet hatte, nicht auch zu dem seinen werden würde. Er war von allen Nachrichten abgeschnitten, außer wenn gelegentlich ein Bote sich durch die ihn einschließenden kaiserlichen Truppen schlich und ihn von dem, was draußen vorging, unterrichtete. Als er, man weiß nicht durch welchen wagemutigen Zuträger, erfuhr, daß päpstliche Besitztümer wie Ferrara und Urbino dabei waren, ihre Unabhängigkeit wiederzugewinnen, daß Venedig die Hand nach Ferrara ausstreckte und daß eine Revolution die Medici von neuem aus Florenz vertrieben hatte, entschloß sich Klemens VII. zur Flucht. Im Schutz der Dunkelheit gelang es ihm in einer Winternacht, zu entkommen und Schutz in Orvieto zu finden.

Er sah die Hauptstadt der Christenheit nicht vor Oktober 1528 wieder. Er fand Rom verbrannt und geplündert, seiner Kunstschätze beraubt. Was ihn aber als echten Medici vermutlich noch schmerzlicher berührte, war der traurige Zustand von Florenz. 1527 war die Stadt wieder einmal in die Hände einer »Volks«-Regierung geraten, und die Vertreter der Medici – Allessandro (ein illegitimer Sohn des Herzogs von Urbino) und Ippolito (ein illegitimer Sohn Giulianos, Herzogs von Nemours) – waren vertrieben worden. Die einzige Möglichkeit, die Stadt zurückzugewinnen, bot eine versöhnliche Politik dem Kaiser gegenüber, denn Karl V. hatte sich unmißverständlich als überlegen erwiesen. Klemens näherte sich also dem früheren Gegner, ohne verständlicherweise dabei seine Verbindung mit Frankreich aufzugeben – die fürstliche Hochzeit stand noch bevor –, noch vergaß er, sich das ungeduldige Drängen Heinrichs VII. zunutze zu machen, der die päpstliche Genehmigung brauchte, um sich von Katharina von Aragon, der Tante Karls V., scheiden zu lassen.

Wenn bisher Ruhm und Wohlstand von Florenz eng mit denen der Familie Medici verbunden waren, so ist die Art, wie der zweite Medici-Papst sich der kaiserlichen Truppen zur Wiedereroberung der Stadt bediente, ein Schandfleck in der Familiengeschichte. Kaum hatte er die Wut der Kaiserlichen von Rom abgewendet, als er sie schon auf die Wiege seiner Dynastie hinzulenken bestrebt war. Die Beute, die Florenz zu bieten hatte, war nicht weniger reich als die in Rom, zumal die Söldner, sobald sie eine Stadt erobert hatten, sich für die Gefahren der Schlacht und die Langeweile des Lagerlebens schadlos zu halten pflegten, indem sie alles zerstörten, worauf sie ihre brutalen Finger legen konnten. Der Verrat des Florentiner Befehlshabers Baglioni, der die Signoria verließ und sich den Kaiserlichen anschloß, die heldenhafte und ritterliche Haltung seines Nachfolgers, Francesco Ferruccis, Michelangelos Begeisterung, mit der er Pinsel und Meißel beiseite legte, um sich ganz der Verstärkung der Stadtmauern, der Erfindung und dem Aufbau von Kriegsmaschinen zu widmen, das alles sind fesselnde Episoden aus der Geschichte jener Belagerung von Florenz (1529–1530), mit der die Stadt bisher nie erlebten militärischen Ruhm erwarb. Sie widerstand den vereinten Kräften des Kaisers und Klemens' VII. zehn Monate lang. Erst nach der Schlacht von Gavinana, bei der Francesco Ferrucci und der Fürst von Orange, die Befehlshaber der sich gegenüberstehenden Heere, beide gefallen waren, ergab sich die Stadt.

In den Kapitulationsverhandlungen versprach Klemens VII., die Florentiner milde und mit dem Wohlwollen zu behandeln, das er, wie er erklärte, ihnen seit jeher entgegengebracht hatte. In Wirklichkeit konnte man kaum irgendwelches Wohlwollen für die Rebellen von ihm erwarten, die seine Familie mit Schimpf und Schande aus der Stadt getrieben, sie mit Hohn und Beleidigungen überhäuft und erklärt hatten, die dritte Vertreibung der Medici werde die endgültige sein. Sobald die private und politische Haltung der Medici aristokratische Formen angenommen hatte, waren sie nicht mehr imstande, die damit verbundenen Nachteile zu vermeiden oder die Vorurteile zu überspielen, die das Volk von Florenz in dieser Hinsicht beseelten. Die gewöhnlichen Bürger fingen an, sie zu verabscheuen, die Standesgenossen fühlten ihnen gegenüber Groll und Neid. Als sie sich vorsichtigerweise nach der Pazzi-Verschwörung mit einer bewaffneten Leibwache umgeben hatten, sprach man von »Prätorianergarde«. Im selben Maße, wie sie versuchten, in Wahrheit souveräne Herren der Stadt zu werden, Bündnisse und Heiratsverbindungen mit italienischen Füstenhäusern und den königlichen Familien Europas suchten, um ihr Ansehen und ihren Kredit im Ausland zu stärken, verloren sie zu Hause Unterstützung und Achtung des Volks. Es waren diese Verbannungen, die langen Perioden, während derer die Medici aus Florenz verjagt waren und die »reine« Republik im Palazzo della Signoria regierte, die zu der Erkenntnis führten, daß die Stadt sich ganz wohl ohne sie behelfen könne.

Cosimo Pater Patriae hatte gewußt, wie man das Volk behandeln mußte, wie man mit ihm leben und ihm gefallen konnte. Das tägliche Zusammentreffen mit Cosimo *il Vecchio*, »dem Alten«, wie man ihn zutraulich nannte, in den Straßen, auf dem Markt, in der Kirche, wobei er stets als erster freundlich den Hut zog, hatte jene Atmosphäre des Wohlwollens erhalten, die schon dagewesen war, seit die Gründer der Dynastie, Salvestro, Averardo und Bicci, aus dem Schatten der Anonymität hervorgetreten waren. Sie hatten die Familie zu Ruhm und Ansehen gebracht und doch niemals aufgehört, der Volkspartei anzugehören. Ihre Abwesenheit hatte dem Namen der Medici geschadet, und die Rückkehr der Familie unter dem Schutz fremder Söldner im Jahre 1512 hatte jene Bürger, die nicht aus Freundschaft oder Interesse überzeugte *palleschi* waren, gedemütigt und erbittert. Es wirkte sich in dieser Zeit nachteilig für sie aus, daß die Medici-Päpste versuchten, ihre Heimatstadt von Rom aus wie eine Kolonie zu verwalten und ihr ihren Willen durch Mittelsmänner – Lorenzo, Herzog von Urbino, oder Alessandro de' Medici – aufzudrängen. 1527 empfanden die so leicht reizbaren Toskaner sie als Fremde, ja sogar als Feinde.

Die endgültige Rückkehr der Familie war kein glückliches Ereignis. Die Massen waren seit Jahrhunderten, schon vor der Zeit des Ciompi-Aufstands, gewöhnt, daß die im Bürgerkrieg unterlegene Partei Opfer grausamer Vergeltungsmaßnahmen wurde, doch waren die von Klemens VII. verhängten Strafen möglicherweise übertrieben qualvoll und unnötig grausam, besonders da er sich durch die Hilfe der deutschen und schweizerischen Soldaten Karls V. schon unbeliebt genug gemacht hatte. Der 15. Juli 1531, als Baccio Valori, der vorläufige Regent der Stadt in der Übergangszeit zwischen dem republikanischen Podestà und dem päpstlichen Statthalter, für welches Amt Alessandro de' Medici vorgesehen war, diesem die Macht übergab, war ein Tag öffentlicher Trauer. Noch größer war der Schmerz, als am 1. März 1532 der neue Herrscher vor dem im Palazzo della Signoria versammelten Rat erklärte, daß die Republik aufgehört habe zu bestehen, die beratenden Körperschaften und alle demokratischen Einrichtungen aufgelöst seien. Den letzten tödlichen Schlag versetzte Alessandro dem Stolz und der Würde der Florentiner, als er vom Turm des Rathauses die *Vacca* herabholen ließ, die alte Glocke, die seit Jahrhunderten die Männer jeden Alters und Standes zur Verteidigung der Freiheit aufgerufen hatte. Damit fügte er Schimpf zum Unrecht und den tausend Toten, die die Unterwerfung der Republik gekostet hatte. Die Florentiner vergaben den nunmehr verabscheuten Medici diese Erniedrigung nicht. Die Kluft zwischen Herrscher und Untertanen war damit vollkommen, und als Alessandro 1532 zum Herzog von Florenz ernannt wurde, sah er es als seine erste Aufgabe an, eine Festung zu bauen, deren Kanonen nicht nach außen gegen einen möglichen Feind gerichtet waren, sondern auf die Stadt gegen eine aufrührerische, verzweifelte Masse, die zu noch weit größeren Ausschreitungen fähig war. Für diese Lage der Dinge war großenteils Klemens VII. verantwortlich.

Als die Nachricht vom Tode des Papstes am 25. September 1534 Florenz erreichte, zündeten die, die vor den Spionen Alessandros keine Angst hatten, Freudenfeuer an. Auch die Römer, die den Papst für ihre Niederlage, für die während der Plünderung vorgekommenen Scheußlichkeiten und für deren katastrophale Folgen verantwortlich machten, zeigten ihre Freude in gleicher Weise. Klemens besaß eine hohe Intelligenz und eine wirkliche staatsmännische Begabung, die nur infolge der Zeitumstände sich nicht glänzender hatte entfalten können; trotzdem hatte er sich überall unbeliebt gemacht. Die Wut des Pöbels, die sich zu seinen Lebzeiten nicht gegen ihn hatte auslassen können, richtete sich nun gegen seinen Leichnam, den man mehrmals aus dem Grabe riß, besudelte und verstümmelte; eines Morgens fand man, daß ihm jemand ein Schwert durch die Brust gestoßen hatte. Es dauerte lange, bis die mißhandelten Überreste dieses Papstes, der Michelangelo seine Parteinahme für die Republik verziehen und seine Rückkehr nach Florenz gefördert hatte, damit er die Familiengräber in der *Sagrestia Nuova* vollendete, endlich Ruhe fanden.

8.

EIN KRIEGSMANN: GIOVANNI DELLE BANDE NERE

Giovanni delle Bande Nere (1498–1526) erbte von seiner Mutter Katharina Sforza den kühnen, ungestümen und stolzen Charakter. Sie wieder war ihren väterlichen Vorfahren nachgeraten, den mächtigen Herzögen von Mailand, die als rücksichtslose und ehrgeizige Condottieri bäuerlicher Herkunft sich mit Attendolo Sforza einen Namen gemacht hatten. Als erstem der kriegerischen Sforza war es ihm gelungen, sich eine Herrschaft zu gründen, die seine Nachkommen erfolgreich gegen die Ansprüche sowohl der Franzosen wie des Reichs zu behaupten verstanden. Als Katharina im Jahre 1497 sich aus politischen Gründen endlich bereiterklärte, Giovanni de' Medici zu heiraten, war sie bereits 35 und zweimal verheiratet gewesen: mit Girolamo Riario und mit Giacomo Feo. Die Wechselfälle eines ereignisreichen Lebens in gefährlicher Zeit hatten sie gelehrt, sich möglichst ganz auf ihren eigenen Mut, ihr eigenes Urteil zu verlassen und schnell gefaßte Entschlüsse ebenso schnell auszuführen.

Sie lebte vollkommen in der Welt der Condottieri. Ihr erster Mann war Condottiere gewesen, und ihr Sohn, Ottaviano Riario, erhielt vom Papst eine *condotta* von 15000 Dukaten im Dienst der Kirche. Riario selbst, ein Neffe Papst Sixtus' IV., war der Organisator der Pazzi-Verschwörung gewesen, die dem schönen Giuliano de' Medici das Leben gekostet hatte; zum Dank dafür hatte man ihn zum Generalkapitän der päpstlichen Armeen und zum Kommandanten der Engelsburg gemacht. Riario unterwarf die Städte, die in seine Gewalt kamen, einer scheußlich grausamen Tyrannei und wurde allgemein verabscheut. Die verwitwete Katharina war sogleich Zielscheibe sämtlicher Feinde des verstorbenen Generalkapitäns. Sie verstand es, ihren Besitz, dessen Mittelpunkt die Stadt Forli bildete, durch Verhandlungen, zur Not aber auch mit kriegerischen Mitteln, zu behaupten. Ihr nächster Ehemann, Giacomo Feo, ein Vetter des ersten, war knieweich, rückgratlos und ohne jede auszeichnende Eigenschaft, außer daß er eine Zeitlang ihr Liebhaber gewesen war.

Feo begann schon bald, den Stiefkindern, die seine Frau mit in die Ehe gebracht hatte, zu mißtrauen. Diese wieder verfolgten das Verhalten des Stiefvaters mit Argwohn und waren um ihr Eigentum, vielleicht sogar um ihr Leben besorgt. Feo wurde eines Abends, als er nach Hause zurückkehren wollte, auf der Straße nach Forli ermordet. Man raunte sich zu, Katharina habe den lästigen Ehemann loswerden wollen und seinen Tod selbst in die Wege geleitet, ja es wurde sogar behauptet, ihre Söhne hätten ihn getötet. Sie kam dem Argwohn der Historiker zuvor und sprach die berühmten Worte, die man stets als typisch für Sitten und Moral der italienischen Renaissance angesehen hat: »Wir erledigen in der Familie unsere Geschäfte selbst, und wenn wir einen von uns loswerden wollen, brauchen wir nicht die Hand eines Fremden, um ihn zu töten.«

Ihre dritte Ehe verband sie mit einem Mitglied des jüngeren Zweigs der Familie Medici, mit Giovanni di Pier Francesco de' Medici. Sie hatte stets gute Beziehungen zu Florenz gehabt, wo man ihr den Ehrentitel einer Adoptivtochter der Republik gegeben und ihrem Sohn Ottaviano eine *condotta* von 15000 Dukaten bewilligt hatte, um der Stadt zuverlässige Regimenter aus der Romagna zuzuführen; die Romagna hatte schon immer hervorragende Soldaten gestellt. Das Kind, das später unter dem Namen Giovanni delle Bande Nere bekannt geworden ist, wurde im Fürstentum seiner Mutter, in Forli, am 6. April 1498 geboren. Das erste, was wir von ihm hören, ist, daß er in einer seltsamen Umgebung heranwuchs, in einem Nonnenkloster nämlich, als kleines Mädchen verkleidet und auch sonst seiner weiblichen Umwelt vollkommen angepaßt. Katharina Sforza, in alle möglichen Machenschaften verwickelt, die auch ihre Kinder gefährden mußten, wollte ihren Sohn womöglich als ungefährlich und verweichlicht erscheinen lassen, um ihn vor dem Dolch des Mörders zu schützen.

Als er elf Jahre alt war, starb seine Mutter, und man schickte ihn nach Florenz unter die Obhut von Jacopo Salviati, dem Schwager Giuliano de' Medicis, Herzogs von Nemours, und Giovannis, der 1513 Papst Leo X. wurde. Seine Adoptiveltern erzogen ihn so, wie es einem Abkömmling der ruhmreichen Herren der Stadt zukam. Da er zum jüngeren Zweig der Familie gehörte, hatte er keinen Anspruch auf das politische und finanzielle Erbe der regierenden Dynastie. Diese Medici der älteren Linie trafen entsprechende Maßnahmen, um ihn von ihren Geschäften fernzuhalten, was ihnen um so leichter fiel, als der junge Mann keinerlei Ehrgeiz entfaltete, seine Mitbürger zu beherrschen, oder gar Interesse am Bankgeschäft zeigte. Er wollte Soldat werden; das war sein einziges Ziel, dahin drängte sein Ehrgeiz. Das »Blut der Sforza« schien übermächtig in ihm, und er zeigte sein Leben lang keine der für die Medici typischen Züge. So wie die jüngeren Söhne der adligen Familien im 18. Jahrhundert die militärische oder die kirchliche Laufbahn einschlugen, so wurden die unehelichen Söhne und die Angehörigen jüngerer Zweige der großen italienischen Familien aus eigenem Antrieb oder gezwungenermaßen zu Glücksrittern. Manche Historiker haben gemeint, die ältere Linie des Hauses Medici und besonders Leo X. hätten Wert darauf gelegt, daß der Sohn der Katharina Sforza seine Tage im Feldlager verbrachte, womöglich in der Hoffnung, er werde dort eines frühzeitigen Todes sterben. In Wirklichkeit deuten Giovannis Unternehmungen und was wir von seinen Liebhabereien, seinen Gefühlen und Leidenschaften wissen, darauf hin, daß er, nachdem er einmal die Mädchenröcke gegen mehr männliche Kleidung vertauscht hatte, für die Rüstung des Kriegsmanns offenbar geboren war – jene berühmte schwarze Rüstung, in die er auch seine Soldaten kleidete und die ihnen bei den Zeitgenossen und späteren Geschichtsschreibern den Namen der »Schwarzen Scharen« – *Bande Nere* – eingetragen hat.

1515, als Leo X. gerade zwei Jahre Papst gewesen war, ließ er den Zögling der Salviati nach Rom kommen, man weiß nicht recht, ob er ihn in seiner Laufbahn fördern oder ihn nur besser unter Aufsicht haben wollte. Kaum war indessen Giovanni in der Ewigen Stadt, als er auch schon mit jungen römischen Adligen in Streit geriet. Die Wahl eines Medici auf den Heiligen Stuhl, den die führenden römischen Familien als ihr Erbteil betrachteten, hatte alle Florentiner in Rom verhaßt gemacht. Besonders die Colonna und Orsini, obwohl diese mit den Medici versippt waren, betrachteten sie als Eindringlinge und Emporkömmlinge und sahen auf sie herab, weil sie von Ladeninhabern und Geldverleihern stammten. Sie waren also gezwungen, ihre Macht und ihr Ansehen mit Tatkraft zu vertreten, und Giovanni erwarb sich bald den Ruf eines kühnen und ungestümen jungen Mannes, dessen Streitigkeiten oft in Straßenschlachten endeten. Als eine von den Orsini gedungene Mörderbande ihm nachts in einer römischen Straße auflauerte, soll er ihnen mit nur zehn Begleitern die Stirn geboten und sie in die Flucht geschlagen haben. Der Papst beglückwünschte ihn zu seiner Tapferkeit, beschloß aber, diesen Kampfgeist an Orten zu verwenden, wo er ihm von größerem Nutzen sein konnte. Die päpstlichen Truppen kämpften damals unter dem Vetter des Papstes, Lorenzo de' Medici, einem erfahrenen Kriegsmann und Statthalter von Florenz, gegen Urbino. Giovanni hatte nur hundert Mann unter seinem Befehl und war natürlich dem Heerführer untergeordnet, dennoch fühlte er sich glücklich, da er den Traum seines Lebens verwirklichen und an der Spitze seiner schwarz gepanzerten Leute über das Schlachtfeld reiten konnte.

Posthumes Bild Cosimos des Alten (Pater Patriae) von Pontormo. (Uffizien)

Grabmal Lorenzos, Herzog von Urbino, von Michelangelo, in der Neuen Sakristei von San Lorenzo.

Ansicht der von den Medici bewohnten Villa di Poggio a Caiano. Das Bild stammt von dem niederländischen Künstler van Hutens.

Bildnis Großherzog Cosimos des I. von Bronzino, 1545.

Indessen füllte der Krieg das Herz des siebzehnjährigen Jungen nicht vollständig aus; er hatte in Florenz Maria Salviati zurückgelassen, die Tochter seiner Zieheltern, ein reizendes Mädchen von sechzehn Jahren. Er liebte sie, und bevor er wegging, hatten sie sich verlobt. Beide waren zu ungeduldig, um sich mit einer langen Trennung abfinden zu können. Maria Salviati war durch ihre Mutter mit Giovanni verwandt und eine Angehörige der älteren Linie der Medici, da ihr Urgroßvater Cosimo Pater Patriae gewesen war, während Giovanni zur jüngeren Linie gehörte, die von dessen Bruder Lorenzo abstammte. Die jungen Eheleute waren freilich nur kurze Zeit beisammen, da der angehende Condottiere Lust auf Abenteuer verspürte. Er kehrte also zu den Fahnen zurück, zu großen Taten jederzeit bereit; er gehörte zu jenen geborenen Soldaten, die in Trübsal und Langeweile verfallen, sobald der Friede geschlossen ist. Im allgemeinen war Italien mit seinen Kleinstaaten, die immer wieder gegeneinander zu Felde zogen, ein geeignetes Betätigungsfeld für derartige militärische Talente. Unglücklicherweise hatte Giovanni zu wenig Geld, um ein richtiges Heer auf die Beine zu stellen, und das Glück war insofern gegen ihn, als im Augenblick überall der Friede regierte. So ging er denn zur See, die von Piraten und Barbaresken wimmelte, und rüstete, obwohl er auf diesem Gebiet keinerlei Erfahrung hatte, drei kleine Galeeren aus, mit denen er das Mittelmeer und die Adria befuhr.

Dies Abenteuer auf dem Wasser war jedoch nur ein kurzes Zwischenspiel; Leo X. legte Wert darauf, seinen ungestümen Vetter unter Aufsicht zu haben, und hielt es für klüger, ihn im Dienst des Kirchenstaates zu beschäftigen. Als zwischen Rom und Fermo der Krieg ausbrach, fand der Papst dabei Verwendung für die Schwarzen Scharen, die inzwischen eine Stärke von 100 Reitern und 4000 Mann zu Fuß erreicht hatten. Militärschriftsteller haben bei der Betrachtung von Giovannis Feldzügen die Beobachtung gemacht, daß zu den wichtigsten der von ihm eingeführten Neuerungen die Sorgfalt gehörte, mit der er sich auch im Felde um die Bequemlichkeit und das Wohlergehen seiner Söldner kümmerte. Die intelligente Art, mit der er die Infanterie einsetzte, deutet darauf hin, daß er die Ansichten Machiavellis teilte, der freilich kein Regiment hätte kommandieren können, sich aber über Taktik und Schlachtentscheidung Gedanken gemacht hatte und die Zeit ritterlicher Kriegsführung mit dem malerischen Aufeinandertreffen schwergepanzerter Kavallerieeinheiten für abgelaufen hielt. Die Artillerie, deren Gebrauch bei den Condottieri der alten Schule für unanständig galt – und deren Opfer Giovanni werden sollte –, forderte ganz neue Methoden der Befestigung und der Bewegung auf dem Schlachtfeld. Jeder Medici war ein Neuerer zu seiner Zeit und auf seinem Gebiet: Giovanni di Bicci hatte im 15. Jahrhundert das finanzielle Geschäftsgebaren revolutioniert, später im 16. Jahrhundert machte Cosimo I. aus seinem Herzogtum einen modernen Staat nach dem Muster der absoluten Monarchie in Frankreich und England. Giovanni, der nur Soldat war und keinen Ehrgeiz hatte, etwas anderes zu sein, gab der militärischen Taktik neue Impulse. Auf seinem besonderen Gebiet war er ebenso unternehmend, einfallsreich und verständnisvoll für das, was die Zeit verlangte, wie seine Bankier-Vorfahren auf dem ihren. Sein Briefstil und selbst seine Handschrift sind originell, ausdrucksstark und von frischer Unmittelbarkeit. Cosimo Pater Patriae hätte vielleicht gelächelt, hätte ihm jemand erzählt, einer aus seiner Familie werde der größte Condottiere seiner Zeit und den berühmtesten Feldherrn ebenbürtig sein, die der Kaiser und der König von Frankreich an die Spitze ihrer Heere stellten; er hätte mit Vergnügen gehört, daß sein Verwandter der bedeutendste Techniker unter seinen Zunftgenossen sein werde und daß ihm die Stimme des Volkes den Beinamen »Der Unüberwindliche« gegeben habe. Giovanni delle Bande Nere erlebte keine echte Niederlage, und man kann wohl zweifeln, ob die kaiserlichen Truppen, wenn er dem Connétable von Bourbon vor Rom noch hätte entgegentreten können, den Sieg davongetragen hätten.

Scharfsinn und Umsicht, mit denen er einen Feldzug wie eine Schachpartie anlegte, befähigten ihn zu unglaublich kühnen Unternehmungen, die scheinbar eher zur Katastrophe als zum Sieg führen konnten. Im Jahre 1521, als Leo X. zusammen mit den Kaiserlichen gegen den König von Frankreich kämpfte, der ihnen Italien streitig machte, schickte er Giovanni gegen das von den Franzosen besetzte Mailand. Alles kam hier auf Schnelligkeit an, um den Gegner unvermutet fassen zu können. Ein Fluß versperrte den Schwarzen Scharen den Weg. Die Suche nach einer Furt oder Booten, um damit überzusetzen, hätte zu viel Zeit gekostet. Giovanni warf sich ins Wasser, und all seine Leute, Reiter und Fußvolk, folgten ihm. Sie stiegen am andern Ufer der Adda an Land, bevor noch der Feind sie bemerkt hatte, und nahmen den Franzosen Mailand ab.

Eine Geschichte aus seinem Privatleben zeigt Giovannis ungewöhnliche Eigenschaften, seine blitzartigen Entschlüsse, seine Bereitschaft, das Schicksal herauszufordern, ohne doch die Sicherheit außer acht zu lassen, seine impulsive Art, sein stolzes Selbstgefühl. Maria Salviati hatte vor kurzem einen Sohn geboren, der nach dem Pater Patriae Cosimo hieß und später der erste Großherzog von Toskana wurde. Giovanni, im Hof stehend, sah sie oben mit dem Kind im Arm eine Galerie entlanggehen und rief ihr zu, sie solle den Kleinen aus dem Fenster werfen. Die Mutter zögerte einen Augenblick, doch das Zutrauen, das Giovanni jedermann einflößte, war so groß, daß sie ihm das Kind hinabwarf; es landete sicher in seinen Armen. In dieser Geschichte lebt der ganze Giovanni: auf seinen »Stern« vertrauend, sich seiner Kraft und Geschicklichkeit bewußt, großmütig, zuverlässig, kühn im Verfolgen realisierbarer Ziele, aber ohne Verlangen nach dem Unmöglichen. Von dem Intrigennetz, das ihn ständig umgab, nahm er keine Notiz und gab vor, nichts von den Machenschaften zu merken, mit denen die ältere Linie der Medici ihn von Florenz fernzuhalten suchte und einen sicheren Abstand zwischen ihn und ihre öffentlichen und finanziellen Geschäfte legte. Dieser Medici hatte kein Interesse daran, ein Vermögen zu machen oder es zu vermehren. Wenn er Geld brauchte, so nur, um seine Soldaten anständig zu bezahlen und unterzubringen, ihnen gute Waffen und schöne Rüstungen zu verschaffen. Ihre schwarzen Panzer waren tatsächlich der einzige Luxus, den er sich leistete, da er sich weder mit Humanismus noch Geldgeschäften, Wahlkämpfen oder kostspieligen Bauten abgab.

Die ältere Linie der Medici, die in Florenz herrschte und den päpstlichen Thron innehatte, betrachtete den jungen Mann und seine Unternehmungen, solange er sich nicht zum Rivalen entwikkelte, mit Wohlwollen. Als Klemens VII. nach Hadrian VI. 1523 Papst wurde, nahm er dieselbe Haltung wie Leo X. seinem Soldaten-Vetter gegenüber ein. Freilich ließ der Vatikan ihn, wenn auch grundlos, beobachten; aber Argwohn gegen jedermann war die vom Heiligen Stuhl seit jeher geübte Politik. Maria Salviati indessen sah schärfer als ihr Mann. Sie merkte – und schrieb es ihm in ihren Briefen –, daß er stets ins Feld geschickt würde, um ihn von der politischen Szene fernzuhalten. Sie hatte unter der ständigen Trennung schmerzlich zu leiden, war immer in Angst und krank vor Sorge, er könne verwundet oder getötet werden. Sie bat ihn, für einige Zeit bei ihr und den Kindern zu bleiben.

Giovannis vordringlichste Aufgabe erlaubte ihm jedoch nicht, die Truppen zu verlassen. Die Art, wie er die Schwarzen Scharen in einer besonderen Taktik ausgebildet, sie an eine bestimmte Disziplin und Lebensweise gewöhnt hatte, verlangte seine ständige Gegenwart im Lager. Die übliche Stellung des Condottiere als Mittelsmann zwischen dem Staat, der ihn verpflichtet hatte, und den von ihm angeworbenen Söldnern, setzte ihn mancherlei gefährlichem Druck von beiden Seiten her aus. Sein Führungstalent und ständige Wachsamkeit hatten die Schwarzen Scharen zu einem höchst wirksamen Kriegsinstrument gemacht. Unglücklicherweise werden Friedenszeiten auch den besten Truppen verhängnisvoll und lassen sie aus Mangel an Übung erschlaffen. Unordnung, Disziplinlosigkeit und Trägheit beginnen sich auszubreiten, sobald die Männer beim Ausbleiben der täglich gewohnten Gefahr zu Atem kommen. Moralische Standfestigkeit war ebenso wichtig wie körperliche Ausbildung. Giovannis Offiziere waren treu und zuverlässig, strahlten aber nicht wie der Hauptmann Begeisterung und Entschlossenheit aus. Sobald er das Lager verließ oder nachlässig wurde, hätte das wohlgeordnete System militärischer Zucht sogleich sich aufzulösen begonnen. Für ein Berufsheer ist, mehr als jedes andere, ausschlaggebend die Ergebenheit für den Feldherrn, dem die Männer mit Begeisterung, ohne Zweifel und Zögern folgen, der für sie Ursprung jeglichen Geschehens und zugleich das tragende Fundament ist, auf dem das Gebäude der stets gefährdeten Disziplin steht.

Wenn die Staaten mit ihrem Condottiere uneins wurden, sei es, daß sie mit Recht unzufrieden mit ihm waren oder daß sie ihn ungerechtfertigterweise verdächtigten oder ganz einfach einen Mann loswerden wollten, der ihnen nicht mehr gefiel oder ihnen Angst einzuflößen begann, gingen sie auf jeden Fall dem Kapitän persönlich zu Leibe, da sich nur auf diese Weise die Gefahr beseitigen ließ. Der Beruf des Condottiere hatte seine besondere Psychologie und er selbst eine ganz eigenartige gesellschaftliche Stellung. Das Verhältnis zwischen dem Söldnerführer und seinem Auftraggeber war von Natur aus äußerst empfindlich, abhängig von jeder Änderung der politischen Gegebenheiten, dem plötzlichen Umschwung der Interessen und sogar Stimmungswechseln ausgesetzt, dabei stets vom Mißtrauen, das jeder gegen den andern hegte, und der beiderseitigen Furcht vor Verrat gefährdet. Gewiß gab es, als Ausnahme, auch »anständige« Condottieri, die der von ihnen verfochtenen Sache bedingungslos treu blieben, die sich streng an ihre vertraglich festgesetzten Aufgaben hielten, die ehrenhaft waren aus persönlicher Veranlagung, oder weil es sich am Ende auszahlte. Giovanni delle Bande Nere war von dieser Art der vornehmste. In Wirklichkeit war er überhaupt der letzte Condottiere im eigentlichen Sinne des Wortes, da der Gedanke des Nationalheeres immer mehr um sich griff. In Italien selbst bildeten sich, den Ansichten und Ratschlägen

Machiavellis folgend, Bürgermilizen als erster Schritt zu jenem »Volk in Waffen«, das am Ende des 18. Jahrhunderts unter dem Einfluß der Französischen Revolution entstand.

Um die Verhältnisse, unter denen ein Condottiere zu leben hatte, und die Rolle zu verstehen, die er bei der Entwicklung der italienischen Staaten spielte, ist es angebracht, zwei Jahrhunderte zurückzugehen und zu sehen, wie diese Einrichtung entstanden ist. Der Ursprung lag in der Abneigung italienischer Bürger gegen den Militärdienst. Machiavelli begriff die Bürgermilizen als Mittel, um die Stadt von den Launen, Forderungen und Übergriffen der Söldner zu befreien. Der Mann auf der Straße setzte sich jedoch heftig dagegen zur Wehr, daß er von heute auf morgen aus seiner Werkstatt oder hinter dem Ladentisch weggeholt und in den Krieg geschickt werden konnte, doch lag der Vorteil des von Machiavelli vorgeschlagenen Systems darin, daß es die oft unerträglich hohen Kosten vermied, die der Unterhalt eines Söldnerheeres mit sich brachte. Die *condotta* hatte vor allen anderen Systemen den Vorteil, daß sie den Ablauf des bürgerlichen Lebens und die normale Tätigkeit nicht unterbrach, von der die Wohlfahrt aller nun einmal abhing, und andererseits nur so lange Kosten verursachte, wie der Feldzug dauerte und der Staat die Soldaten tatsächlich brauchte. Dabei ergab sich freilich das Problem, daß eine Stadt im Augenblick der Gefahr womöglich nicht imstande war, den Condottiere, auf dessen Mut und Ergebenheit sie sich verlassen konnte, für sich zu gewinnen, weil er bereits bei einem anderen Staat in Sold stand oder, noch schlimmer, vom Feinde angeworben worden war.

Der Krieg war das Geschäft der Condottieri und ihre Einkommensquelle, der Friede bedeutete für alle harte Zeiten. Es gab da die Geschichte von dem berühmten Söldnerhauptmann, der eines Tages aus der Kirche kam und einem Bettler vor dem Portal ein Goldstück schenkte. Der arme Mann war von solcher Freigebigkeit überwältigt und dankte dem Spender mit einem frommen: »Friede sei mit Euch!« Worauf der Condottiere entsetzt ausrief: »Friede? Willst du mich zugrunde richten?« und ihm das Geld wieder wegnahm. In Mailand suchte Gian Galeazzo Visconti die Priester zu überreden, die Worte *»Dona nobis pacem«* aus dem Text der Messe zu entfernen. In seinem Buch über Sigismondo Malatesta, jenes Muster eines kriegerischen, künstlerisch und wissenschaftlich gebildeten Fürsten, legt Aeneas Sylvius Piccolomini, der spätere Papst Pius II., seinem Helden die Worte in den Mund: »Geh! Sei guten Muts! Solange ich lebe, wirst du den Frieden nicht kennenlernen.«

Fürsten stritten sich um manche Condottieri, belohnten ihre Dienste mit Geld, Land und Burgen. Es kam vor, daß die Söldnerführer sich zu Tyrannen in den Städten aufschwangen, denen sie dienen sollten, und zu Stammvätern einiger der vornehmsten italienischen Familien wurden – der Sforza, Baglioni, Malatesta, della Scala. Als Abenteurer im eigentlichen Sinne kamen sie oft aus sehr bescheidenen Verhältnissen, vertauschten ihre eintönige, anstrengende, schlecht bezahlte Arbeit mit einem Leben voller Ungewißheiten, Vergnügungen und Gefahren, das ihnen die Möglichkeit bot, ihren Willen durchzusetzen, Macht auszuüben und alle in ihnen schlummernden Fähigkeiten zu entfalten. Attendolo Sforza war ein Bauer aus der Romagna. Eines Tages war er gerade dabei, einen Baum zu fällen, als Soldaten vorbeikamen und ihn wegen der schweren Arbeit verspotteten. Ohne einen Augenblick zu überlegen, warf der Holzfäller die Axt fort und schloß sich ihnen an. Seine Nachkommen wurden Herzöge von Mailand, und Könige bewarben sich um ihre Freundschaft. Piccinino, ein berühmter Taktiker, war Fleischergeselle, Gattamelata, den Donatello mit seiner Reiterstatue in Padua unsterblich machte, hatte bei einem Bäcker den Teig geknetet, Carmagnola, dem die Regierung Venedigs die Ehre antat, ihn zum Tode zu verurteilen, weil sie den Lebenden als ständige Gefahr und tödliche Drohung ansah, kam aus dem Schweinestall.

Wenn diesen Abenteurern auch jedes Mittel recht war, um sich aus bedrängten Umständen zu fürstlichem Rang zu erheben, so war Ehrenhaftigkeit doch ihr sicherster Rückhalt. Verträge wurden peinlich genau eingehalten, im Augenblick jedoch, da sie abliefen, erhielt der Condottiere seine Unabhängigkeit wieder, und sei es auch mitten im Feldzug oder während einer Schlacht. Die Schweizer, die im Solde Frankreichs oder des Kaisers standen, hielten es im übrigen ebenso; ihre unbedingte Zuverlässigkeit und Treue überlebte den vereinbarten Termin um keine Minute. Solange der Vertrag lief, brauchten sich die Staaten, die solche »Kriegsunternehmer« beschäftigten, um die Führung des Kriegs nicht weiter zu kümmern, außer daß sie heimlich Spione schickten, um einen Hauptmann, dem sie nicht trauten, zu überwachen. Die Condottieri erhielten monatlich oder wöchentlich ihr Geld, als Gegenleistung führten sie nicht nur Krieg, sondern sorgten auch für Mannschaften, Waffen, Ausrüstung und Verpflegung. Sicherlich erwartete man nicht, daß sie besonders mörderische Schlachten schlugen, denn die Mannschaften anzuwerben, auszubilden, zu bewaffnen und zu ernähren, war kostspielig. Die Soldaten waren das Kapital des Condottiere, er mußte sparsam damit umgehen und durfte es nicht vergeuden. Deshalb waren die Kämpfe auch äußerst unblutig, und als einmal zwei berühmte Hauptleute aufeinandertrafen, gab es bloß einen einzigen Verletzten, der sich seine Wunde durch einen unglücklichen Zufall auch noch selber beigebracht hatte. Die Condottieri nahmen auf das Kapital ihres Gegenübers die entsprechende Rücksicht. Es kam nicht darauf an, Menschen zu töten, sondern Gefangene zu machen, die für ihre Freiheit ein gutes Lösegeld zahlten. War einer verwundet oder mit seiner schweren Rüstung, die jede Bewegung hinderte, vom Pferd gefallen, wurde er das Eigentum dessen, der sich seiner bemächtigt hatte und nun ein beliebig hohes Lösegeld fordern konnte.

Die großen Condottieri, deren Taten die Chroniken berichten – Braccio da Montone, Aberico di Barbiano, Boldrino da Panicale –, wurden zu legendären Gestalten, sei es wegen ihrer unerschütterlichen Standhaftigkeit, ihrer Grausamkeit oder ihres Mißgeschicks. Allen gemeinsam war ihre Maßlosigkeit, die Lust, ihren guten oder bösen Leidenschaften die Zügel zu lassen. Ausbrüche wilder Grausamkeit spiegelten oft ihren brutalen Charakter, entsprangen aber auch manchmal der Absicht, Schrecken um sich zu verbreiten. Von Braccio da Montone sagten die Zeigenossen, er sei schön wie ein Gott; er brachte es aber auch fertig, 19 Mönchen den Kopf auf einem Amboß zerschmettern zu lassen, weil ihr Kloster ihm Widerstand geleistet hatte.

Die Beziehungen zwischen Staat und Condottiere waren ganz auf den beiderseitigen Nutzen abgestellt und völlig frei von gefühlsmäßigen Bindungen. Kraft, Mut und Ergebenheit waren im vereinbarten Preis ebenso enthalten wie Mannschaften, Pferde und Geschütze. Es waren rein geschäftliche Transaktionen, und wie bei Geschäften versuchte zuweilen ein Partner den andern zu übervorteilen; so konnte ein Condottiere für möglichst geringfügige Dienste eine möglichst große Summe herausschlagen und der Staat, wenn es sich machen ließ, seinen Verpflichtungen aus dem Wege gehen. Je reicher und mächtiger der Condottiere wurde, um so größere Angst flößte er seinem Auftraggeber ein. Der Prozeß, den man in Venedig dem Condottiere Carmagnola machte, einem Manne, der stets den Interessen der Republik gedient hatte, zeigte die Angst, die die Bürger vor den Soldaten empfanden, und seine Verurteilung war ein ganz unentschuldbarer Rechtsbruch. Er wurde 1432 enthauptet, nur damit man ihn nicht seinen Verdiensten entsprechend zu belohnen brauchte.

Noch eine andere berühmte Geschichte erläutert das zwielichtige Verhältnis zwischen Republiken und Condottieri im Italien der Renaissance. Ein Kleinstaat wollte einen jener Glücksritter gern für seine langen und treuen Dienste belohnen, fürchtete aber, daß er zu reich, zu ehrgeizig und unabhängig werden könnte. Er begann schon gefährlich zu werden; was nun, wenn er sich zum fürstlichen Rang eines Baglioni Malatesta oder Sforza aufschwang? Ein weitblickender Senator kam auf folgende Lösung. Wenn der Mann eine wirkliche Gefahr für den Staat geworden war, mußte man ihn unverzüglich beiseite schaffen; da ihm andererseits für seine in langen Jahren erworbenen Verdienste eine Auszeichnung zustand, sollte man ihm, sobald er getötet war, ein Standbild errichten. Ähnlich paradoxe Verhältnisse ergaben sich oft aus dem Abschluß einer *condotta.*

Im Fall Giovanni delle Bande Neres war es Klemens VII., der aus Böswilligkeit die Soldzahlung an die Regimenter zunächst verzögerte und schließlich ganz einstellte. Es war eine recht infame Methode, womit der Papst den Hauptmann in einer abhängigen Stellung zu halten suchte und jeden Gedanken an Ruhm und Selbständigkeit, den er vielleicht hegte, von vornherein unterband. – Kurze Zeit vorher hatte Cesare Borgia sich die Condottieri Vitelli und Orsini, die er verdächtigte, ihn verraten zu wollen, vom Halse geschafft, indem er sie hinterrücks erdolchen ließ. – Wäre Giovanni ehrgeiziger und weniger zuverlässig gewesen, er hätte sich wohl ein handliches, unabhängiges Fürstentum im Durcheinander der italienischen Staaten zimmern können, wenn auch um 1525 derartige Gelegenheiten für entschlossene Glücksritter weniger leicht zu finden waren als in früheren Tagen. Neapel, Mailand, Venedig und der Kirchenstaat waren dabei, ihre weniger mächtigen Nachbarn aufzusaugen. Die doppelte Bedrohung durch Frankreich und den Kaiser zwang die italienischen Staaten, auf irgendeine Weise ihre Streitigkeiten beizulegen und dem gemeinsamen Feind vereint entgegenzutreten. Es war noch nicht die »Einheit«, von der Machiavelli träumte, es konnte aber der Anfang dazu sein.

Leo X. hatte sich dem Schutz des Kaisers anvertraut, doch der zweite Medici-Papst, Klemens VII., spielte die französische Karte, als Franz I. 1525 in Italien einfiel, um ein für allemal seine Ansprüche auf Mailand und das Königreich Neapel durchzusetzen. Norditalien wurde wieder einmal zur Kampfbahn für König und Kaiser, die zwei einander entgegengesetzte politische Systeme vertraten. Der Kirchenstaat konnte sich nicht mit einer bloßen Zuschauerrolle begnügen, denn der Zweikampf drohte die ganze Halbinsel in Brand zu stecken. Klemens VII. kümmerte sich dabei weniger um die Rechtmäßigkeit der beiderseitigen Ansprüche als um die jeweiligen Machtverhältnisse. Die italienischen Staaten waren von der Aussicht, Karl V. mit Heeresmacht in Italien erscheinen zu sehen, beunruhigt; alte Erinnerungen an die Hohenstaufen im Mittelalter weckten überkommene Feindseligkeiten, die vielleicht noch aus der Zeit von Alarich und Theoderich stammten und später im Risorgimento des 19. Jahrhunderts mit dem Schrei »*Fuori i Tedeschi!*« (Hinaus mit den Deutschen!) wieder auftauchten. Giovanni jedenfalls sammelte mit Freude seine Schwarzen Scharen und führte sie nach Pavia; dort wurde er während der Belagerung am 14. Februar vom Geschoß einer Feuerwaffe am Schenkel verwundet und stürzte vom Pferd.

Man kann eine gewisse Symbolik darin erkennen, daß der letzte der großen italienischen Condottieri das Opfer einer neuen Waffe wurde, die die gesamte Kriegsführung veränderte. Ansehnliche Söldnerführer wie die Este vervollkommneten den Gebrauch dieser neuen Waffen, und einige der bedeutendsten Künstler wie Francesco di Giorgio (1439–1502) beschäftigten sich mit dem Guß von Kanonen; Leonardo da Vinci erfand sogar besonders raffinierte Instrumente, beispielsweise ein Maschinengewehr. Was Giovanni delle Bande Nere angeht, so wissen wir nicht, welchen Gebrauch er von der neuen Waffe machte, ob er ihre Möglichkeiten ausnutzte oder ihr in seinen taktischen Überlegungen nur eine untergeordnete Rolle einräumte.

Der Verwundete wurde nach Piacenza geschafft und dort behandelt, doch zog sich die Heilung in die Länge. Als man im Jahre 1857 die Medici-Gräber in San Lorenzo öffnete und die Gebeine Giovannis untersuchte, stellte sich heraus, daß der Schenkelknochen gebrochen und nicht ordnungsgemäß wieder verheilt war. Die Schwarzen Scharen schlugen sich in Abwesenheit ihres Hauptmanns nicht mit der gewohnten Tapferkeit und Entschlossenheit, und als die französischen Truppen, von den Kaiserlichen überflügelt, zurückwichen, wandte sich das ganze Heer zur Flucht und löste sich schließlich auf.

Da Franz I. geschlagen war, Giovanni handlungsunfähig in Piacenza lag und Karl V. stärker als vorher in Mailand stand, suchte der Papst sich aus der Affäre zu ziehen. Die Schwarzen Scharen sah er nunmehr als nutzlos an, verzögerte die Soldzahlungen und stellte sie schließlich ganz ein. Maria Salviati griff auf ihr eigenes Vermögen für den Unterhalt der Soldaten zurück; sie wollte verhindern, daß diese homogene, gut ausgebildete und ihrem Hauptmann ergebene

Truppe auseinanderlief, daß die Leute anderen *condotte* beitraten oder, wie so viele unbeschäftigte Soldaten, zu Straßenräubern wurden. So flossen die Reserven der Florentiner Banken, von denen die der Salviati eine der reichsten war, in die Taschen der Söldner, und die Schwarzen Scharen blieben beisammen, ohne daß es den Papst einen Pfennig kostete. Die Truhen Giovannis waren freilich bald leer, das Erbteil der Salviati erschöpfte sich. Maria als echte Soldatenfrau teilte die Sorge ihres Mannes um seine Regimenter; sie reiste nach Rom, um Klemens VII. um Unterstützung zu bitten.

Das Schicksal hatte Giovanni delle Bande Nere die ideale Frau gegeben; sie war klug, gebildet, schön und gewinnend und konnte, wenn es die Umstände forderten, kühn und unternehmend sein wie Katharina Sforza. Daß Giovanni ihr untreu war, wußte sie wohl, vergab ihm aber, weil sie die Umstände und Ansprüche einer gefährlichen Lebensweise kannte, und gefährlich zu leben war nun einmal die Aufgabe ihres Mannes. Den Papst schüchterte sie dermaßen ein, daß Klemens ihr sogleich die rückständigen 6000 Dukaten auszahlen ließ. Wieder in Piacenza, verwendete sie das Geld, um die Truppen neu zu ordnen, Waffen und Ausrüstung anzuschaffen, so daß ihr Mann, sobald er wieder gesund war, das Heer völlig kriegsbereit vorfinden konnte. Die Gelegenheit ließ nicht lange auf sich warten. Venedig, Florenz und der Papst vereinigten ihre Kräfte, um das Vordringen der Kaiserlichen aufzuhalten. Als der Genesende fähig war, ein Pferd zu besteigen, setzte Klemens VII. ihn an die Spitze der vereinigten Florentiner und päpstlichen Armee, die er noch mit 1000 Reitern verstärkte. Der Connétable von Bourbon als Feldherr Karls V. überflügelte im November 1526 mit seinen Landsknechten die Truppen Giovannis, die zahlenmäßig unterlegen waren und nicht imstande, die Stellung zu halten. Giovanni setzte sich wie stets persönlich ein. Als er an der Spitze der Kompanien bei Governola am Ufer des Mincio entlangritt, traf ein Geschoß dasselbe Bein, das schon bei Pavia verwundet worden war. Mantua war die dem Schlachtfeld nächstgelegene Stadt, und obwohl der dortige Gouverneur, Federigo Gonzaga, zur feindlichen Partei gehörte, gewährte er dem verwundeten Condottiere im herzoglichen Schloß Asyl. Die Verhandlungen darüber hatte mit großem diplomatischem Geschick ein Mann geführt, über dessen Freundschaft mit Giovanni man sich nur wundern kann: Pietro Aretino (1492–1557).

Aretino war seinem Charakter nach das genaue Gegenteil zu Giovanni. Man kennt von ihm heute vor allem seine *Ragionamenti*, deren unverblümter Ton sie berühmt gemacht hat. Er war jedoch zu seiner Zeit eine wichtige Persönlichkeit und unterhielt mit mehreren europäischen Höfen einen emsigen Briefwechsel. Seine Briefe waren amüsant, geistreich, voll saftiger Skandalgeschichten und hielten die Empfänger über alles, was in Italien vorging, auf dem Laufenden. Durch seine Fähigkeit, die Ereignisse, über die er schrieb, zu verdrehen und zu übertreiben, vermochte er den bedauernswerten Leuten, die er zu seinen Feinden zählte, großen Schaden zuzufügen. Er rühmte sich, daß er den Ruf eines Künstlers aufbauen oder zerstören könne. Raffgierig und bestechlich, wie er war, nutzte er den Schrecken, den seine Schriften verbreiteten, um sich Geld, Edelsteine, Gemälde und andere Kunstwerke schenken zu lassen. Er war dermaßen eingebildet, daß er selbst das »Jüngste Gericht« in der Sixtinischen Kapelle kritisierte und zu Michelangelo sagte, die Komposition wäre noch viel besser geworden, wenn der Maler seinem, Aretinos, Rat gefolgt wäre. Die Forderung nach einem Geschenk, und zwar einem kostbaren Geschenk, da er sich nicht mit Lumpereien abgab, begleitete er mit bissigen Bemerkungen, die seine Partner nur als versteckte Drohungen auffassen konnten.

Pietro Aretino war ein Betrüger und Erpresser; er besaß die Unverfrorenheit eines Kammerdieners, und die Päpste fürchteten ihn ebenso wie die Könige, weil er es verstand, ein Netz geistreicher und amüsanter Redensarten um gefälschte oder verzerrt wiedergegebene Nachrichten zu spinnen. Seine Ausschweifungen waren bekannt, doch aus Angst, von seiner giftigen Feder aufgespießt zu werden, wagte niemand, ihm deswegen Vorwürfe zu machen. Er unterhielt einen richtigen Harem von Beischläferinnen, aber anstatt ihn zu verbergen, brüstete er sich mit seinem skandalösen Lebenswandel. Seine Porträts zeigen einen geschwätzigen, eitlen, selbstzufriedenen, unverschämten Mann, ein ziemlich schmutziges Subjekt; er besaß eine Sammlung kompromittierender Dokumente, von denen er gelegentlich einzelne herausfischte und für seine hinterhältigen Intrigen verwendete. Um so überraschender scheint es, diesen Schnüffler in Schlaf- und Vorzimmern jetzt am Krankenbett Giovannis zu finden, ja der Arzt betraute ihn mit der unangenehmen Aufgabe, dem Condottiere mitzuteilen, daß das zerschmetterte Bein amputiert werden müsse. Es gab zu jener Zeit weder Antiseptik noch Anästhesie, und die Operation galt für ebenso schmerzhaft wie schwierig, weil man erwartete, der Patient werde sich mit aller Kraft dagegen wehren; er war aber so stark, daß zehn Mann nötig schienen, um ihn niederzuhalten.

Giovanni delle Bande Nere nahm die Nachricht in stoischer Haltung entgegen; er wollte sich auch nicht am Bett festbinden lassen, sondern bestand darauf, dem Arzt bei der Arbeit zu helfen. Während der ganzen Operation hielt er dem Chirurgen die Kerze, und seine Hand zitterte nicht, als die Instrumente immer wieder tief in sein geschundenes Fleisch und den zerschmetterten Knochen eindrangen. Als man 1857 die Medici-Gräber öffnete, fand man seine Gebeine in schwarzen Samt gehüllt in einem Sarg aus rotem Holz. Der Oberkörper steckte in dem schwarzen Panzer, der seinen Truppen den Namen gegeben hatte; das Gesicht war hinter dem geschlossenen Visier verborgen. Die Untersuchung des rechten Beins zeigte den Knochen, der von dem Geschoß buchstäblich pulverisiert worden war, und die stümperhafte Arbeit des Chirurgen, der den Stumpf brutal abgesägt hatte. Vermutlich hat das brandig gewordene Bein den übrigen Körper angesteckt und zum Tode geführt.

Der Condottiere verlangte, daß man ihn auf sein Feldbett legte und nicht auf das Paradelager, das man ihm anbot. Er wollte seine letzte Nacht so verbringen, wie er sonst, im Zelt, in der Nacht vor der Schlacht geschlafen hatte. Seine wortlose Tapferkeit, seine ruhige Fassung erschütterten die Anwesenden. Dieser 28jährige General, der innerhalb von zehn Jahren zum bedeutendsten Heerführer Italiens geworden war, dieser Mann, den man wegen seiner militärischen und menschlichen Tugenden bewundert hatte, zeigte am Vorabend seines Todes die gelassene Würde der von den Humanisten gepriesenen römischen Helden. Die sonst so boshafte Feder Pietro Aretinos zeichnete ein ungemein anmutiges Porträt seines Freundes: »Immer gab er seinen Soldaten mehr, als er für sich selbst zurückbehielt. Die Anstrengungen und Prüfungen des Krieges nahm er mit außerordentlicher Geduld auf sich. Auf dem Schlachtfeld trug er niemals irgendwelche Rangabzeichen, doch erkannte man ihn unter all seinen Leuten an der Kühnheit, die er entwickelte. Er war stets der erste im Sattel und der letzte, der vom Pferd stieg. Die Menschen zeichnete er nur ihrem persönlichen Wert entsprechend aus, nicht nach Titeln und Reichtum. Er hielt gewöhnlich mehr, als er versprochen hatte, niemals aber suchte er Entschlüsse auf Grund seines berühmten Namens zu beeinflussen. Er beherrschte bewundernswert die Kunst, seine Soldaten zu leiten, sei es durch Zuneigung, sei es durch Furcht. Von allen Dingen am meisten haßte er die Trägheit.« Der Schriftsteller gibt seinem Porträt den letzten Schliff, wenn er hinzufügt: »Viele konnten ihn beneiden, niemand vermochte es ihm gleichzutun.«

Nach der Operation nahm Giovanni delle Bande Nere Abschied

von seinen Freunden und legte sich, um zu ruhen, auf die Seite. Er schlief sanft ein und starb im Schlaf. Erst 1685 wurden seine sterblichen Überreste, die man zunächst in Mantua in der Kirche von San Francesco begraben hatte, nach Florenz gebracht und in der Sakristei von San Lorenzo zu Seiten seiner Vorfahren beigesetzt. So lebte und starb der einzige bedeutende und vorbildliche Soldat in der langen Geschichte der Familie Medici.

9.

DIE MEDICI, HERZÖGE VON TOSKANA

Die Eroberung von Florenz durch die Kaiserlichen hatte zunächst einmal die Folge, daß die Medici die Macht dort wieder übernahmen. Ihre Anhänger kehrten ebenfalls aus der Verbannung zurück und brachten die Vorkämpfer der alten Freiheiten zum Schweigen. Wer die Stadt gegen die Angreifer verteidigt hatte, wurde hingerichtet oder ins Gefängnis geworfen. Valori, der Beauftragte Papst Klemens' VII., ließ den Gonfaloniere Carducci festnehmen und enthaupten, und Alessandro (1511–1537), der illegitime Neffe des Papstes, befahl, wie erwähnt, daß man die alte Bronzeglocke vom Turm des Palazzo della Signoria, die seit altersher das Volk zur Verteidigung seiner Rechte zusammengerufen hatte, einschmolz und aus dem Metall Schaumünzen zum Ruhm der großen Familie Medici prägte. Bürger gab es nicht mehr, nur Untertanen waren noch übrig geblieben; eine fremde Garnison stellte ihren Gehorsam sicher und hinderte sie, ihre politische Meinung zu äußern. Mit Zustimmung Karls V. und Klemens' VII. wurde Alessandro Gouverneur der Stadt und regierte auch alle Florentiner Besitzungen in der Toskana. Ein anderer Neffe des Papstes, Ippolito, der uneheliche Sohn Giulianos, Herzogs von Nemours – Tizian und andere Maler haben ihn in ungarischer Tracht, die er gern trug, porträtiert –, wurde zum Kardinal ernannt und damit von der Regierung ausgeschlossen. Einen Wettbewerb um die Macht gab es im übrigen kaum, das Volk war stumm und niedergedrückt, und von anderen Medici drohte keine Gefahr, zumal Alessandro sich furchtbar zu machen verstand. Selbst innerhalb der Stadt baute er Festungswerke, um einen möglichen Aufstand abwehren zu können. Aus Furcht vor Unruhen verließ er den schlecht zu verteidigenden Familienpalast in der Via Larga und zog in den Palazzo della Signoria (Palazzo Vecchio). Die Signoria selbst war aufgelöst, wenn auch das Amt der Prioren theoretisch weiterbestand. Sie waren jedoch nicht mehr verpflichtet, die gemeinsame Residenz zu bewohnen, und kehrten ins bürgerliche Leben zurück; zuvor erfüllten sie noch ihre letzte politische Pflicht, indem sie den Ring des neuen Herrschers küßten und ihm Gehorsam schworen. Karl V. verlieh Alessandro den Titel eines Herzogs und versprach ihm die Hand seiner Tochter, der Erzherzogin Margarethe.

Mit Hilfe des Gesandten Valori und des gefeierten Historikers Guicciardini, den man hier erstaunlicherweise an der Seite des

Tyrannen findet, entwarf der erste Medici-Herzog eine vollkommen neue Verfassung für Florenz, die, was ausdrücklich beabsichtigt war und auch tatsächlich geschah, die alten republikanischen Einrichtungen ersetzen sollte. Vermutlich zu seiner eigenen Überraschung fand er bei den Notabeln, die jetzt in dem neuen Herzogtum endlich eine echte Aristokratie werden sollten, einhellige Unterstützung. Filippo Strozzi aus der alten Bankiers-Familie erklärte sich für die Monarchie, und ihm folgten die einflußreichsten Vertreter der großen Zünfte. Durch die von ihnen gebilligten Reformen wurde gerade jene Tyrannei aufgerichtet, die die Florentiner des 14. und 15. Jahrhunderts so sehr verabscheut hatten. Prioren wurde nicht mehr gewählt oder durchs Los bestimmt; statt dessen gab es vom Herzog ausgesuchte Minister sowie zwei beratende Körperschaften, die eine mit 48, die andere mit 200 vom Herzog ernannten lebenslänglichen Mitgliedern, die sich jedoch nur in seiner Gegenwart versammeln durften. Alessandros Politik beruhte auf der Durchführung echter Gleichheit, da, außer dem Monarchen selbst, jedermann dieselben Rechte genoß – oder entbehrte. Ein Jahr nachdem Alessandro den Titel empfangen hatte, verlieh der Kaiser ihm die erbliche Herzogswürde. Seit Cosimo Pater Patriae hatten die Medici in Florenz tatsächlich regiert, nun wurde diese Herrschaft, die ursprünglich auf der stillschweigenden Übereinkunft zwischen Volk und Notabeln beruhte, legalisiert, die regierende Familie mit einem neuen Wappen und neuen Vorrechten ausgestattet.

Alessandro war ein beleibter Mann mit niedriger Stirn, dicken Lippen und roten Haaren. Sobald er sicher war, daß er von seinen Untertanen nichts mehr zu fürchten hatte, überließ er sich den ihm angeborenen gemeinen Neigungen und zügellosen Ausschweifungen. Er umgab sich mit einer Leibwache und hatte den Bürgern alle Waffen abnehmen lassen. Er war überzeugt, daß Ippolito viel zu ehrgeizig sei, um sich mit einem Kardinalshut zufriedenzugeben, und Anspruch auf einen Anteil an der Regierung erheben werde. Aus diesem Grund ließ er ihn am 10. August 1535 ermorden und freute sich, die »bösartige Wespe«, wie er ihn nannte, losgeworden zu sein. Die »Wespe« war mit Gift beseitigt worden, doch gab es noch einen andern Medici, Lorenzo (1514–1548), einen Angehörigen des jüngeren Zweiges, der – wie Giovanni delle Bande Nere – vom Bruder Cosimos des Alten abstammte. Lorenzino, wie ihn die Zeitgenossen nannten, erregte trotz seinen seltsamen Sitten und Gewohnheiten keine Besorgnis. Klemens VII., in dessen Umgebung in Rom er herangewachsen war, hatte sich veranlaßt gesehen, ihn zu entfernen, weil Lorenzino gelegentlich antike Statuen köpfte. Er wurde zur Unterhaltung Alessandros nach Florenz geschickt und diente dort als eine Art Hofnarr. Dieser Aufgabe kam er mit Auszeichnung nach, wurde außerdem Alessandros Kumpan bei allerlei Ausschweifungen und gewann des Herzogs volles Vertrauen.

Lorenzino, den man den »kleinen Lorenzo« nannte, nicht weil er körperlich zu kurz gekommen war, sondern wegen der Minderwertigkeit seines Charakters, faßte im geheimen den Plan, Alessandro zu töten. Zweifellos hatte er dabei nicht die menschenfreundliche Absicht, Florenz von seinem Tyrannen zu befreien, obwohl es Leute gegeben hat, die ihn den florentinischen Brutus nannten; Lorenzino war nicht aus dem Stoff, aus dem Revolutionäre gemacht sind. Er war kein Befreier. Der Mord am Herzog sollte wohl eher seine Eifersucht befriedigen, vielleicht war es auch ein Versuch, das »perfekte Verbrechen« zu begehen, *bellissimo inganno,* wie Machiavelli es nannte, ein Gedanke, der gewiß seiner Vorliebe für Intrige und Komödiantentum entgegengekommen wäre. Als Teil seines Plans wies er eines Tages auf die eigene Schwester, Laudomia de' Medici, hin, die Witwe Piero Strozzis, von der Bronzino ein herrliches Bildnis gemalt hat. Er brachte Alessandro bei, daß die Verführung dieser stolzen Schönheit, die dem Andenken ihres verstorbenen Mannes so unverbrüchlich treu war, seine Fähigkeiten als Don Juan erst erweisen würde. Alessandro war Feuer und Flamme, und eines Tages brachte ihm Lorenzo die Nachricht, er habe eine Zusammenkunft zwischen seiner Schwester und dem Vetter in seinem eigenen Hause vorbereitet. Ein glücklicher Liebhaber, der zu einer Schäferstunde geht, betritt das Haus eines Freundes nicht im Panzer und mit dem Degen in der Hand; Lorenzino vergewisserte sich, daß der Herzog unbewaffnet war, ehe er ihn in das vorher bestimmte Zimmer führte, wo ihn nicht die schöne Laudomia, sondern ein Halsabschneider mit Namen Scoronconcolo erwartete. Der Mörder hatte das Zusammentreffen so eingerichtet, daß es während der *Beffana,* am Epiphaniastag, stattfand, an dem ganz Florenz auf den Straßen promenierte. Niemand sah den Herzog ins Haus gehen, da er auf den Ruf der schönen Laudomia Rücksicht zu nehmen bestrebt war und nicht einmal eine Begleitung bei sich hatte.

Sobald Lorenzino den arglosen Vetter im Hause hatte, brachten er und der gemietete Mörder ihn um. Die Ausführung des Verbrechens geschah auf so widerlich grausame Weise, daß selbst der berufsmäßige Halsabschneider sich abgestoßen fühlte. Lorenzinos raffinierter Sadismus läßt auf krankhaften Haß gegen den Vetter schließen, auf eine pathologische Eifersucht, die sich in ihm gegen den erfolgreichen Verwandten schon seit seiner Kindheit angesammelt haben muß. Lorenzino dachte nach vollbrachtem Mord denn auch nicht daran, in Florenz den Tod des Tyrannen zu verkünden und das Volk zur Freiheit aufzurufen. Er lief davon, so schnell er konnte, wanderte mehr als zehn Jahre lang ruhelos durch Italien und fiel schließlich den Schergen zum Opfer, die Alessandros Nachfolger Cosimo ihm auf den Hals gehetzt hatte.

Wie aber verhielt sich Florenz? Offenbar hatte Alessandro die Bürger bereits an einen solchen Grad der Untertänigkeit gewöhnt, daß sie weder das Verlangen spürten, den Tod ihres hingemordeten Tyrannen zu rächen, noch die Kraft aufbrachten, die Fesseln, die er ihnen angelegt hatte, zu sprengen. Der Herzog war tot, doch die Garnison stand unter Waffen, und die Geschütze der Befestigungen waren auf die als besonders unruhig bekannten Stadtviertel gerichtet. Niemand rührte einen Finger. Das Herzogtum war für erblich erklärt worden, und der Kaiser bestimmte den Sohn des großen Condottiere Giovanni delle Bande Nere zum Nachfolger. Cosimo de' Medici (1519–1574), damals ein junger Mann von 18 Jahren, war fern allen politischen Geschäften auf dem Lande herangewachsen, wo er sich vor allem mit der Beobachtung von Bäumen und Sträuchern beschäftigt hatte. Er war der erste Medici, der nach der bei Königen üblichen Gewohnheit eine Nummer hinter seinen Namen setzte. Als Cosimo I. ließ ihn der Condottiere Vitelli, der Kommandeur der deutschen Truppen in Florenz, von seinen Soldaten ausrufen, worauf dem Rat der Achtundvierzig und der gesamten Stadt nichts übrig blieb, als diese Entscheidung hinzunehmen. Einige dreißig Jahre später erhob Papst Pius V. ihn zu einem noch höheren Rang, indem er ihn zum Großherzog machte. Dies ist der Titel, den die Medici dann für annähernd 200 Jahre getragen haben.

Die Regierung des neuen Monarchen war für die Toskana eine gedeihliche Zeit. Cosimo I. war als Politiker ebenso geschickt wie als Verwalter. Er stand an der Spitze des anerkanntermaßen größten und mächtigsten Staats im Italien des 16. Jahrhunderts und fühlte sich durchaus als König. Deshalb suchte er auch königliche Verbindungen, und weil im Augenblick keine Kaisertochter zu haben war, heiratete er eine spanische Prinzessin aus großem Hause, Eleonora de Toledo, die Tochter des Vizekönigs von Neapel. Ihre Porträts von Bronzino, dem Hofmaler der Medici, zeigen ihre vornehme, zurückhaltende Schönheit und einen sanften Charme. Sie war siebzehn, als sie im Jahre 1539 heiratete, und kam 1562 mit zweien ihrer Söhne,

Garcia und Giovanni, auf tragische Weise ums Leben – sie starb an Malaria, von der sie bei einem Besuch in der sumpfigen Landschaft der Maremmen befallen worden war.

Cosimo hatte nichts von den humanistischen Interessen seiner Vorfahren geerbt. Auch wenn er sich mit Kunst und Künstlern abgab, geschah das wohl mehr mit Rücksicht auf die Familientradition als aus echter Neigung. Zu seiner Entschuldigung läßt sich immerhin anführen, daß er nicht das Glück hatte, wie Cosimo Pater Patriae und Lorenzo der Prächtige in einer Zeit zu leben, da die größten Gelehrten und Künstler in Florenz versammelt waren. In den Tagen Cosimos I. gab es einige bedeutende Bildhauer; Giovanni da Bologna (1524–1608) und Benvenuto Cellini (1500–1571) erhielten den Auftrag, seine militärischen und zivilen Erfolge in Reliefs und Standbildern der Nachwelt zu überliefern. Zu den Malern gehörten Vasari (1511–1574) und Bronzino (1503–1572) oder ältere Künstler wie Pontormo (1494–1557). Doch das Zeitalter der Genies war für die Toskana vorüber. Der neue Herrscher hatte eher für geschmeidige Hofleute Verwendung als für unabhängige und argwöhnische Künstler wie Michelangelo, der noch bis 1564 lebte. Auf jeden Fall kann man Cosimo kaum den Vorwurf machen, er habe sich nicht mit guten Künstlern umgeben; er hat die besten beschäftigt, die Florenz ihm bieten konnte.

Im Gegensatz dazu waren die Akademien seiner Zeit, die er auch unterstützte, im Vergleich zur glorreichen Schar der Humanisten der von Platonischen Akademie, die unter Cosimo Pater Patriae und Lorenzo dem Prächtigen geblüht hatte, ein wahrer Abgrund von Banalität und schlechtem Geschmack, wie es oft bei derartigen Institutionen der Fall ist. Die Vorzüge, die den Vorgänger ausgezeichnet hatten – erhabener Stil, Reichtum an neuen Gedanken, metaphysische Tiefe –, es war alles unwiederbringlich verloren. Der Einfallsreichtum der neuen Akademiker beschränkte sich darauf, daß sie sich gegenseitig absurde Titel verliehen. Zum Lobe des ganzen wenig wirkungsvollen Mäzenatentums, wie Cosimo I. es ausübte, ließ sich indessen vorbringen, daß er erhebliche Mittel der Förderung der italienischen Musik zuwandte, mit dem Erfolg, daß sie die Malerei bald in den Schatten stellte. Außerdem bereicherte er die Sammlungen durch zahlreiche Werke der alten Etrusker, für die er Interesse hatte, wie er denn überhaupt die Erforschung der etruskischen Vergangenheit unterstützte. Er wußte wohl, daß es nicht genügte, das Volk, wenn man es bei der Stange halten wollte, zu terrorisieren, und suchte mit nicht geringer Mühe sich bei den Florentinern dadurch beliebt zu machen, daß er sie unterhielt. Als Ergänzung der überlieferten Volksbelustigungen führte er Wagenrennen nach römischem Muster ein, die vor der Kirche von Santa Maria Novella stattfanden; die Pfosten, die die Wendepunkte markierten, sind noch heute zu sehen. Als anerkannter Botaniker und großer Pflanzenliebhaber versah er Florenz mit neuen Parkanlagen. Er legte die herrlichen Bóboli-Gärten am Abhang des gleichnamigen Hügels hinter dem Palazzo Pitti an; in diesem schlug er seine Residenz auf, als er den alten, unbequemen Palazzo della Signoria verließ, wo seine Frau, Eleonora de Toledo, sich nicht wohlgefühlt hatte. Er verbesserte und vergrößerte den Botanischen Garten, wo seit dem Mittelalter Heilkräuter gezogen worden waren. Außerdem ermutigte er das Studium der Naturwissenschaften an den toskanischen Universitäten, das im 16. Jahrhundert ebenso blühte wie Philosophie, Grammatik und klassische Philologie im vorangegangenen. In dieser Hinsicht erscheint Cosimo I. als völlig moderner Mensch, bemüht, alles zu fördern, was dem materiellen Fortschritt des Staats zugutekommt. Er baute die Häfen von Pisa und Livorno aus, begann mit der Planung eines ausgedehnten Kanalsystems, legte Straßen an, beutete die Silber- und Alaungruben intensiver aus und führte neue Nutzpflanzen in der Toskana ein, von denen er einige aus dem Orient holte. In Verwaltung und Rechtswesen setzte er grundsätzliche Neuerungen durch und versah Florenz, wo seit dem Mittelalter die Justiz nach Sitte und Herkommen gehandhabt worden war, mit einer streng geordneten Gerichtsbarkeit. Diese Justizreform verschaffte ihm den Ruf eines durch und durch rechtschaffenen, den Gesetzen gehorchenden Mannes.

Die Wirklichkeit sah etwas anders aus. Reiterstatuen und Bronzereliefs mußten die militärischen Erfolge des Großherzogs feiern, um ihn als Kriegshelden unsterblich zu machen. Er besaß nicht die entgegenkommenden, gütigen, geistvollen Umgangsformen der ersten Medici. Die Maler stellten ihn in Kriegsrüstung dar und gaben ihm das majestätische, furchterregende Aussehen des Eroberers. Sein öffentliches Auftreten war jedesmal dazu bestimmt, Schrecken zu verbreiten. Er hatte nicht das geringste Verlangen, sich die Freundschaft seiner Untertanen zu erwerben, denn er konnte sich vorstellen, wie unzuverlässige Freunde sie sein würden. Er wußte genau, daß er die Macht nur mit Hilfe von Lanzen und Kanonen erworben hatte und aufrecht erhielt. Sicher fühlte er sich nur inmitten seiner Schweizer Garden, die ihr Quartier in Orcagnas herrlicher Loggia dei Lanzi an der Piazza della Signoria aufgeschlagen hatten. Von den soldatischen Tugenden seines Vaters Giovanni delle Bande Nere hatte er nichts geerbt, und er ließ sich auf einen Kampf nur ein, wenn der Gegner schwach und der Sieg von vornherein sicher war. Er hatte Furcht und wußte dagegen kein anderes Mittel, als selbst Furcht zu verbreiten. Was ihm Angst einflößte, waren die Nachbarstaaten, die unterworfenen Städte, Feinde, die sich in der Stadt versteckt hielten, und die Verbannten, die gegen ihn an fremden Höfen intrigierten. Er ist nicht wie seine Vorfahren in die Geschichte eingegangen als hochkultivierter Mann von Geist und Geschmack, als Liebhaber der Künstler und glanzvoller Mäzen; man erinnert sich seiner eher als eines grausamen Herrschers, der seine Macht auf Unterdrückungsmaßnahmen stützte, wie sie Krieg und Revolution hervorbringen. Beispiele dafür sind die erbarmungslose Bestrafung der in die Strozzi-Verschwörung verwickelten Männer und der Krieg gegen Siena.

Filippo Strozzi hatte sich für die Rückkehr der Medici mit allen Kräften eingesetzt. Er hatte Alessandros Machtübernahme unterstützt, war dann in Ungnade gefallen und hatte aus Italien fliehen müssen. Er fand Aufnahme am französischen Hof, und Franz I. betraute ihn sogar mit einem Kommando. Alessandros sexuelle Ausschweifungen, die so weit gingen, daß keine Frau, sei sie vornehmen oder geringen Standes, vor ihm sicher war, weiterhin Cosimos Strenge, sein Stolz, sein Hochmut hatten einen großen Teil der besten Familien dem Palast in der Via Larga und später dem Palazzo Vecchio entfremdet. Lorenzinos Verbrechen hatte freilich das Volk nicht zum Aufstand und zur Vertreibung der Tyrannen bewogen, dafür hatte es bei einigen leidenschaftlichen jüngeren Männern die alte Liebe zur Freiheit geweckt. Diese Freiheitsidee, in deren unschuldigem Namen Florenz so manche versteckte Formen des Despotismus hatte erdulden müssen, schien nun doch wieder ein Wagnis zu rechtfertigen, zumal die Herren des Staates Florenz nicht aus eigenem Verdienst, sondern mit Hilfe fremder Truppen regierten. Savonarola hatte Lorenzo den Prächtigen zu Unrecht der Tyrannei angeklagt und die fanatische Menge gegen seine menschenfreundliche Regierung aufgehetzt. Gegen den Großherzog jedoch waren diese Vorwürfe durchaus am Platze, und Strozzi hatte wenig Mühe, die Söhne der berühmtesten Familien um seine Fahnen zu sammeln. Piero, Filippo Strozzis Sohn, warb Soldaten an, bewaffnete sie und marschierte auf Florenz. Cosimos Truppen traten ihm auf halbem Wege entgegen und hielten seinen Vormarsch am 31. Juli 1537 bei Montemurlo in den Apenninen auf. Die Schlacht war kurz und unblutig wie üblich, doch wurden so viele Verschwörer wie möglich zu Gefangenen gemacht.

Die Aburteilung der Rebellen erfolgte nach den neuen Rechtsvorschriften des Herzogs und fiel zu dessen Zufriedenheit aus. Der Gerichtshof der Acht sprach sechzehn Todesurteile aus. Es hatte sehr viel mehr Schuldige gegeben, und der Herzog ließ in der Stadt und auswärts das Gerücht verbreiten, er habe den Richtern Milde empfohlen. Es geschah jedoch, daß alle, oder fast alle, Aufständischen, die nicht öffentlich hingerichtet wurden, »zufällig« eines gewaltsamen oder höchst verdächtigen Todes im Gefängnis starben. Die entkommen waren, wurden in den Städten, wo sie Zuflucht gefunden hatten, von Cosimos Schergen verfolgt und getötet, und keine fremde Macht vermochte sie zu retten. Die Strozzi, Albizzi, Accaiuoli verschwanden von der politischen Szene und machten der von Tyrannen bevorzugten eintönigen Mittelmäßigkeit Platz. Die Anhänger der Medici, die deren Rückkehr im Jahre 1512 und 1530 begünstigt und Alessandro zur herzoglichen Würde verholfen hatten, weil sie die allgemeine Unordnung und die Anarchie, die ein Volksaufstand hätte hervorbringen müssen, fürchteten, bereuten nun bitter ihre Schwäche und ihre Blindheit. Die Geschichte hat die Worte in Erinnerung behalten, die Antonfresco degli Albizzi auf dem Wege zum Schafott, wo er enthauptet werden sollte, zu dem ihn begleitenden Valori sagte: »Wir sind von der göttlichen Gerechtigkeit verurteilt worden, nicht weil wir heute, als wir das Vaterland befreien wollten, Unrecht getan hätten, sondern weil wir 1512 törichterweise geholfen haben, den Staat der Knechtschaft auszuliefern.«

Die grausame Unterdrückung der Strozzi-Verschwörung vernichtete ein für allemal die Opposition von seiten der Aristokratie, die ihre besten und vornehmsten Männer verloren hatte. Die vorzüglich organisierte Polizei und die Verteilung der Besatzungstruppen auf die neuralgischen Punkte der Stadt genügten, um das Volk in Schach zu halten. Man sollte freilich nicht außer acht lassen, daß die lange Herrschaft der Medici, so liberal sie war, und gerade weil sie so liberal war, bei den ärmeren Klassen den alten Freiheitssinn, der noch den Ciompi-Aufstand verursachte, gemindert hatte. Cosimo Pater Patriae und Lorenzo der Prächtige hatten der Freiheit einen gewissen Spielraum gelassen und den allgemeinen Wohlstand gemehrt – Grund genug, um das Volk bei der Stange zu halten. Die Idee der Freiheit, wie sie aus den ruhmreichen Taten klassischer Helden – Harmodios und Aristogeiton oder Brutus – leuchtete, hatte damals für die aufeinanderfolgenden Generationen junger Männer all ihre Anziehungskraft und einen gewissen literarischen Glanz behalten. Indem er die jungen Adligen austilgte, hatte Cosimo I. den einzigen Feind, mit dem wirklich zu rechnen gewesen wäre, unterdrückt. Dieselbe eiskalte Grausamkeit, dieselbe methodische Zerstörungskunst wendete er auch im Krieg gegen Siena an. Der Krieg dauerte fünf lange Jahre, und Cosimos Brutalität war so wirksam, daß, als Siena im Jahre 1555 kapitulierte, die Bevölkerung von 14000 auf 6000 zurückgegangen war. Der Herzog hatte in Siena und den umliegenden Gebieten jenes System der »verbrannten Erde« angewandt, durch das früher schon Attila und die mongolischen Eroberer sich verhaßt gemacht hatten.

10.

DAS ENDE DER DYNASTIE

Die Medici herrschten über Florenz vom Ende des 16. Jahrhunderts, bis die Toskana aufhörte, ein selbständiger Staat zu sein und zur Zeit Maria Theresias Teil der habsburg-lothringischen Besitzungen wurde. Unter den letzten Medici zeigten sich alle Merkmale, wie sie gewöhnlich ein System begleiten, das sich mit wachsender Geschwindigkeit dem Untergang nähert. Zunächst hatten die Symptome des »Gigantismus«, das Streben nach Eroberungen und territorialer Ausdehnung, schon die florentinische Republik um das innere und äußere Gleichgewicht gebracht. Darauf war die Republik – immerhin eine Demokratie trotz aller absolutistischen Neigungen der oligarchischen Regierung – einer nach dem autoritären Muster gebildeten Monarchie gewichen, und schließlich erweiterte sich die Kluft zwischen Regierung und Volk mit jedem neuen Herrscher.

Die historischen Kräfte, die schnell zur Bildung großer, zentralisierter Monarchien führten, wirkten von vornherein verderblich auf die kleinen italienischen Republiken, die sich verzweifelt an ihre konservativen und partikularistischen Methoden und an ihre längst überholte, auf jeden Fall eher eingebildete als wirkliche Unabhängigkeit klammerten. Der Wille zur Selbständigkeit, der die alten Gemeinwesen in hohem Maße beseelt hatte, mußte notwendigerweise vor den neuen Tatsachen kapitulieren. Die Florentiner wären indessen nicht annähernd so mißgestimmt und unzufrieden gewesen, hätten die Großherzöge nicht einen Dünkel zur Schau getragen, der dem toskanischen Gleichheitsbewußtsein völlig unerträglich war, hätten sie sich nicht mit dieser fürstlichen Hofhaltung umgeben, hätten sie nicht die Kanonen der Festung Belvedere auf die bürgerlichen Wohnviertel statt gegen den äußeren Feind gerichtet. Bis zur Herrschaft Ferdinands II., der von 1620 bis 1670 regierte, hatten alle Medici weiterhin als Bankiers gewirkt, wie es Giovanni di Bicci, Cosimo Pater Patriae und Lorenzo der Prächtige getan hatten. Das Bankgeschäft hatte der Familie beständigen Reichtum gesichert. Als Großherzöge fanden es die Medici ihrer Stellung bald nicht mehr angemessen, wenn sie weiterhin Bankiers blieben, und mußten nun ihre Einkünfte, da sich die Bedürfnisse mit den steigenden Kosten der Hofhaltung vermehrten, durch den Rückgriff auf schwere und höchst unbeliebte Steuern ergänzen; sie ließen sich überdies in einigermaßen dunkle Geschäfte ein, ein sehr viel weniger ehrenhafter

Weg, zu Geld zu kommen, als wenn sie wie ihre Vorfahren die Arbeit unter dem Zeichen der roten *palle* fortgeführt hätten.

Die Ausschreitungen dieses Hofes, die Skandale, an denen die Großherzöge oder Leute aus ihrer unmittelbaren Umgebung beteiligt waren, kompromittierten die Herrscher und dienten dazu, die allgemeine Unzufriedenheit schärfer und gefährlicher zu machen. Dies wieder trug dazu bei, die Härte der bereits äußerst strengen, oft grausamen Strafen zu steigern. Francesco I. führte die Unterdrükkung der Pucci-Verschwörung nicht bloß ungeschickt, sondern in scheußlich brutaler Weise durch. Seine dreizehnjährige Regierung von 1574 bis 1587 zeichnete sich nur durch Übergriffe aus. Die allgemein verbreitete Korruption, die Vernachlässigung aller öffentlichen Angelegenheiten, die verhaßte Willkürherrschaft, die ungerechte und verderbliche Steuerpolitik, das alles brachte wachsende Abneigung gegen eine Familie hervor, die jedes Interesse an der Wohlfahrt des Staates verloren hatte und sich nur noch um die Ausübung der neu erworbenen feudalen Rechte kümmerte. Besonders schädlich waren die auf Getreide erhobenen Abgaben, da sie gerade die Bedürftigen an ihrer Einkommensquelle trafen und am Ende die landwirtschaftlichen Ansiedlungen ruinierten, die Lorenzo gegründet und Cosimo I. weiterentwickelt hatte. Wenn der Großherzog selbst auch für alle in seiner Umgebung begangenen Verbrechen nicht verantwortlich war, wurden sie ihm doch in die Schuhe geschoben ebenso wie die mit solchen Übergriffen gewöhnlich verbundene raffinierte Grausamkeit. Sein Bruder Pietro, das jüngste unter den acht Kindern Cosimos I., vernachlässigte seine Frau Eleonora in abscheulicher Weise und feierte Orgien, deren schamlose Einzelheiten der Öffentlichkeit nicht verborgen blieben. Die reizende Eleonora, von ihrem Mann beiseite geschoben und aller Zuneigung beraubt, fühlte sich beschimpft und entehrt und begann ein Verhältnis mit einem jungen Edelmann, Bernardino Antinori. Bernardino wurde nun in einen Streit verwickelt, bei dem er seinen Gegner tötete, worauf man ihn in seinem Palast unter Hausarrest stellte. Eleonora erregte Aufsehen, weil sie, um einen Blick des Gefangenen zu erhaschen, unter seinem Fenster auf und ab ging. Bernardino wurde nach Elba verbannt, später aber nach Florenz zurückgebracht und sofort hingerichtet. Drei Wochen später ließ Pietro die unglückliche Frau in seine Villa nach Caffagiolo kommen, wo er sie nach dem Abendessen mit einem Degenstoß umbrachte.

Der Mord an Isabella, Tochter Cosimos I., die ihr Ehemann Orsini, Fürst von Bracciano, aus dem Wege räumte, war beinahe noch schrecklicher. Orsini hatte ein Verhältnis mit Vittoria Accoramboni, einer wilden, aufreizenden Schönheit, und wollte möglichst zu gleicher Zeit den Mann seiner Geliebten, Peretti, und die eigene Frau loswerden. Vittoria lockte ihren Mann selbst in die Villa Neroni und lieferte ihn den Mördern aus. Der Tod der Fürstin von Bracciano wurde zur Schreckensszene, die unglücklicherweise den Sitten der Zeit entsprach. Sie war mit ihrem Mann in dessen Villa Ceretto Guidi, und dort erdrosselte er sie nach dem Abendessen mit einem Strick, der durch ein für diesen Zweck besonders angefertigtes Loch in der Decke herabkam und von vier Männern im darüberliegenden Zimmer gehalten wurde. Man verbreitete offiziell die Nachricht, sie sei an einem Herzschlag gestorben, und das Verbrechen wäre vielleicht ungesühnt geblieben, hätte Orsini nicht den Papst um Zustimmung zu seiner Heirat mit Vittoria Accoramboni gebeten. Gregor XIII. widersetzte sich der Ehe, doch Orsini kümmerte sich nicht darum; es kam zu einer heimlichen Hochzeit in der Burg von Bracciano, einer Festungsanlage, die dem Angriff päpstlicher Truppen leicht widerstehen konnte. Gregor XIII. starb nicht lange danach, und Kardinal Montalto, ein Onkel des ermordeten Ehemanns, wurde Papst Sixtus V. Orsini ahnte, daß der Papst ihn der gerechten Strafe nicht entkommen lassen würde, und floh nach Venedig, wo er starb. Sein nächster Verwandter Ludovico erstach Vittoria Accoramboni, der Orsini sein Vermögen hinterlassen hatte.

Unbehagen und Empörung, wie sie diese Verbrechen bei den Florentinern hervorgebracht hatten, wurden noch gesteigert durch die zweite Ehe Francescos I. Nach dem Tode seiner ersten Frau, Johanna von Österreich, die 1578 im Alter von 31 Jahren gestorben war, heiratete er die schöne Venezianerin Bianca Capello, die seine Geliebte gewesen war und unmittelbar neben seinem Palast ihre Wohnung gehabt hatte. Das Leben, das diese liebenswürdige, kluge und gewinnende junge Frau seit ihrer Ankunft in Florenz geführt hatte, galt als öffentlicher Skandal. Einem verbreiteten Aberglauben zufolge besaß sie den »bösen Blick«, was für jeden Italiener ein Unglück ist. Man ging sogar so weit, sie für eine Hexe zu halten, und schob ihr schon bald jedes Unheil, das im herzoglichen Palast vorfiel, in die Schuhe. Die Quelle all dieser bösartigen Gerüchte war vermutlich ihr Schwager Ferdinand. Auch die Kosten der Hochzeit – 300000 Gulden, ebensoviel wie die Einnahmen der Republik in einem Jahr betragen hatten – wurden Francesco I. zum Vorwurf gemacht, obwohl das Geld tatsächlich aus seiner Privatschatulle gekommen und die Staatskasse in keiner Weise belastet worden war. Schon ihre

Herkunft hatte die Frau von Anfang an unbeliebt gemacht, denn Florenz und Venedig standen einander seit langem feindlich gegenüber. Der Haß der Medici und aller übrigen Florentiner gegen sie war so groß, daß man ihr nach ihrem Tode die Beisetzung in der Familiengruft verweigerte, obwohl sie die legitime Frau Francescos gewesen war. Ihr Leichnam wurde aus Poggio a Caiano, wo sie im Oktober 1587 am selben Tage wie ihr Mann gestorben war, weggebracht und heimlich an einem Ort begraben, den man bis heute nicht wiedergefunden hat.

Dabei hätte die bewegte Lebensgeschichte der Bianca Capello das Mitgefühl ihrer Florentiner Zeitgenossen erregen müssen, wäre dieses Volk nicht im Grunde seines Herzens hart, streng, unversöhnlich gewesen, leichter zu Bosheit und Grausamkeit als zum Mitleid geneigt. Im Alter von 17 Jahren hatte sich die junge Venezianerin in einen Florentiner verliebt, der in der Niederlassung eines Florentiner Handelshauses auf der Lagune tätig war. Die Republik Venedig hatte die Heirat einer adligen Mitbürgerin mit einem Fremden, noch dazu einem Toskaner, dessen Familie wenig Ansehen genoß und dessen Lebenswandel Anstoß erregte, nicht genehmigt. Sie heirateten also heimlich und flohen nach Florenz, wo sie sich 1560 niederließen. Drei Jahre später, 1563, kam Francesco I. zu Pferde an ihrem Hause vorbei, sah die junge Frau in ihrer bezaubernden Schönheit und verliebte sich auf der Stelle. Bianca hatte inzwischen Zeit gehabt, die ganze Mittelmäßigkeit, Gemeinheit und Niedertracht ihres Ehemanns kennenzulernen. Hilfreiche Freunde brachten eine Zusammenkunft zwischen dem Herzog und der unglücklichen Venezianerin zustande, und sie wurden sehr bald ein Liebespaar. Um die Geliebte möglichst in der Nähe zu haben, verhalf Francesco dem Ehemann, der sich durchaus verständnisvoll zeigte, zu einträglichen Ämtern und schenkte ihm ein Haus in der Nähe des Palastes, um sich leichter mit der schönen Bianca treffen zu können.

So eng das Verhältnis zwischen Francesco I. und Bianca Capello auch war, er mußte sich doch der »Staatsräson« unterwerfen und eine Frau heiraten, die seinem Rang und den Interessen des Herzogtums besser entsprach. Er verehelichte sich also im Dezember 1564 mit der Erzherzogin Johanna von Österreich, Schwester Kaiser Maximilians II. Er liebte sie nicht, und sie war zu sehr von ihrer vornehmen Herkunft eingenommen, als daß sie sich viel Mühe um die Liebe ihrer neuen Untertanen gegeben hätte. Am Hof und in der Öffentlichkeit führte sie die strenge, kalte, feierliche Etikette ein, wie sie bei den Spaniern üblich war. Dabei blieb es, bis die Erzherzogin nach 14 Jahren im April 1578 starb. Da auch Biancas Mann einer legitimen Ehe nicht mehr im Wege stand, heirateten Francesco und Bianca Capello. Ihr Glück endete neun Jahre später, als beide starben. Natürlich sprach man von Gift, denn die zwei gleichzeitigen Todesfälle ließen sich nur schwer als Zufall erklären. Francescos Bruder und Nachfolger Ferdinand I. versuchte den Klatsch zum Schweigen zu bringen, indem er offiziell erklären ließ, beide seien auf natürliche Weise gestorben, der Herzog an einer Erkältung und Bianca an dem bösartigen Fieber, das damals viele Opfer forderte.

Aufmerksamen Beobachtern kann es nicht verborgen geblieben sein, daß die neue großherzogliche Würde und die Geringschätzung für das Bankgeschäft der Familie, mit dem ihre Vorfahren ihr Glück gemacht hatten, nichts anderes bedeuteten, als daß die Medici sich von allen Traditionen abwandten, die sie einst wohlhabend, erfolgreich und populär gemacht hatten. Die Nachfolger Cosimos I. gaben sich als europäische Monarchen, ein gefährliches Spiel für einen Kleinstaat wie Toskana und dazu eins, das sie leicht auf eigene Gefahr in die Stürme der europäischen Politik hineinziehen konnte. Die Vorzüge Cosimos des Alten und Lorenzos des Prächtigen waren bei ihnen schwerlich zu finden. Der Historiker sollte freilich auch nicht ungerecht sein. Ihr Patronat über Schriftsteller, Künstler und Gelehrte, wenn auch nicht so großartig wie das der Bankiers aus der Via Larga, war auch weiterhin ein Ruhmesblatt der Familie. Ihr Geschmack war nicht mehr so sicher, und sie waren neuen künstlerischen Bestrebungen gegenüber weniger aufgeschlossen – sie waren ihrer ganzen Veranlagung nach nicht »künstlerisch« eingestellt. Allerdings lebten sie auch nicht mehr im Quattrocento, und die großen Errungenschaften der Renaissance waren vorüber. Maler, Bildhauer und Architekten entwickelten die im 15. Jahrhundert entstandenen Gedanken weiter. Dafür wurde das 16. Jahrhundert Zeuge, wie sich die naturwissenschaftlichen Entdeckungen auf Philosophie und bildende Kunst auswirkten. Es ist deshalb auch nicht weiter erstaunlich, daß sich die Großherzöge von Toskana mehr mit Mechanik, Physik, Chemie und Astronomie abgaben. Francesco I. richtete in der Galerie der Uffizien – als Teil eines ersten Versuchs, ein öffentliches Museum zu schaffen – Ateliers für junge Künstler ein, er selbst jedoch verbrachte die meiste Zeit bei chemischen Versuchen, die er im eigenen Laboratorium durchführte. Diese Tätigkeit nahm ihn dermaßen gefangen, daß er bald auch seine Minister im Laboratorium empfing und mit ihnen die Staatsgeschäfte erledigte, ohne seinen Ofen, die Phiolen und Kolben aus dem Auge zu lassen.

Angesichts der Schwierigkeit, die es machte, Bergkristall zu schneiden – Lorenzo der Prächtige hatte eine ganze Sammlung davon, außerdem Gefäße und andere Gegenstände aus *pietra dura* wie Jaspis, Onyx, Achat –, erfand Francesco I. eine Methode, ihn zu schmelzen. Daneben stellte er Versuche mit chinesischem Porzellan an und kam auf ein Verfahren zur Herstellung einer Art von Keramik, das es den einheimischen Töpfern ermöglichte, erfolgreich mit dem eingeführten Porzellan in Wettbewerb zu treten. Auf ihn geht auch die Gründung einer Akademie zurück, die es sich zur Aufgabe machte, die Sprache zu reinigen und innerhalb des italienischen Wortschatzes die Spreu vom Weizen zu scheiden. Danach erhielt sie den Namen *la Crusca* (die Kleie), den sie auch noch heute, stolz auf ihr Alter, trägt.

Sein Nachfolger Ferdinand I. (1587–1609) war Cosimos I. vierter Sohn. Für Chemie hatte er überhaupt kein und für andere Naturwissenschaften wenig Interesse. Seine große Leidenschaft war die klassische Bildhauerkunst. Mit 14 Jahren war er Kardinal geworden und haßte seinen älteren Bruder, während dessen Regierungszeit er seine Tage in Rom zubrachte. Dort fand er Gelegenheit, sich eine beachtliche Sammlung griechischer Statuen zuzulegen, wobei es keine Rolle spielte, daß die meisten davon in Wirklichkeit römische Kopien waren; Hauptsache, sie waren antik. Die Antikenschwärmerei war keine besonders neue Mode, und schon der junge Michelangelo, enttäuscht über die Geringschätzung, die man seinen Arbeiten entgegenbrachte, hatte eine seiner Statuen, die niemand sonst haben wollte, einem Sammler altrömischer Skulptur als antik verkauft. Um seine Bildwerke aufzustellen, baute sich Kardinal Ferdinand eine Villa, die nach ihm Villa Medici hieß und heute französischen Künstlern als Unterkunft dient. Dort konnte man jene berühmten Marmorskulpturen bewundern – den Laokoon, den Farnesischen Herkules, den Apoll von Belvedere, die Niobe und die sogenannte »mediceische Venus« –, die, unter dem Einfluß des hellenistischen Stils, den bildenden Künsten die Wendung zum Barock hin gaben. Als er nach dem Tode seines Bruders dessen Nachfolge als Großherzog von Toskana antrat, nahm er einen Teil seiner Sammlung mit nach Florenz, ließ aber die bedeutenderen Stücke in Rom, wo sie die vatikanischen Museen bereichern.

Ferdinand I. veränderte das alte Wappen der Medici, wobei er die *palle*, die Besants, die allzu sehr nach Geldgeschäften rochen, durch ein neues Emblem, die Biene, ersetzte. Sie sollte nach der Absicht des neuen Herrn von Florenz das Symbol praktischer Tätigkeit im

Dienst des Gemeinwohls sein. Ferdinand vermied und korrigierte die finanziellen und wirtschaftlichen Irrtümer seines Vorgängers, stellte Mißbräuche ab und regierte in einer Weise, daß er mit Recht der »beste der Großherzöge« genannt worden ist. Seine Verwaltung stellte die Ordnung, den Wohlstand und die Ruhe wieder her, wie sie unter Cosimo I. geherrscht hatten, inzwischen aber verlorengegangen waren und später selten wieder erreicht worden sind. All seine Reformen bezeugen die Sorge um das öffentliche Wohl. Seine Vorfahren hatten sich immer für Florenz eine Handelsflotte gewünscht; sie wären damit die Abhängigkeit von den Rivalen – Venedig, Genua, Pisa – losgeworden, die um die Vorherrschaft auf dem Meere fochten und alle hofften, das Monopol im Mittelmeerhandel erringen zu können. Nun waren Mittelmeer und Adria leider mit türkischen Galeeren verseucht, die oft die Küstenstädte plünderten und beladene Handelsschiffe wegnahmen. Es gab auch zahlreiche Piraten, die auf eigene Rechnung ganze Geleitzüge angriffen und beraubten und die Seestraßen unsicher machten.

Es bestand sogar schon eine florentinische Flotte, zu der auch einige, aber lange nicht genug Kriegsschiffe gehörten. Ferdinands erste Sorge war es deshalb, dieses Geschwader zu vermehren und zu verbessern und Livorno als starken Kriegshafen auszubauen, wo die Schiffe in Ruhe überholt werden konnten, ohne eine Störung vom Feind befürchten zu müssen. Schon Cosimo I. hatte die Vorzüge der kleinen Stadt erkannt, die trotz ihrer günstigen Lage bisher wenig Bedeutung gehabt hatte, und die Fundamente für einen Kriegs- und Handelshafen gelegt. Ferdinand nahm diesen Plan wieder auf, den sein Bruder hatte fallen lassen, und machte Livorno zu dem starken Flottenstützpunkt, der es bis heute geblieben ist. Dazu mußte er nicht bloß eine neue Stadt bauen, sondern sie auch bevölkern. Hätte er Toskaner dort angesiedelt, hätten deren Heimatstädte das Nachsehen gehabt. So verfiel der Großherzog auf den sinnreichen, großzügigen und nützlichen Gedanken, Menschen kommen zu lassen, die woanders ein gefährdetes Dasein führten und denen er Frieden und Wohlstand gewährleisten konnte. Da sie dem Großherzog ihre Zuflucht verdankten, würde sie treue und ergebene Untertanen sein. Religiöse Toleranz war die Grundlage aller Einrichtungen in Livorno; dabei war Ferdinand I. ein guter Katholik und hatte während seiner Kardinalszeit die große Missionsgesellschaft der *Propaganda Fide* zur Belehrung und Bekehrung der nichtchristlichen Welt gegründet. Der Erfolg zeigte sich unverzüglich, und scharenweise trafen Menschen in Livorno ein, die religiöse Engstirnigkeit aus der Heimat vertrieben hatte: Protestanten kamen aus Flandern und Frankreich, Katholiken aus England und zahlreiche Juden von überall her. Der Anteil der Juden an der Bevölkerung von Livorno war immer und ist auch heute noch höher als in irgendeiner andern italienischen Stadt.

Ferdinands Prachtliebe ist es zuzuschreiben, daß die Sakristei von San Lorenzo, wo die älteren Medici begraben liegen, einen Anbau erhielt. Er war für die sterblichen Überreste der Großherzöge bestimmt und stach gewaltig ab von der *Sagrestia Nuova,* an der Michelangelo seinen schöpferischen Genius entfaltet hatte. Das großherzogliche Mausoleum war im Barockstil erbaut, der an diesem Wendepunkt zwischen dem 16. und 17. Jahrhundert maßgebend zu werden begann.

Die Zeit erlebte auch wichtige Wandlungen auf dem Gebiet der Musik; sie führten schließlich zur Geburt einer neuen Form, der Oper, die freilich in dieser Übergangsepoche sich ihrer eigentlichen Natur, ihrer Mittel und ihrer Aufgabe noch nicht sicher war. Die erste Entwicklung und Verbreitung der Oper wird oft und großenteils mit Recht ihrer Förderung durch Ferdinand I. zugeschrieben, und es ist gut möglich, daß diese in seiner Liebe zum klassischen Altertum ihren Ursprung hatte; vielleicht hielt er die ganz neue musikalische Form für das Erscheinungsbild, das im 16. und 17. Jahrhundert die griechische Tragödie angenommen hatte. Die erste Vorstellung der »Daphne« von Jacopo Peri und Jacopo Corsi, einer der frühesten Opern, fand im Jahre 1597 in den Uffizien statt. Es folgten regelmäßige Opernaufführungen dort und im Palazzo Bardi, da diese Familie sich ebenso wie die Medici für die Musik einsetzte. Dies aktive und lebhafte Interesse erwachte zur selben Zeit, als Monteverdi seine ersten Werke am Hof von Mantua schrieb.

Es würde zu weit führen, hier eindringlicher auf die Bedeutung einzugehen, die das italienische Musikdrama, wie es sich in Venedig, Florenz und Mantua entwickelte, für die Zukunft der europäischen Musik bekam. Bemerkenswert ist aber doch, daß es während der langen Dauer mediceischen Mäzenatentums vom Anfang des 15. Jahrhunderts an kaum eine Generation gegeben hat, die nicht in der einen oder anderen Weise bemüht gewesen wäre, neue Wege künstlerischer Formgebung bahnen zu helfen. Der Geschmack mancher Großherzöge scheint vielleicht oft weniger ausgebildet und sicher als der der alten einfachen Bankiers, ja er grenzt zuweilen ans Exzentrische wie etwa die Leidenschaft Francescos I., Becher, Flaschen und Vasen aus geschmolzenem Bergkristall und Edelmetall zu formen, oder die Vorliebe Ferdinands II. für Mosaiken aus *pietra dura* und Intarsien. Da hatte Ferdinand I. mit seinen musikalischen Bestrebungen eine glücklichere Hand. Der Schmuck seiner Lieblingsvilla, La Patraia, zeigt, daß er die besten Künstler der Zeit gewonnen hatte, um in prachtvollen Fresken die wichtigsten Ereignisse aus der neueren Geschichte der Medici darzustellen.

Trotz all seinen Ausgaben, die beträchtlich waren und wozu besonders seine kostspielige Hochzeit gehörte, als er 1589 Christine von Lothringen heiratete, sowie die prunkvollen »Empfänge«, die »triumphalen Einzüge« in die Stadt, mit denen er seinen fürstlichen Standesgenossen den neuen Glanz des Großherzogtums vor Augen führte – trotz all diesen Aufwendungen hinterließ er die Staatsfinanzen in recht gutem Zustand, als er starb. Das Familienvermögen schätzten die Zeitgenossen auf etwa fünf Millionen Gulden, wozu noch große Summen in ausländischer Währung kamen, beispielsweise 7000 spanische Dublonen. Die ersten Medici hatten sich von dem Grundsatz leiten lassen, daß das Geld im Umlauf bleiben müsse; es hatte also Zeiten gegeben, da ihre Kassen leer gewesen waren, weil alle verfügbaren Gelder in Bank- und Handelsgeschäften steckten. Ferdinand I. dagegen war mehr darauf aus, das Geld zu horten. In jener Festung des Belvedere, einer uneinnehmbaren strategischen Stellung – theoretisch uneinnehmbar zum wenigsten, denn es gibt keine Befestigung, die menschlicher Scharfsinn nicht durchbrechen könnte –, dazu bestimmt, die Ordnung in Florenz und die Furcht bei den Florentinern zu bewahren, dort hatte er einen gepanzerten Raum anlegen lassen, einen Vorläufer moderner Bankgewölbe – und eine Einrichtung, für die die ersten Medici noch keine Verwendung gehabt hätten. Der damals berühmte Ingenieur Buontalenti (1536–1608) konstruierte die Tür mit einem nicht zu erbrechenden Schloß, und nur der Herzog und Buontalenti, der es hergestellt hatte, besaßen je einen Schlüssel.

Ferdinands ältester Sohn Cosimo, der als Großherzog den Namen Cosimo II. trug, war 1609, als er die schwierige Erbschaft seines Vaters antrat, erst 19 Jahre alt. Er war mit der Erzherzogin Maria Magdalena verheiratet, der Schwester Kaiser Ferdinands II., und verbreitete am florentinischen Hof eine jugendfrische, sorglos glückliche Atmosphäre, wie man sie seit Lorenzo dem Prächtigen dort nicht mehr erlebt hatte. Er hatte seines Vaters liberale Anschauungen geerbt; seine Vorliebe für die Baukunst fand Ausdruck in der Erweiterung des großherzoglichen Palastes – er heißt heute wieder Palazzo Pitti – und in der Anlage einer Villa bei Poggio Imperiale in der Nähe von Arcetri, wo die Medici bereits einen Landsitz besaßen.

Der Beginn des 17. Jahrhunderts war reich an großen naturwissenschaftlichen Fortschritten, besonders auf dem Gebiet der Astronomie. So war es denn auch die Wissenschaft von den Sternen, für die sich der junge Großherzog begeisterte. Francesco I. hatte sich sein chemisches Laboratorium im Palast eingerichtet und Ferdinand I. Opern in den Uffizien aufführen lassen – Cosimo II. versah seine Villa in Poggio Imperiale mit einer Sternwarte. Dort stellte er das Fernrohr auf, das der große Galilei gerade erfunden und mitgebracht hatte, als er in Florenz Zuflucht suchte.

Zum ersten Mal war Galileo Galilei (1564–1642) dem künftigen Großherzog in Padua begegnet, wo Cosimo sich einige Zeit als Student aufhielt und wo er möglicherweise die Vorlesungen des Mathematikprofessors besucht hat. Als er dann die Herrschaft in Toskana antrat, lud der Schüler den Lehrer ein, seine Tätigkeit in Padua aufzugeben und nach Florenz zu kommen. Er stellte den Gelehrten so, daß er sich um materielle Dinge nicht mehr zu kümmern brauchte, brachte ihn in der Villa bei Arcetri unter und sorgte dafür, daß er seine astronomischen Forschungen in Frieden durchführen konnte, ungestört von seinen Rivalen, seinen Feinden und allen denen, die sich seinen »revolutionären« Ideen widersetzten. Die Arbeit, die Galilei dort leistete, führte unter anderem zur Entdeckung der Jupitermonde, die er aus Dankbarkeit für die Hilfe des Großherzogs »mediceische Sterne« nannte. Leider dauerte die Förderung durch Cosimo II. nur kurze Zeit, denn der Großherzog starb am 28. Februar 1620 im Alter von 30 Jahren. Er hinterließ seinen Nachkommen ein Testament voll weiser Ratschläge, wozu auch die Ermahnung gehörte, kein Medici solle jemals das Familienvermögen angreifen, es sei denn in Zeiten allgemeiner Not. In einem solchen Falle wäre es nur recht und billig, mit den in Generationen angesammelten Schätzen die Leiden der Florentiner zu mildern, mit deren Hilfe die Medici zu Ruhm und Wohlstand gekommen waren.

Der Nachfolger war sein zehnjähriger Sohn Ferdinand II. Mit der vorläufigen Regentschaft während der Minderjährigkeit des Fürsten hatte Cosimo seine Frau Maria Magdalena und seine Mutter Christine beauftragt. Der Junge erhielt eine strenge Erziehung und wurde 1627, als er 17 Jahre alt war, auf Reisen ins Ausland, in die europäischen Hauptstädte geschickt. Man hoffte, dadurch seinen Horizont zu erweitern und seinen Charakter zu entwickeln; stattdessen verfiel er einer Willensschwäche und Unentschlossenheit, die seine ganze

»Allegorie des Frühlings« von Botticelli. (Uffizien)

Giuliano de' Medici (späterer Herzog von Nemours) mit seinem Lehrer Poliziano.

Der Kopf des David von Michelangelo; 1501 bis 1503.

Bildnis Giuliano de' Medicis von Botticelli. (National Gallery of Art, Washington)

Regierung belasteten. Gleich seinen Vorfahren zeigte er sich an geistigen Fragen interessiert. Dies Interesse fand seinen Ausdruck vor allem in den *Conversazioni Filosofiche*, die unter dem Vorsitz des jungen Fürsten regelmäßig im herzoglichen Palast stattfanden und an denen Gelehrte und Schöngeister teilnahmen. Die Zeiten waren freilich lange vorbei, als auf den formlosen Sitzungen der Platonischen Akademie unter der Leitung von Cosimo dem Alten und Lorenzo dem Prächtigen die höchsten Höhen der Metaphysik erstiegen wurden, ohne daß dabei jene Umgänglichkeit und die einfachen Sitten verlorengegangen wären, die dem Umkreis der Medici eigentümlich waren. Am großherzoglichen Hof von Florenz ging es im 17. Jahrhundert ganz anders zu. Bei Ferdinand II. und seinem gelehrten Hof war mehr von naturwissenschaftlichen Experimenten als von metaphysischen Fragen die Rede. Das Übergewicht der Naturwissenschaften über die eigentliche Philosophie hatte sich mit dem Laboratorium Francescos I., mit der Sternwarte Cosimos II. immer mehr auf die experimentelle Seite geneigt. Man nahm Abstand von philosophischen Spekulationen, die, wie man glaubte, den Naturwissenschaften das Wasser abgruben, und beschränkte sich auf das reine Experiment: Beobachtung, Analyse und Beschreibung der Natur. Um diese Bestrebungen zu fördern, gründete Ferdinand II. eine Akademie, die er *del Cimento* nannte.

Ferdinand II. war auch für eine andere Neuerung recht sonderbarer Art verantwortlich, die zudem auch noch ein Mißerfolg wurde: die Einbürgerung des Kamels in Italien. Das Tier hatte bereits einen Weg in die zoologischen Gärten der Fürstenhöfe gefunden, wo exotische Geschöpfe, oft die Geschenke orientalischer Herrscher, großes Aufsehen erregten: Giraffen, Löwen, Nashörner, von den für Jagdzwecke gezüchteten Katzenarten ganz zu schweigen. Auf Benozzo Gozzolis Fresko der Anbetung der Könige in der Kapelle des Palastes in der Via Larga erscheint einer der früheren Medici zu Pferde mit einem Gepard auf dem Sattel hinter sich. Der vom Großherzog unternommene Versuch beruhte nicht auf wissenschaftlicher Neugier, etwa dem Wunsch, Anatomie und Verhalten des Kamels zu studieren, sondern auf dem Gedanken, Italien mit einem neuen Haustier zu versehen, das wegen seiner Geduld und Ausdauer berühmt war und sich als weniger kostspieliges und nutzbringenderes Last- und Zugtier, als es das Pferd war, erweisen konnte.

Die Kamelzucht war nur eines aus der ganzen Reihe von Vorhaben, mit denen Ferdinand die Landwirtschaft reformieren wollte, aber weder das Kamel noch seine neuen Methoden der Bodenbearbeitung wurden zum Erfolg. Das Unternehmen verlief im Sande, und wenn der eine oder andere hier und da noch ein paar Kamele hielt, so mehr als Kuriosität, als daß man hoffte, einen Nutzen damit zu erzielen. Glücklicher war der Großherzog mit der Förderung einer neuen Art von Mosaiken, die Florentiner Handwerker in *pietra dura* ausführten. Es handelte sich dabei nicht um große Wandbilder, wie sie einst in Byzanz, Thessaloniki, Ravenna und Venedig entstanden waren, sondern um die Herstellung kleiner Tafeln mit Landschaften und Stilleben, die geschickt aus farbigen Stücken Marmor, Onyx, Elfenbein, Achat und Jaspis zusammengesetzt wurden. Die Handwerker wurden zu Spezialisten in der Herstellung solcher Tafeln, ihre Arbeiten waren in ganz Europa geschätzt und verbreitet und entwickelten sich für Florenz zu einer beträchtlichen Einkommensquelle. Ferdinand unterstützte die Anwendung der Technik im Großen nicht nur, weil er wußte, daß die Stadt Gewinn daraus zog, sondern weil er Geschmack an dieser Art eines eher merkwürdigen als schönen Kunstgewerbes fand. Es hat sich bis auf den heutigen Tag in Florenz erhalten, und im Palazzo Pitti erregen die *pietra dura*-Tafeln bei den Touristen oft mehr Bewunderung als die großen Meisterwerke der Gemäldegalerie.

Es ist leicht, den Großherzögen von Toskana vorzuwerfen, sie hätten die großen Künstler ihrer Zeit nicht im gleichen Maße gefördert, wie es die Bankiers im 15. und 16. Jahrhundert getan hatten. Die Ursache ist möglicherweise darin zu suchen, daß die Medici, als sie souveräne Fürsten geworden und mit den regierenden Häusern von Frankreich und Österreich verschwägert waren, sich innerlich ihres Bankierberufs schämten. Ferdinand II. entfernte diesen Stein des Anstoßes, er schloß die Schalter und die Geschäftsräume. Damit, daß die späteren Medici sich als Fürsten fühlten und das auch zu zeigen, Ansehen und Reichtum zur Schau zu stellen wünschten, hatte sich der Charakter der Familie vollkommen geändert. Sie wollten mehr sein als nur »Fürsten des Geistes«. Die Ausschmückung ihrer Repräsentationsräume war ihnen wichtiger als die Kunst selbst. Sie bemühten sich, aus Malerei und Plastik dekorative Einheiten zu schaffen, und der großherzogliche Palast, den Ferdinand II. in jeder Richtung erweiterte, spiegelt ihre ästhetischen Vorstellungen ebenso, wie die Sammlungen in der Via Larga mit den Bildern von Botticelli, Piero di Cosimo und Pollaiuolo diejenigen Lorenzos und seines Großvaters gespiegelt hatten.

Zusammen mit der älteren Linie der Medici war auch die große Epoche toskanischer Schöpferkraft erloschen. Dem neu heraufgekommenen Zeitalter des Barock mit seinen heftig bewegten, pathetischen und melodramatischen Formen stand das Wesen der Florentiner Kunst mit ihrer Reinheit der einfachen Umrisse, ihren strengen Formen und ihrer maßvoll nüchternen Zurückhaltung fremd gegenüber. Tonangebend wurden andere, leichter dafür empfängliche Städte wie Bologna, Neapel und Rom. Die Hauptstadt der Kunst, wie im Quattrocento, konnte Florenz nicht länger sein, und auch die Medici hatten die Fähigkeit verloren, die Künste anzuregen, ihnen Weg und Ziel zu weisen. Es ist leicht verständlich, daß die jungen Naturwissenschaften in ihrem schöpferischen Überschwang mehr Anziehungskraft besaßen als die Kunst, die auf der Stelle trat und zu leblosem Formalismus versteinerte. Während der Renaissance war die toskanische Kunst »städtische« Kunst gewesen, und die ganze Stadt nahm an ihr teil. Nachdem sie zur Hofkunst geworden war, nur dazu bestimmt, dem Fürsten und seinem Anhang zu gefallen, verlor der schöpferische Genius Toskanas seine Wurzeln im Volk, die Kunst hörte auf, der Allgemeinheit Freude zu machen. Die Verbindung wurde niemals wieder hergestellt, und darin liegt einer der wichtigsten Gründe für die seit der Renaissance sich bildende Kluft zwischen Künstler und »großem Publikum« – oder einfach dem »Volk«. Die Großherzöge degradierten die von ihnen bevorzugten Maler und Bildhauer – Bronzino, Vasari, Volterrano, Ammanati – zu Illustratoren ihrer Ruhmestaten, ebenso wie van der Meulen gezwungen wurde, Ludwig XIV. zum siegreichen Kriegshelden hinaufzustilisieren.

Das Beispiel Ludwigs XIV., das alle zeitgenössischen Fürsten nachzuahmen suchten, wurde ebenso für Cosimo III. (1642–1723), den Nachfolger Ferdinands II., wie für den letzten Großherzog aus der Familie Medici, Gian Gastone, verderblich. Cosimo III. war mit Marguerite Louise von Orléans, einer Kusine Ludwigs XIV., verheiratet, und die ganze Zeit seiner Regierung über – sie dauerte 53 Jahre, in denen die wirtschaftliche und politische Bedeutung von Florenz ständig abnahm – bemühte er sich, den Sonnenkönig nachzuäffen, mit dem er rein gar nichts gemeinsam hatte. Er war eitel, anmaßend, verschwenderisch und wenig intelligent, dazu der einzige Medici, der während des halben Jahrhunderts seiner Herrschaft auch nicht die kleinste Neigung oder Neugier für eine der Künste oder Wissenschaften zeigte, die seine Vorfahren so gefesselt hatten.

1723 folgte ihm sein einziger noch lebender Sohn Gian Gastone, ein Mann von 52 Jahren und eingefleischter Botaniker. Er grub einen Teil der Bóboli-Gärten um, zog dort seltene Pflanzen und baute sich einen abgeschlossenen Pavillon, wo er seine Versuche durchführen konnte, ohne sich viel um die Staatsgeschäfte zu kümmern. Seine Regierung hätte segensreich sein können, denn er war ein kluger, wohlgesonnener und vernünftiger Mann, doch Toskana war inzwischen auf dem europäischen politischen Schachbrett zum Bauern geworden, den die Großmächte nach Belieben hin- und herschoben. Die fürstlichen Heiraten, auf die die Großherzöge so stolz gewesen waren, hatten sie in das Netz internationaler politischer Ränke verstrickt. Im Oktober 1735, als Gian Gastones Regierung sich ihrem Ende näherte – er starb zwei Jahre später –, behandelten die Großmächte Florenz im Vertrag von Wien bereits als Objekt eines ausgemachten Kuhhandels. In diesem Vertrag sollte der polnische König Stanislas Lescszinski dadurch entschädigt werden, daß man ihm das Herzogtum Lothringen übertrug. Nun mußte jedoch der bisher dort regierende Herzog Franz Stephan seinerseits entschädigt werden, und das um so mehr, als er die Erbin Kaiser Karls VI., die Erzherzogin Maria Theresia, zur Frau hatte. Er wurde später selber Kaiser, und sie lebt als eine der tüchtigsten Herrscherinnen in der Geschichte fort. Dem Vertrag zufolge sollte Toskana an den verdrängten Herzog von Lothringen und Maria Theresia fallen, was im Hinblick darauf, daß Gian Gastone keine männlichen Erben hatte und die Thronfolge im Herzogtum leicht zum Zankapfel werden konnte, eine ganz vernünftige Lösung war. Auf diese Weise fielen die Besitzungen der Medici an das Haus Österreich. Gian Gastone war krank und schwach und nicht imstande, Widerstand zu leisten; er äußerte ein paar zaghafte Proteste, um die sich aber niemand kümmerte.

So verschwanden die Medici von der politischen Bühne, auf der sie fast vier Jahrhunderte lang eine Rolle gespielt hatten. Sie hatten sich im allgemeinen als Politiker und Verwaltungsleute nicht besonders ausgezeichnet und mit ihrer Tätigkeit weniger die Geschicke der Staaten als die künstlerischen und wissenschaftlichen Bestrebungen ihrer Epoche beeinflußt. Die letzte großzügige Geste der Medici gegenüber Florenz, wo sie lange geherrscht hatten, war die Schenkung, die Anna Maria Ludovica, Schwester Gian Gastones, der Stadt hinterließ. Sie hatte von ihrem Bruder das ungeheure Vermögen der Medici sowie die reichen Sammlungen von Kunstwerken, die seit den Tagen Giovanni di Biccis zusammengetragen worden waren, geerbt. Als sie 1743 starb, teilte sie ihr Vermögen unter Verwandte, Freunde und Bediente. Außerdem bestimmte ihr Testament, daß alle Kunstwerke, Gemälde wie Skulpturen, dazu Bücher, Möbel, Silbergeschirr, Pietra dura-Tafeln, Kleider, Schaumünzen, Wandbehänge und Keramik in den Besitz des Großherzogtums übergehen sollten. Aus Furcht, die mediceischen Sammlungen oder Teile davon könnten nach Wien geschafft werden, bestimmte sie, daß das Vermächtnis nur so lange gültig sein sollte, wie diese Meisterwerke in Florenz blieben und jedermann – aus welcher Nation er auch sei – zugänglich seien. Auf diese Weise bürgen die Schätze der Medici dafür, daß Florenz für immer eins der großen Kunstzentren der Welt bleiben wird, daß zahllose Freunde der Kunst aus jedem Winkel der Erde ständig dorthin auf dem Weg sein werden, um die Erscheinungsbilder des Schönen in der Stadt am Arno zu betrachten und zu verehren.

STAMMBAUM DER FAMILIE MEDICI

- Giovanni di Bicci de' Medici (1360–1429) ⚭ Piccarda Bueri
  - Cosimo Pater Patriae (1389–1464) ⚭ Contessina de' Bardi
    - Piero (1416–69) ⚭ Lucrezia Tornabuoni
      - Lorenzo der Prächtige (1449–92) ⚭ Clarissa Orsini
        - Pietro lo Sfortunato (1471–1503) ⚭ Alfonsina Orsini
          - Lorenzo (1492–1519) Herzog von Urbino ⚭ Madeleine de la Tour d'Auvergne
            - Katharina (1519–1589) ⚭ Heinrich II., König von Frankreich
            - Alessandro (1511–37) Illegitim; Herzog von Florenz ⚭ Margherita von Österreich-Parma, Tochter Kaiser Karls V.
          - Clarissa ⚭ Filippo Strozzi
            - Piero Strozzi
        - Giovanni (1475–1521) später Papst Leo X.
        - Giuliano (1478–15 Herzog von Nemo
          - Ippolito (1511–35) Illegitim; später Kardinal
      - Giuliano (1453–78)
        - Giulio (1478–1534) Illegitim; später Papst Klemens VII.
    - Giovanni (1421–

Lorenzo (1394-1440)
∞ Ginevra Cavalcanti

Piero Francesco (1431-77)
∞ Laudomia Acciaiuoli

orenzo (1463-1503)
Semicamis d'Appiano

ero Francesco (1486-1525)
Maria Soderini

orenzino
514-48)

Giuliano
(gest. 1588)

Laudomia
∞ Piero Strozzi

Giovanni (1467-1514)
∞ Katharina Sforza

Giovanni delle Bande Nere
(1498-1526)
∞ Maria Salviati

Cosimo I. (1519-74)
Herzog von Florenz, später
Großherzog von Toskana
∞ Eleonora von Toledo

rancesco I
541-87)
(1) Johanna von Österreich
(2) Bianca Capello

aria (1573-1642)
Heinrich IV.,
König von Frankreich

Isabella
∞ Paolo Orsini

Ferdinand I.
(1549-1609)
zuerst Kardinal,
∞ Christine von Lothringen

Cosimo II.
(1590-1620)
∞ Maria Magdalena, Erzherzogin von Österreich

Ferdinand II. (1610-70)
∞ Vittoria della Rovere

Cosimo III. (1642-1723)
∞ Marguerite-Louise von Orléans

Gian Gastone
(1671-1737)
∞ Anna von
Sachsen-Lauenburg

Anna Maria Ludovica
(1667-1743)
∞ Kurfürst Johann Wilhelm
von Pfalz-Neuburg

Pietro
(1554-1604)
∞ Eleonora
von Toledo d. J.

ZEITTAFEL

1280 *Ugo de' Medici urkundlich erwähnt.*
1282 *Die Republik Florenz gibt sich eine demokratische Verfassung.*
1284 *Seeschlacht von Meloria: Niederlage Pisas. Vorherrschaft der Seemacht Genua.*
1289 *Florenz besiegt Arezzo.*
1293 *Verfassungsänderung in Florenz. Die Zünfte setzen sich endgültig gegen den Stadtadel durch. Amt des Gonfaloniere della giustizia geschaffen.*
1294 *Florenz besetzt Pistoia.*
1302 *Cimabue gestorben.*
Dante aus Florenz verbannt.
1304 *Giovanni di Bernardino nimmt an einem Aufstand teil.*
20. Juli: Francesco Petrarca geboren.
1310–1313 *Kaiser Heinrich VII. in Italien.*
1313 *Giovanni Boccaccio geboren.*
1315 *Pisa siegt bei Montecatini über Florenz.*
1321 *14. September: Dante Alighieri im Exil in Ravenna gestorben.*
1323 *Vieri di Cambio geboren.*
1327–1330 *Kaiser Ludwig IV. zieht nach Rom. Krönung durch das römische Volk.*
1329 *Pistoia kommt an Florenz.*
1331 *Salvestro de' Medici geboren.*
1337 *8. Januar: Giotto di Bondone gestorben.*
Florenz kauft die Stadt Arezzo.
1341 *Giovanni di Bernardino wird hingerichtet.*
Petrarcas Dichterkrönung in Rom.
1343 *Verbannung der Strozzi.*
Vertreibung des Herzogs von Athen, Gautier de Brienne.
1347–1351 *Pest in Europa*
1347 *Rom: Umsturzversuch des Cola di Rienzo.*
1348 *Vieri di Cambio läßt sich in die »Arte del Cambio« (Bankierzunft) von Florenz eintragen.*
Pest in Florenz.
Gründung der Universität Prag durch Kaiser Karl IV.
1354 *San Gimignano kommt an Florenz.*
1358 *Gründung der deutschen Hanse.*
1359 *Niccolò da Uzzano geboren.*
1360 *Giovanni di Bicci, ein Neffe des Vieri di Cambio, geboren (Zweig der Medici da Caffagiolo).*
1361 *Volterra von Florenz übernommen.*
1374 *18. Juli: Francesco Petrarca gestorben.*
1375 *21. Dezember: Giovanni Boccaccio gestorben.*

1376
oder 1377 Filippo Brunelleschi geboren.
1377 Papsttum: Ende des avignonesischen Exils. Gregor XI. kehrt nach Rom zurück.
1378 Salvestro de' Medici wird Gonfaloniere von Florenz.
Aufstand der Ciompi (Wollkrempler) in Florenz.
Großes Schisma: Spaltung der Kirche in Anhänger Urbans VI. und Klemens' VII.
1384 Arezzo erneut von Florenz gekauft.
1386 Donatello geboren.
1387 oder 1388 Fra Angelico geboren.
1388 Salvestro de' Medici gestorben.
1389 7. September: Cosimo de' Medici (der Alte, Pater Patriae) als Sohn des Giovanni di Bicci geboren.
Arezzo von Florenz unterworfen.
1395 Vieri di Cambio gestorben.
Giovanni di Bicci leitet die römische Filiale der Medici-Bank.
1397 Paolo Uccello geboren.
1400 Luca della Robbia geboren.
1401 21. Dezember: Masaccio geboren.
1402 Giovanni di Bicci wird Prior der Arte del Cambio in Florenz. Wettbewerb um die Gestaltung der Türen am Baptisterium in Florenz.
Mailand: Giangaleazzo Visconti gestorben.
1404 Leon Battista Alberti geboren.
um 1406 Filippo Lippi geboren.
1406 Florenz erobert Pisa.
1409 Konzil von Pisa. Die Päpste Benedikt XIII. und Gregor XII. werden abgesetzt; Alexander V. gewählt. Autorität des Konzils steht über der des Papstes.
zwischen 1410 und 1420
Piero della Francesca geboren.
1411 Cortona kommt unter florentinische Oberherrschaft.
1414–1418 Konzil zu Konstanz. Ende des Schismas.
1415 Papst Johannes XXIII. vom Konzil zu Konstanz abgesetzt. Er wird von Giovanni di Bicci weiter unterstützt.
Jan Hus als Ketzer verbrannt.
1416 Cosimos Sohn Piero il Gottoso (der Gichtbrüchige) geboren.
1419–1436 Hussitenkriege.
1419 Gegenpapst Johannes XXIII. in Florenz gestorben.
1421 Giovanni di Bicci zum Gonfaloniere von Florenz gewählt.
Giovanni de' Medici als Sohn Cosimos und der Contessina de' Bardi geboren.
1425 Mailand: Filippo Maria Visconti gestorben.
1427 Einführung des »catasto« (Steuerreform) durch Giovanni di Bicci.
1428 Masaccio gestorben.

1429–1432 *Krieg Florenz – Lucca. Lucca kann seine Unabhängigkeit bewahren.*

1429 *28. Februar: Giovanni di Bicci gestorben.*

Cosimo der Alte Führer der Volkspartei in Florenz.

1430 *Niccolò da Uzzano gründet die »Casa di Sapienzia«.*

1431–1449 *Konzil von Basel.*

1431 *Niccolò da Uzzano gestorben.*

Andrea Mantegna geboren.

1433 *Cosimo de' Medici auf Betreiben des Rinaldo degli Albizzi verbannt.*

19. Oktober: Marsilio Ficino geboren.

Gründung der »Accadèmia Pontaniana« in Neapel.

1434 *Cosimo nach Florenz zurückberufen.*

1435–1442 *Neapel kommt wieder an Aragon.*

1438–1442 *Konzil zu Florenz (von Ferrara nach Florenz verlegt). Die Vereinigung mit der Ostkirche gelingt nicht.*

1436 *Andrea del Verrocchio geboren.*

1439 *Konzil zu Basel: Felix V. als Gegenpapst gewählt.*

1440 *Gründung der Platonischen Akademie in Florenz.*

Lorenzo della Valla erweist die Konstantinische Schenkung als Fälschung.

1442–1458 *Sizilien mit Neapel vereinigt.*

1442 *Alfons V. von Aragon erobert Neapel.*

1444 *Gründung der »Biblioteca Laurenziana« durch Cosimo den Alten.*

Sandro Botticelli geboren.

Donato Bramante geboren.

um 1445 *Johannes Gutenberg erfindet den Buchdruck mit beweglichen Metall-Lettern.*

1446 *15. April: Filippo Brunelleschi gestorben.*

1447 *Nikolaus V. wird Papst.*

1449 *1. Januar: Lorenzo de' Medici, der ältere Sohn des Piero il Gottoso und der Lucrezia Tornabuoni, geboren.*

Domenico Ghirlandaio geboren.

1450 *Francesco Sforza aus einer Condottieri-Familie wird Herzog von Mailand (ohne Investitur durch Kaiser Friedrich III.).*

1451 *Christoph Kolumbus geboren.*

Amerigo Vespucci geboren.

1452 *15. April: Leonardo da Vinci geboren.*

21. September: Girolamo Savonarola geboren.

1453 *Pieros jüngster Sohn Giuliano geboren.*

Eroberung Konstantinopels durch die Türken unter Mohammed II.

Zahlreiche griechische Gelehrte fliehen nach Italien.

Ende des Hundertjährigen Krieges zwischen England und Frankreich.

1454 *14. Juli: Angelo Poliziano (Angelo degli Ambrogini) geboren.*
Friede von Lodi zwischen Mailand und Venedig.

1455 *Lega Italica: Schutzbündnis gegen Frankreich zwischen Mailand, Florenz, Venedig, Neapel, Rom und später auch kleineren italienischen Staaten.*
Fra Angelico gestorben.
1. Dezember: Lorenzo Ghiberti gestorben.

1458 *Enea Silvio Piccolomini wird als Pius II. Papst.*
Neapel: Alfons von Aragon gestorben.

1459 *Cosimo der Alte begründet die »Accedèmia Platonica« in Florenz neu.*
Besuch Pius' II. bei Cosimo dem Alten.

1463 *Giovanni de' Medici gestorben.*
24. Februar: Giovanni Pico della Mirandola geboren.

1464 *1. August: Cosimo der Alte gestorben. Piero il Gottoso übernimmt die Herrschaft in Florenz.*
15. August: Pius II. gestorben.

zwischen 1465 und 1469 *28. Oktober: Desiderius Erasmus von Rotterdam geboren.*

1466 *Eine Verschwörung des Luca Pitti in Florenz mißglückt. Pitti wird begnadigt.*
Mailand: Francesco Sforza gestorben.
13. Dezember: Donatello gestorben.

1467 *Giovanni di Pier Francesco de' Medici (jüngere Linie) geboren.*
23. Juli: Florentiner Exilanten und Verbündete unter Führung des Condottiere Colleoni werden bei Montefeltro von einem florentinischen Heer mit Hilfe Neapels und Mailands geschlagen.

1469 *3. Mai: Niccolò Machiavelli geboren.*
Sommer: Lorenzo de' Medici heiratet Clarissa Orsini aus einer römischen Adelsfamilie.
9. Oktober: Fra Filippo Lippi gestorben.
4. November: Piero il Gottoso gestorben.
Tommaso Soderini wird die Fürstenherrschaft angeboten. Lorenzo de' Medici setzt sich jedoch gegen ihn durch.
Spanien: Heirat zwischen Isabella von Kastilien und Ferdinand von Aragon.

1470 *Aufstand in Prato gegen die florentinische Herrschaft.*
Erneuerung der Lega Italica.

1471 *Lorenzos Sohn Pietro lo Sfortunato (der Unglückliche) geboren.*
Sixtus IV. (Francesco della Rovere), ein Gegner der Medici, wird Papst.
Kapitulation und Plünderung von Volterra.

1472–1479 *Venezianisch-türkischer Krieg.*

1472 *Leon Battista Alberti gestorben.*

1473 *19. Februar: Nikolaus Kopernikus geboren.*

1474	*Marsilio Ficino veröffentlicht seine »Theologia Platonica«.*
1475	*6. März: Michelangelo Buonarotti geboren.*
	10. Dezember: Paolo Uccello gestorben.
1476	*Lorenzos Sohn Giovanni de' Medici geboren.*
	Mailand: Galeazzo Maria Sforza ermordet.
1477	*Burgundische Heirat: Verbindung der Maria von Burgund mit Maximilian von Österreich.*
	Karl der Kühne von Burgund gestorben.
1478	*Giulio de' Medici, der Bastard (natürlicher Sohn Giulianos), geboren.*
	26. April: Pazzi-Verschwörung gegen die Medici. Giuliano de' Medici wird im Dom von Florenz ermordet, Lorenzo entkommt.
	In Mailand reißt Ludovico Sforza (il Moro) die Macht an sich.
1479	*Lorenzo begibt sich zu seinem Gegner Ferrante nach Neapel und erreicht einen Friedensschluß.*
	Sizilien kommt an Spanien.
1480	*Lorenzo gibt Florenz eine neue Verfassung*
1481–1484	*Ferrarakrieg.*
1482	*10. Februar: Luca della Robbia gestorben.*
	Savonarola kommt aus Ferrara nach Florenz und tritt in das Kloster San Marco ein.
1483	*26. oder 28. März: Raffaelo Santi geboren.*
	10. November: Martin Luther geboren.
	Savonarola hält in San Lorenzo seine erste Fastenpredigt.
	Karl VIII. wird König von Frankreich. Er erhebt Anspruch auf Neapel.
1484	*12. August: Sixtus IV. gestorben. Der medicifreundliche Innozenz VIII. folgt ihm auf den Heiligen Stuhl.*
1485–1486	*Neapel: Verschwörung der Barone gegen König Ferrante.*
1485	*7. Oktober: Verrocchio gestorben.*
	Ende der Rosenkriege in England.
1486	*Pico della Mirandolas »De hominis dignitate« erschienen.*
1487	*Bartolomeo Diaz umsegelt das Kap der Guten Hoffnung.*
1489	*Tizian geboren.*
1490	*Der vierzehnjährige Giovanni de' Medici wird von Papst Innozenz VIII. zum Kardinal ernannt.*
	Michelangelo im Palazzo Medici.
1491	*Oktober: Ignatius von Loyola geboren.*
	Savonarola zum Prior von San Marco ernannt.
1492	*9. April: Lorenzo il Magnifico gestorben. Pietro lo Sfortunato Herr von Florenz.*
	20. April: Pietro Aretino geboren.
	Oktober: Piero della Francesca gestorben.
	Oktober/Dezember: Kolumbus entdeckt Kuba und Haiti.
	Alexander VI. (Rodrigo Borgia) wird Papst.

1492 *Martin Behaim konstruiert den ersten Globus.*
1493 *19. August: Tod Kaiser Friedrichs III. Maximilian I. wird Nachfolger.*
September/November: Kolumbus entdeckt Dominica, Puerto Rico und Guadeloupe.
Friede von Senlis: Begründung des französisch-habsburgischen Gegensatzes.
1494 *Karl VIII. von Frankreich fällt in Italien ein.*
Pietro lo Sfortunato schließt eigenmächtig Frieden mit Karl VIII. und wird aus Florenz vertrieben.
Neue republikanische Verfassung.
Savonarola herrscht in Florenz.
Pisa kann die florentinische Herrschaft abschütteln.
König Ferrante von Neapel gestorben.
Dürer kommt nach Italien.
11. Januar: Domenico Ghirlandaio gestorben.
2. Mai: Kolumbus entdeckt Jamaica.
7. Juni: Vertrag von Tordesillas. Aufteilung der Welt in eine spanische und eine portugiesische Interessensphäre.
29. September: Angelo Poliziano gestorben.
17. November: Giovanni Pico della Mirandola gestorben.
1495 *Papst Alexander VI. erteilt Savonarola Predigtverbot.*
Karl VIII. zieht als Sieger in Neapel ein.
Heilige Liga: Defensivbündnis zwischen Papst, Reich, Mailand, Spanien und Venedig. Eigentliches Ziel: Rückeroberung Neapels.
Deutsches Reich: Reichstag zu Worms. Ewiger Landfriede.
1497 *Giovanni de' Medici heiratet Caterina Sforza.*
Savonarola exkommuniziert.
1498 *6. April: Giovanni delle Bande Nere als Sohn Giovanni de' Medicis und seiner Frau Caterina Sforza geboren.*
7. April: Karl VIII. von Frankreich gestorben. Ludwig XII. wird König.
23. Mai: Savonarola auf der Piazza Signoria in Florenz als Häretiker und Schismatiker verbrannt.
Machiavelli wird Sekretär der Zweiten Staatskanzlei, dann Sekretär des Rats der Zehn, Pietro Soderini Gonfaloniere in Florenz.
5. August: Kolumbus entdeckt die Orinoco-Mündung.
Vasco da Gama umsegelt das Kap der Guten Hoffnung und erreicht Indien.
1499 *1. Oktober: Marsilio Ficino gestorben.*
Ludwig XII. von Frankreich beginnt den Krieg gegen Mailand.
Die Schweiz löst sich vom Reichsverband.
1500–1530 *Zeit der Hochrenaissance in der bildenden Kunst.*
1500 *3. November: Benvenuto Cellini geboren.*

1500 *Ludwig XII. von Frankreich besetzt Mailand. Ludovico il Moro gefangengenommen.*
Entdeckung Brasiliens.

1501–1507 *»Florentiner Klassik«: da Vinci und Michelangelo in Florenz.*

1501 *Ende der aragonesischen Seitenlinie in Neapel: Federico kapituliert vor Ludwig XII. von Frankreich.*

1502 *Pietro Soderini wird zum Gonfaloniere auf Lebenszeit ernannt.*
25. September: Kolumbus entdeckt das mittelamerikanische Festland.

1503 *Pietro lo Sfortunato gestorben.*
18. August: Alexander VI. gestorben. Sein Nachfolger Pius III. stirbt noch im selben Jahr. Julius II. (Giuliano della Rovere) wird Papst.

1504 *Neapel wird spanisches Vizekönigreich.*

1505–1507 *Dürer wieder in Italien.*

1505 *Vertrag von Blois zwischen Frankreich und Spanien.*

1506 *20. Mai: Christoph Kolumbus gestorben.*
13. September: Andrea Mantegna gestorben.
Papst Julius II. gibt Bramante den Auftrag zum Neubau der Peterskirche (spätere Baumeister: Raffael, Peruzzi, Michelangelo).

1507 *12. März: Cesare Borgia fällt im Dienst des Königs von Navarra.*
Genua verliert seine kommunalen Freiheiten und kommt in den französischen Machtbereich.

1508 *10. Dezember: Liga von Cambrai zwischen König Ludwig XII. von Frankreich und Kaiser Maximilian I. Ziel: Aufteilung der venezianischen »Terra ferma«.*

1509 *Florenz tritt der Liga von Cambrai bei. Daraufhin Einstellung der französischen Unterstützung für Pisa. Pisa gelangt wieder unter florentinische Oberherrschaft. Heinrich VIII. wird König von England.*

1510 *17. Mai: Sandro Botticelli gestorben.*
Martin Luther reist nach Rom.
Papst Julius II. schließt mit Venedig Frieden.

1511 *Alessandro de' Medici, illegitimer Neffe oder Sohn Giulios, geboren.*
Ippolito de' Medici, natürlicher Sohn Giulianos, des Herzogs von Nemours, geboren.
Giorgio Vasari geboren.
Heiliger Bund zwischen Papst Julius II. und Venedig gegen Frankreich.

1512–1517 *Laterankonzil.*

1512 *31. August: Spanische Truppen verhelfen den Medici in Florenz wieder zur Herrschaft. Giuliano de' Medici wird Stadtoberhaupt. Der Gonfaloniere Soderini verläßt die Stadt.*

1512 *Machiavelli verbannt.*
Florenz erobert Prato.
Die Schweizer herrschen in Mailand.

1513 *21. Februar: Papst Julius II. gestorben. Giovanni de' Medici gelangt als Leo X. auf den päpstlichen Thron.*
Machiavelli veröffentlicht »Il Principe«.
Schlacht bei Novara: Das französische Heer muß sich über die Alpen zurückziehen.

1514 *Giovanni di Pier Francesco de' Medici gestorben.*
Lorenzino (Lorenzo di Piero Francesco de' Medici) geboren.

1515 *Lorenzo de' Medici wird von Leo X. zum Herzog von Urbino ernannt.*
1. Januar: Ludwig XII. gestorben. Franz I. wird König von Frankreich.
Schlacht bei Marignano. Franz I. erobert Mailand. Französische Vorherrschaft in Oberitalien.

1516 *Vertrag von Noyon zwischen Franz I. und Karl V.: Der französische König verzichtet auf die Rechte in Neapel. Vertrag von Brüssel: Kaiser Maximilian I. einigt sich mit Venedig über die beiderseitigen Grenzen.*

1517 *31. Oktober: Martin Luther schlägt an der Schloßkirche zu Wittenberg seine Ablaß-Thesen an.*

1519–1521 *Eroberung Perus durch Spanien (Hernán Cortes).*
Erste Erdumsegelung durch Fernao de Magalhaes.

1519 *13. April: Katharina de' Medici geboren.*
2. Mai: Leonardo da Vinci gestorben.
28. Mai: Karl V. zum Kaiser gewählt.
11. Juni: Cosimo de' Medici, der spätere Großherzog von Toskana, als Sohn des Giovanni delle Bande Nere und der Maria Salviati geboren.
24. Juni: Lucrezia Borgia, natürliche Tochter Alexanders VI., gestorben.

1520 *Leo X. (Giovanni de' Medici) erläßt auf Betreiben Ecks gegen Luther die Bulle »Exsurge Domino«.*
6. April: Raffaelo Santi gestorben.

1521 *Papst Leo X. verhängt den Bann über Martin Luther.*
Reichstag zu Worms. Wormser Edikt.
Verteidigungsbündnis Kaiser – Papst.
Mailand von einem deutsch-spanischen Heer besetzt.
1. Dezember: Leo X. gestorben. Hadrian VI. wird Papst.

1522–1523 *Deutsches Reich: Erhebung der Reichsritter.*

1522 *Genua von Deutschen und Spaniern besetzt.*

1523 *Karl V. schließt Verträge mit Venedig und Papst Hadrian VI.*
14. September: Hadrian VI. gestorben. Giulio de' Medici wird als Klemens VII. Papst.

1525 *Schlacht von Pavia: Sieg der kaiserlichen Truppen. Franz I. wird gefangengenommen. Ende der französischen Vorherrschaft in Oberitalien.*
Die Spanier erobern Mailand.
Giovanni Palestrina geboren.

1526 *Giovanni delle Bande Nere gestorben.*
Friede von Madrid zwischen Kaiser Karl V. und König Franz I.: Frankreich verzichtet auf Mailand, Genua, Asti und Neapel.
Heiliger Bund zwischen Klemens VII., Venedig, Florenz und Mailand.

1527–1530 *Letzte florentinische Republik.*

1527 *Sacco di Roma: Plünderung Roms durch die Truppen Karls V. In Florenz erneut Errichtung der Republik. Sturz der Medici. Alessandro und Ippolito de' Medici aus der Stadt vertrieben.*
22. Juni: Niccolò Machiavelli gestorben.

1528 *Andrea Doria befreit Genua. Wiedererrichtung der Republik.*
6. April: Albrecht Dürer gestorben.

1529 *Die Türken belagern Wien.*
Friede von Barcelona zwischen Kaiser und Papst: Defensivbündnis.
Friede von Cambrai zwischen Karl V. und Franz I.: Verzicht Frankreichs auf alle Ansprüche in Italien.

1530 *Florenz kapituliert vor dem kaiserlich-päpstlichen Heer. Ende der Republik. Wiedereinsetzung der Medici.*
Kaiserkrönung Karls V. in Bologna.

1531 *Alessandro de' Medici zum Herzog von Florenz ernannt.*

1532–1534 *Eroberung Perus durch Spanien (Francisco Pizarro).*

1532 *Orlando di Lasso geboren.*
Nürnberger Religionsfriede.

1533 *Katharina de' Medici heiratet den späteren französischen König Heinrich II.*

1534 *25. September: Klemens VII. (Giulio de' Medici) gestorben.*
Paul III. (Alessandro Farnese) wird Papst.
Die anglikanische Kirche löst sich von Rom.
Ignatius von Loyola gründet die »Societas Jesu«.

1535 *10. August: Alessandro läßt Ippolito de' Medici ermorden.*
Mailand: Herzog Francesco Sforza ohne Nachkommen gestorben.

1536 *Franz I. von Frankreich besetzt Savoyen.*
12. Juli: Erasmus von Rotterdam gestorben.

1537 *Alessandro de' Medici von Lorenzino ermordet. Cosimo wird Nachfolger.*
28. Februar: Karl V. ernennt Cosimo zum erblichen Herzog.
31. Juli: Cosimo I. siegt bei Montemurlo über ein Heer von Florentiner Verbannten unter der Führung Filippo Strozzis.

1539 *Cosimo I. heiratet Eleonora von Toledo, die Tochter des Vizekönigs von Neapel.*
1542 *Cosimo I. erneuert die Universität Pisa.*
1543 *24. Mai: Nikolaus Kopernikus gestorben.*
1544 *Friede von Crépy: Frankreich verzichtet erneut auf seine Ansprüche in Italien.*
1545–1563 *Konzil von Trient.*
1546 *18. Februar: Martin Luther gestorben.*
1547 *28. Januar: König Heinrich VIII. von England gestorben. Nachfolger wird Eduard VI.*
31. März: König Franz I. von Frankreich gestorben. Ihm folgt Heinrich II. auf den Thron.
1548 *Lorenzino de' Medici gestorben.*
Giordano Bruno geboren.
1550–1555 *Cosimo I. führt Krieg gegen Siena.*
1551–1552 *Parma-Krieg.*
1554 *Cosimo I. besiegt ein Heer, das unter der Führung Pietro Strozzis steht.*
1555 *Siena wird von Florenz unterworfen.*
Allgemeines florentinisches Bürgerrecht an die von Florenz beherrschten Städte verliehen.
Augsburger Religionsfriede.
1556 *Karl V. dankt zugunsten seiner Söhne Philipp II. (Spanien und Burgund) und Ferdinand I. (Reich) ab.*
21. Oktober: Pietro Aretino gestorben.
1558 *21. September: Kaiser Karl V. gestorben.*
1559 *Friede von Cateau-Cambrésis zwischen Philipp II. von Spanien und Heinrich II. von Frankreich; Ende des französischen Einflusses in Italien.*
1560 *Katharina de' Medici, Königin von Frankreich, übernimmt nach Franz' II. Tod die Regentschaft.*
1562–1598 *Hugenottenkriege in Frankreich.*
1564 *Francesco, der spätere Großherzog von Toskana, heiratet Johanna von Österreich, die Schwester Kaiser Maximilians II.*
15. Februar: Galileo Galilei geboren.
18. Februar: Michelangelo Buonarotti gestorben.
vermutlich 23. April: William Shakespeare geboren.
1567 *Claudio Monteverdi geboren.*
1568–1648 *Niederländischer Freiheitskampf.*
1570 *Cosimo I. wird vom (dafür nicht kompetenten) Papst in Rom zum Großherzog von Toskana erhoben.*
1571 *14. Februar: Benvenuto Cellini gestorben.*
27. Dezember: Johannes Kepler geboren.
1573 *26. April: Maria de' Medici, Tochter Francescos und der Johanna von Österreich, geboren.*

1574	*21. April: Cosimo I., Großherzog von Toskana, gestorben. Nachfolger wird Francesco I.*
	27. Juni: Giorgio Vasari gestorben.
1576	*27. August: Tizian gestorben.*
1578	*April: Johanna von Österreich, erste Frau des Großherzogs Francesco I., gestorben. Francesco heiratet seine Geliebte Bianca Capello.*
1581	*Abfall der Niederlande von Spanien.*
1582	*Bartholomäusnacht in Frankreich, auf Veranlassung Katharina de' Medicis.*
1587	*Francesco I. und Bianca Capello gestorben. Francescos Bruder Ferdinand I. wird dritter Großherzog von Toskana.*
1589	*5. Januar: Katharina de' Medici, Königin von Frankreich, gestorben.*
	Großherzog Ferdinand I. heiratet Christine von Lothringen. Heinrich IV. wird König von Frankreich.
1609	*Ferdinand I., Großherzog von Toskana, gestorben. Ihm folgt sein Sohn Cosimo II.*
1610	*Maria de' Medici, Königin von Frankreich, übernimmt für ihren Sohn Ludwig XIII. die Regentschaft.*
1620	*28. Februar: Großherzog Cosimo II. gestorben. Für den minderjährigen Ferdinand II. führen Cosimos Frau, Erzherzogin Maria Magdalena von Österreich, und Cosimos Mutter Christine die Regentschaft.*
1642	*8. Januar: Galileo Galilei gestorben.*
	3. Juli: Maria de' Medici, Königin von Frankreich, gestorben.
1643	*29. November: Claudio Monteverdi gestorben.*
1670	*Ferdinand II. gestorben. Cosimo III. wird Großherzog.*
1723	*Cosimo III. gestorben. Nachfolger wird sein Sohn Gian Gastone.*
1735	*Vertrag von Wien: Dem polnischen König Stanislas Lescszinski wird das Herzogtum Lothringen zugesprochen. Dafür soll Herzog Franz Stephan das Großherzogtum Toskana erhalten.*
1737	*Gian Gastone, Großherzog von Toskana, der letzte männliche Nachkomme der Familie Medici, gestorben.*
1743	*Weiblicher Stamm der Medici erloschen: Tod der Anna Maria Ludovica, Frau des Kurfürsten Johann Wilhelm von der Pfalz.*

BIBLIOGRAPHIE

Accascina, M., *L'oreficeria italiana,* Florenz 1933

Ady, Cecilia M., *Lorenzo dei Medici and Renaissance Italy,* London 1955

Alazard, J., *L'art italien de l'ère baroque au XIX siècle,* Paris 1960

Albertini, R. von, *Das florentinische Staatsbewußtsein im Übergang von der Republik zum Prinzipat,* Bern 1955

Allodoli, E., *I Medici,* Florenz 1929

Andrieux, M., *Les Médicis,* Paris 1958

Antal, F., *Florentine Painting and its Social Background,* London 1947

Armstrong, E., *Lorenzo de' Medici and Florence in the Fifteenth Century,* London 1896

Aubenas, Roger, und Ricard, Robert, *L'Eglise et la Renaissance,* Paris 1951

Barbagallo, C., *L'Età della Rinascenza e della Riforma,* Storia Universale Bd. 4 Teil 1, Turin 1936

Barfucci, E., *Lorenzo de' Medici e la società artistica del suo tempo,* Florenz 1945

Baron, A., *The Crisis of the Italian Renaissance,* Princeton 1955

Benedeni, B., *Il carteggio della Signoria di Firenze e dei Medici coi Gonzaga,* Rom 1962

Benoist, Charles, *Le Machiavélisme avant Machiavel et Le Machiavélisme aprés Machiavel,* 3 Bde., Paris 1907–1934

Berence, F., *La Renaissance Italienne,* Paris 1951

Berence, F., *Laurent le Magnifique ou la quête de la perfection,* Paris 1949

Berenson, B., *The Florentine Painters of the Renaissance,* London 1896

Biagi, G., *The Private Life of the Renaissance Florentines,* London 1896

Bignami, L., *Nel crepuscolo delle signorie Lombarde; Gian Giacomo de' Medici 1495–1555,* Mailand 1925

Bizzarri, E., *Il Magnifico Lorenzo,* Verona 1950

Block, W., *Die Condottieri,* Berlin 1913

Blunt, A., *Artistic Theory in Italy 1450–1600,* Oxford 1940

Bocchi, F., *Le Bellezze della Città di Fiorenza,* ed. Cinelli, Florenz 1677

Brion, M., *Laurent le Magnifique,* Paris 1937

Brion, M., *Le Pape et le Prince. Les Borgia,* Paris 1953

Brion, M., *Machiavel,* Paris 1948

Brion, M., *Savonarola,* Paris 1948

Brucker, G. A., *Florentine Politics and Society 1343–1378,* Princeton 1962

Buck, A., *Der Platonismus in den Dichtungen Lorenzo de' Medicis,* Berlin 1936

Burckhardt, J., *Die Kultur der Renaissance in Italien,* 1860

Burdach, K., *Vom Mittelalter zur Reformation,* Halle 1893

Caggese, Romolo, *Firenze dalla decadenza di Roma al Risorgimento d'Italia,* Florenz 1913
Camerani, S., *Saggio di bibliografia medicea,* Florenz 1940
Canestrini, G., *Documenti per la Storia della Milizia italiana,* Florenz
Canestrini, G., *La Scienza et l'arte di stato descarta dagli atti ufficiali della Republica Fiorentina e dei Medici,* Florenz 1862
Capasso, A., *Tre saggi sulla poesia italiana del Rinascimento Boiardo, Lorenzo, Ariosto,* Genua 1939
Cappelli, A., *Lettere di Lorenzo de' Medici,* Modena 1863
Carbonara, C., *Umanesimo e Rinascimento,* Turin 1944
Cassirer, E., *Individuum und Kosmos in der Philosophie der Renaissance,* Leipzig-Berlin 1927
Cassirer, E., (mit P. O. Kristaller und V. J. H. Randall) *The Renaissance Philosophy of Man,* Chicago 1948
Ceccherelli, A., *I libri di mercatura della Banca Medici,* Florenz 1913
Cecchi, Emilio, *Lorenzo il Magnifico,* Rom 1949
Chabod, Frederico, *Machiavelli and the Renaissance,* London 1958
Chastel, A., *Art et Humanisme à Florence au temps de Laurent le Magnifique,* Paris 1961
Chedovsky, K. von, *Der Hof von Ferrara,* München 1921
Chiapelli, G., *Formazione storica del commune citadino,* Florenz 1927
Ciasca, R., *L'arte dei Medici e speziali nella storia et nel commercio fiorentino dal secolo XII al XV, Florenz 1927*
Cipolla, C., *Money, Prices and Civilization in the Mediterranean World, Fifth to Seventeenth Century,* Princeton 1956

Davidsohn, R., *Geschichte von Florenz,* 4 Bde., Berlin 1896–1908
De Roover, R., *The Rise and Decline of the Medici Bank,* Cambridge, Mass., 1963
Di Napoli, G., *L'immortalità dell' anima nel Rinascimento,* Turin 1963
Di Pino, *La poesia di Lorenzo dei Medici,* Florenz 1952
Dorini, Umberto, *I Medici e i loro tempi,* Florenz 1947

Ewart, Joseph, *Cosimo de' Medici,* London 1899

Fabbri, Mario, *Alessandro Scarlatti e il Principe Fernando de Medici,* Florenz 1961
Fabriczy, C. von, *Italian Medals,* London 1904
Fabroni, A., *Laurentii Medicis Magnifici Vita,* Pisa 1784
Ferguson, W. K., *The Renaissance in Historical Thought,* Boston 1948
Ferrara, Mario, *Prediche e scritti di Savonarola,* 1930
Ferrari, M., *La Congiura dei Pazzi,* Rom 1945
Ferrari, M., *Les fêtes de la Renaissance,* Paris 1956
A. A. Filaretes Tractat über die Baukunst, hrsg. von W. von Oettingen, Wien 1890

Fiori, F. G., *Lorenzo il Magnifico,* Florenz 1937

Gandillac, M. de, *La sagesse de Plotin,* Paris 1952
Garin, Eugenio, *Italian Humanism: Philosophy and Civic Life in the Renaissance,* Oxford 1965
Geiger, Ludwig, *Renaissance und Humanismus in Italien und Deutschland,* Berlin 1892
Gengaro, M. L., *Umanesimo e Rinascimento,* Turin 1948
Gentile, Giovanni, *Il Pensiero italiano del Rinascimento,* Florenz 1940
Gingins, M. de, *Dépèches des ambassadeurs milanais sur les campagnes de Charles-le-Hardi Duc de Bourgogne de 1474 à 1477,* Paris 1858
Giovannoni, G., *Sàggi sulla architettura del Rinascimento,* Mailand 1931
Gnoli, D., *La Roma di Leone X,* Mailand 1938
Gromore, G., *L'architecture de la Renaissance en Italie,* Paris 1922
Gutkind, K., *Cosimo de' Medici, Pater Patriae 1389–1464,* Oxford 1938

Hay, D., *The Italian Renaissance in its historical background,* Cambridge 1950
Haydn, H. C., *The Counter-Renaissance,* New York 1950
Holzhausen, W., *Studien über den Schatz des Lorenzo il Magnifico,* Florenz 1929
Horsbrough, E. L. S., *Lorenzo the Magnificent and Florence in the Golden Age,* London 1908

Jacolo, E. F. ed., *Italian Renaissance Studies. A tribute to the late Cecilia Mary Ady,* London 1960
Krakowski, Edward, *Plotin et le Paganisme religieux,* Paris 1933
Kristeller, Paul Oskar, *Studies in Renaissance Thought and Letters,* Rom 1956

Labande, E. R., *L'Italie de la Renaissance, Duecento-Trecento-Quattrocento,* Paris 1954
Lavedan, P., *Histoire de l'Urbanisme, Renaissance et Temps Modernes,* Paris 1941
Lestocquoy, J., *Les villes de Flandre et d'Italie sous le gouvernement des patriciens,* Paris 1952
Lipari, A., *The Dolce Stil Nuovo according to Lorenzo di Medici; Study of his poetic Principio etc.* New Haven 1936
Lungo, Isidoro del, *Florentia uomini e cose del Quattrocento,* Florenz 1897
Luz, P. de, *Histoire des Papes,* Paris 1960

Machiavelli, N., *Opere complete die N. M. con aggiunte e correzione tratte dai manoscritti originali,* Florenz 1843
Mahon, Denis, *Studies in Seicento Art and Theory,* London 1947
Margotto, G., *Un mercante fiorentino e la sua famiglia nel secolo XV,* Florenz 1881

Martelli, Mario, *Studi Laurenziani,* Florenz 1965
Martin, A. von, *Soziologie der Renaissance,* Stuttgart 1932
Martini, G. S., *La bottega die un cartolaio fiorentino nella seconda metà del Quattrocento,* Florenz 1956
Maulde de la Clavière, R. de, *La Diplomatie au temps de Machiavel,* Paris 1892
Meltzing, O., *Das Bankhaus der Medici und seine Vorläufer,* Mailand 1937
Misciatelli, P., *Personnaggi del Quattrocento italiano,* Rom 1914
Monnier, P., *Le Quattrocento,* Paris 1901
Montani, G., *Gli organismi finaziarii della Repubblica di Firenze,* Rimini 1886
Moreni, D., *Lettere di Lorenzo il Magnifico,* Florenz 1830
Morlay, Collison, *Les Borgia,* Paris 1934
Müntz, E., *Les arts à la cour des Papes pendant le XV & XVI siècle,* Paris 1879
Müntz, E., *Les collections d'Antiques formées par les Medicis au XVIe siècle,* Paris 1888

Nagler, A. M., *Theatre Festivals of the Medici 1539–1637,* New Haven 1964
Nitti, F., *Leone X e la sua politica secondo documenti e carteggi inediti,* Florenz 1892
Nordström, J., *Moyen Age et Renaissance,* Uppsala 1929
Notizie Letterarie ed istoriche intorno agli uomini illustri dell' Accadèmia fiorentina, ed. Rilli, Florenz 1700

Operti, P., *Il Condottiere, Vita di Bartolomeo Colleoni,* Turin 1957
Orsi, Pietro, *Signorie e Principati (1300–1350),* Mailand 1900

Palmarocchi, R., *Lorenzo de' Medici,* Turin 1941
Palmarocchi, R., *La politica italiana di Lorenzo de' Medici. Firenze nella guerra contro Innocenzo VIII,* Florenz 1933
Panella, Antonio, *Storia di Firenze,* Florenz 1949
Passerini, G. L., *Curiosità storico-artistiche fiorentine,* Florenz 1866
Pepe, G., *La politica dei Borgia,* Neapel 1945
Perrens, F. T., *Histoire de Florence,* Paris 1877–1888
Pierraccini, G., *La stirpe dei Medici di Caffaggiolo,* Florenz 1924
Portigliotto, Giuseppe, *I Condottieri,* Mailand 1935

Randolph, G., *Florentine Merchants in the Age of the Medici,* Cambridge, Mass., 1932
Renard, George, *Histoire du travail à Florence,* Paris 1913–1914
Renaudet, A., *Machiavel,* Paris 1956
Reumont, Alfred von, *Lorenzo de' Medici il magnifico,* Leipzig 1874–1883
Rho, E., *Lorenzo de' Medici,* Turin 1932
Ricci, P. G., und Rubinstein, N., *Censimento delle lettere di Lorenzo di Piero de' Medici,* Florenz 1964
Ridolfi, Roberto, *Studi savonaroliani,* Florenz 1935
Robb, N. A., *Neoplatonism of the Italian Renaissance,* London 1935

Robion, Emilio, *Gli ultimi dei Medici e la successione al granducato di Toscana,* Florenz 1905
Rodocanachi, E., *La première Renaissance, Rome au Temps de Jules II et de Léon X,* Paris 1912
Roover, R. de, *The Medici Bank, its Organization, Management, Operations and Decline,* New York 1948
Roscoe, W., *Life and Pontificate of Leo the Tenth,* Liverpool 1805
Roscoe, W., *Life of Lorenzo de' Medici, called the Magnificent,* Liverpool 1795
Rossi, L., *Il Quattrocento,* Mailand 1949
Rubinstein, N., *The beginnings of political thought in Florence,* London 1942
Rubinstein, N., *The Government of Florence under the Medici 1434 to 1494,* Oxford 1966

Saitta, G., *Il Pensiero italiano nel Umanesimo e nel Rinascimento,* Bologna 1949–1951
Sapori, Armando, *Studi di storia economica medioevale,* Florenz 1940
Schiaparelli, A., *La casa fiorentina e i suoi arredi nei secoli XIV e XV,* Florenz 1908
Schillmann, Fritz, *Florenz und die Kultur Toskanas,* Wien 1938
Segni, Bernardo, *Storie fiorentine dall' anno 1527 al 1555,* Florenz 1857
Semerau, Alfred, *Die Condottieri,* Jena 1909
Semprini, G., *I Platonici italiani,* Mailand 1926
Shevill, F., *History of Florence,* New York
Sismondi, Simonde de, *A History of the Italian Republics,* 1832
Sorbelli, E. A., *La scomunica di Lorenzo de Medici in un raro incunabulo romano,* Bologna 1937
Spunda, Franz, *Geschichte der Medici,* München 1944
Symonds, John Addington, *Renaissance in Italy,* London 1900

Tenhove, Nicolas, *Memoirs of the House of Medici from its origins to the death of Francesco . . . etc.,* Bath 1797
Testi umanistici sull' ermetisme, ed. C. Vasoli, Rom 1955
Thomas, Gabriel, *Les Révolutions politiques de Florence,* Paris 1887
Tinti, M., *Il Nobilio fiorentino,* Mailand 1929
Toffanin, Giuseppe, *Il secolo senza Roma,* Bologna 1943
Toffanin, G., *Il Cinquecento,* Mailand 1929
Torre, Arnaldo della, *Storia dell' Accadèmia Platonica,* Florenz 1902
Troger, H., *Beiträge zur Kunstgeschichte von Italien,* Basel 1898
Truc, G., *Florence et les Medicis,* Paris 1936
Truc, G., *Leon X et son siècle,* Paris 1941

Ullmann, B. L., *The Origin and Development of Humanistic Script,* 1960

Vagaggini, Sandra, *La miniatura fiorentina,* Mailand 1952
Valeri, Antonio, *L'italia nell' età dei principati, dal 1343 al 1516,* Mailand 1949

Valori, L., *Laurentii Medicis Vita,* Florenz 1740
Varillas, Antoine, *(Anecdota . . .) Or, the secret history of the House of Medici,* made English by F. Spence, London 1686
Vasoli, C. (sh. Testi)
Venturi, Adolfo, *A Short History of Italian Art,* London 1926
Violini, C., *Lorenzo il magnifico. La vita, la politica, l'arte, gli amori,* Mailand 1937
Voigt, Gg., *Die Wiederbelebung des klassischen Altertums,* 2 Bde, 4. Aufl., Berlin 1960

Wackernagel, Martin, *Der Lebensraum des Künstlers in der Florentinischen Renaissance. Aufgaben und Auftraggeber, Werkstatt und Kunstmarkt,* Leipzig 1938
Warburg, A., *Gesammelte Schriften,* Leipzig 1932
Weisback, Werner, *Trionfi,* Berlin 1919
Welliver, W., *L'impero fiorentino,* Florenz 1957
Wind, Edgar, *Pagan Mysteries in the Renaissance,* London 1958
Winspeare, F., *Isabella Orsini e la corte medicea del suo tempo,* Florenz 1961
Wittkower, Rudolph, *Architectural Principles in the Age of Humanism,* London 1949

Young, G. F., *The Medici,* London 1910

Zeller, J., *Italie et Renaissance,* Paris 1863

NEUERE LITERATUR

Barfucci, E., *Lorenzo de' Medici.* Firenze 1964.

Becker, M. B., *Florence in Transition. Studies in the Rise of the Territorial State.* Baltimore 1968.

Berti, I., *Il principe dello studiolo. Francesco I dei Medici e la fine del Rinascimento fiorentino.* Firenze 1967.

Bromfield, J. G., *De Lorenzino de Médicis à Lorenzaccio. Etude d'un thème historique. (= Etudes de littérature étrangère et comparée. 64).* Paris 1972.

Brucker, G. (Hrsg.), *The Society of Renaissance Florence. A Documentary Study.* New York 1971.

Burke, P., *Culture and Society in Renaissance Italy 1420–1540.* London 1972.

Caciagli, G., *Feudi medicei in provincia di Pisa. In: L'Universo (Firenze) 49 (1969),* S. 663–684.

Camerani, S., *Bibliografia Medicea. (= Biblioteca di bibliografia italiana. 45).* Firenze: Leo S. Olschki 1964.

Chamberlin, E. R., *The Bad Popes. (Leo X., Clemens VII.)* New York 1969. *(Dt. Übers. v. H. u. K. Nikolai u. d. T. Unheilige Päpste.* Tübingen/Stuttgart 1971.)

Chastel, A., *Der Mythos der Renaissance. 1420–1520.* Genf 1969.

Chastel, A., *Italienische Renaissance. Die Ausbildung der großen Kunstzentren in der Zeit von 1460 bis 1500. (= Universum d. Kunst. Bd. VII).* München 1965.

Chastel, A., *Italienische Renaissance. Die Ausdrucksformen der Künste in der Zeit von 1460 bis 1500. (= Universum d. Kunst. Bd. VIII).* München 1966.

Cremer, E., *Lorenzo de' Medici. Staatsmann, Mäzen, Dichter.* Frankfurt/M. 1970.

Dacos, N./Giuliano, A./Pannuti, U., *Il tesore di Lorenzo il Magnifico. Catalogo della mostra, Palazzo Medici Riccardi,* Firenze 1972. Firenze 1973.

Donne di casa Medici. Firenze 1968.

Fasano Guarini, E., *Lo stato mediceo di Cosimo I. (= Archivio dell' Atlante storico italiano dell' età moderna. Quaderno 1).* Firenze 1973.

Ferbach, M., *Cosimo I. de' Medici, Vasari und Michelangelo. (= Abhandlungen des Instituts für Michelangelo-Forschung. II, A, 1).* Wien 1960.

Gilbert, F., *Machiavelli and Guicciardini: Politics and History in Sixteenth Century Florence.* Princeton/London 1965.

Goldthwaite, R. A., *Private Wealth in Renaissance Florence. A Study of Four Families.* Princeton 1968.

Grote, A., *Florenz.* München 1965.

Guarnieri, G., *Dai Medici ai Lorena nel Granducato toscano.* Pisa 1970.
Guarnieri, G., *L'Ordine di S. Stefano nei suoi aspetti organizzativi interni sotto il gran magistero mediceo. Vol. I.* Pisa 1966.

Hay, D., *Geschichte Italiens in der Renaissance. (= Urban-Taschenbuch 62).* Stuttgart 1962.
Heikamp, D., *Mexico and the Medici. With contrib. by F. Anders. (= Quaderni d'arte. 6).* Florenz 1972.
Heilmann, M., *Florenz und die Medici. Ein Begleiter durch das Florenz der Renaissance. (= Du Mont Dokumente).* Köln 1968.
Héritier, J., *Katharina von Medici. Dt. Ausg., bearb. v. C. Dericum.* Stuttgart 1964.
Heydenreich, L. H., *Italienische Renaissance – Beginn und Entfaltung. 1400–1460. (= Universum der Kunst. Bd. XIX).* München 1972.

Jacob, E. F. (Hrsg.), *Italian Renaissance Studies.* London 1960.
Jourcin, A., *Les Médicis. (= Grandes Dynasties d'Europe).* Lausanne 1968.

Kühn-Steinhausen, H., *Anna Maria Luisa de' Medici, elettrice palatina. (Biblioteca degli eruditi e dei bibliofili. 94).* Firenze 1967.

Langedijk, K., *De potretten van de Medici tot omstreeks 1600.* Assen 1968.
Lefevre, R., *Castelsantangelo (Castel Madama) sotto la signoria dei Medici e di Margarita d'Austria nel sec. XVI. In: Atti e memorie della Società tiburtina di storia e d'arte (Tivoli) 40 (1967),* S. 7–57.
Lucas-Dubreton, J., *So lebten die Florentiner zur Zeit der Medici.* Stuttgart 1961.
Luzzati, M., *Filippo de' Medici arcivescovo di Pisa e la visita pastorale del 1462–1463. In: Bolletino storico pisano (Pisa) 33–35 (1964–1966),* S. 361–408.

McCarthy, M., *Florenz.* Zürich 1967.
Magalotti, L., *Un principe di Toscana in Inghilterra e in Irlanda nel 1669. Relazione ufficiale del viaggio di Cosimo de' Medici tratta dal »Giornale« di L. Magalotti. A cura di A. M. Crinò. (= Temi e testi. 13).* Roma 1968.
Manciati, A., *Note sulla personalità e sull'arte di Lorenzo de' Medici.* Orvieto 1969.
Marrara, D., *L'autonomia dello Stato di Siena nell' età del principato mediceo. In: Rassegna di politica e storia (Roma) 11 (1965),* S. 1–10.
Marrara, D., *Studi giuridici sulla Toscana medicea. Contributo alla storia degli stati assoluti in Italia. In: Archivio storico italiano (Firenze) 127 (1969),* S. 405–413.
Martelli, M., *Studi Laurenziani. (= Biblioteca di »Lettere italiane«. 2).* Firenze 1965.

Martines, L., *Lawyers and Statecraft in Renaissance Florence*. Princeton/London 1968.

Martines, L., *The Social World of the Florentine Humanists. 1390–1460*. Princeton/London 1963.

Mastellone, S., *La reggenza di Maria de' Medici. Pref. di R. Mousnier. (= Biblioteca di cultura contemporanea. 76)*. Messina/Firenze 1962.

Mee, C. L. jr., *Lorenzo de' Medici and the Renaissance. Consultant: J. Walker*. New York 1969.

Meglio, G. di, *Carlo V e Clemente VII. Dal carteggio diplomatico*. Milano 1970.

Middleton, W. E. K., *A Cardinalate for Prince Leopoldo de Medici. In: Studi secenteschi (Firenze) 11 (1970)*, S. 167–180.

Minor, A. C./Bonner, M., *A Renaissance Entertainment. Festivities for the Marriage of Cosimo I, Duke of Florence, in 1539*. Columbia, Miss. 1968.

Molho, A., *Florentine Public Finances in the Early Renaissance, 1400–1433. (= Harvard Historical Monographs. LXV)*. Cambridge (Mass.) 1971.

Molho, A. (Hrsg.), *Social and Economic Foundations of the Italian Renaissance*. New York / London / Sydney / Toronto 1969.

Mutini, C. (Hrsg.), *La Cultura a Firenze al tempo di Lorenzo il Magnifico*. Bologna 1970.

Pampaloni, G., *Il giuramento pubblico in Palazzo Vecchio a Firenze e un patto giurato degli antimedicei (maggio 1466). In: Bulletino senese di storia patria (Siena) 71, ser. 3, 23 (1964)*, S. 212–238.

Panebianco, D., *Un privilegio nobiliare di papa Clemente VII a favore di un illustre medico romano. In: Rivista araldica (Roma) 66 (1968)*, S. 289–291.

Pucci, E., *I Medici. Gloria del mondo*. Firenze 1968.

Remy, J.-C., *Catherine de Médicis ou la mère de trois rois. (= Ces Femmes qui ont fait l'histoire)*. Lausanne 1965.

Renouard, Y., *Florence au temps de Laurent le Magnifique: la Banque. In: Economia e storia (Roma) 13 (1966)*, S. 216–220.

Rizzatti, M. L., *Lorenzo il Magnifico. In: Grandi della storia. Dir. E. Orlandi*. Milano 1970.

Rochon, A., *La jeunesse de Laurent de Medicis. 1449–1478*. Paris 1963.

Romagnoli, S., *Momenti di vita civile e letteraria (Lorenzo il Magnifico u. a.)*. Padova 1966.

Roszko, C., *Il Katholikos Giacomo IV patriarca degli Armeni e i Medici nel XVII secolo. Tre lettere armene del Katholikos Giacomo IV. In: Archivio storico italiano (Firenze) 125 (1967)*, S. 365–372.

Rowdon, M., *Lorenzo the Magnificent*. London 1974.

Rubinstein, N., *La confessione di Francesco Neroni e la congiura animedicea del 1466. In: Archivio storico italiano (Firenze) 126 (1968)*, S. 373–387.

Rubinstein, N. (Hrsg.), *Florentine Studies. Politics and Society in Renaissance Florence*. London 1968.

Schevill, F., *History of Florence.* New York 1961.
Schevill, F., *The Medici. (= Harper Torchbooks. Academy Library. 1010).* New York 1960.
Sottile d'Alfano, L. A., *Il ramo napoletano dei de' Medici di Toscana. In: Rivista araldica (Roma) 68 (1970),* S. 235–239, 305–315.
Sturm, S., *Lorenzo de' Medici. (= Twayne's World Authors Series. 288).* New York 1974.

Tateo, F., *Lorenzo de' Medici e Angelo Poliziano. (= Letteratura italiana Laterza. 14).* Bari 1972.
Tenenti, A., *Firenze dal comune a Lorenzo il Magnifico. 1350–1494.* Milano/Mursia 1970.

Ugolino, L., *Lorenzo il Magnifico.* Torino 1959.
Ugolini, P. (Hrsg.), *Un' altra Firenze. L'epoca di Cosimo il Vecchio. Riscontri tra cultura e società nella storia fiorentina. (= Fondazione Giovanni Agnelli).* Firenze 1971.
Ullman, B. L./Stadter, P. A., *The Public Library of Renaissance Florence. Niccolò Niccoli, Cosimo de' Medici and the Library of San Marco. (= Medioevo e umanesimo. 10).* Padova 1972.

Williamson, H. R., *Catherine de' Medici.* London 1973.
Williamson, H. R., *Lorenzo the Magnificent.* London 1974.

Young, G. F., *Die Medici.* München 1950.
Young, G. F., *I Medici. 2 vol.* Firenze 1965/1969.

REGISTER